本书受到云南省哲学社会科学学术著作出版专项经费资助

中国西南边境地区
人口空间格局演变研究

阳茂庆 ◎ 著

中国社会科学出版社

图书在版编目（CIP）数据

中国西南边境地区人口空间格局演变研究/阳茂庆著. —北京：中国社会科学出版社，2017.10
ISBN 978-7-5203-1255-4

Ⅰ.①中… Ⅱ.①阳… Ⅲ.①人口分布—研究—西南地区 Ⅳ.①C922.2

中国版本图书馆CIP数据核字（2017）第260984号

出 版 人	赵剑英
责任编辑	卢小生
责任校对	周晓东
责任印制	王 超

出　　版	中国社会科学出版社
社　　址	北京鼓楼西大街甲158号
邮　　编	100720
网　　址	http://www.csspw.cn
发 行 部	010-84083685
门 市 部	010-84029450
经　　销	新华书店及其他书店
印　　刷	北京明恒达印务有限公司
装　　订	廊坊市广阳区广增装订厂
版　　次	2017年10月第1版
印　　次	2017年10月第1次印刷
开　　本	710×1000　1/16
印　　张	17
插　　页	2
字　　数	234千字
定　　价	70.00元

凡购买中国社会科学出版社图书，如有质量问题请与本社营销中心联系调换
电话：010-84083683
版权所有　侵权必究

序 言

中国西南边境地区是中国西南对外开放的前沿，具有重要的战略意义。随着对外开放力度的不断加大，西南边境跨境民族、跨境人口流动、"三非人员"等人口现象更加明显，改变着区域人口空间格局，给区域经济、社会、自然环境、国家安全等方面带来影响。《中国西南边境地区人口空间格局演变研究》从地理学角度，以西南边境地区为研究区域，选择1990年、2000年、2010年3个时点，从时空维度对人口空间格局演变规律进行了探索，分析人口空间格局变化因素，探寻西南边境地区人口空间格局演变规律，对促进西南边境地区人口合理布局，为西南边境地区融入国家对外开放战略，实现区域人口与政治、经济、文化、社会协调发展具有十分重要的意义。

阳茂庆同志的这部专著是在他的博士学位论文基础上经过反复修改而形成的，其论文目的是《研究西南边境地区人口空间格局演变的规律及影响》。论文的选题是具有挑战性的。一方面，从目前国内外对边境地区的研究现状看，对边境地区人口进行系统性研究的成果较少，从空间格局角度去研究的则更少，尚未形成具有指导和借鉴意义的理论，需要自己探索总结；另一方面，中国西南边境地区共33个县（市、区），与越南、老挝和缅甸三国接壤，国境线长，跨境民族多，流动人口复杂，进行实地调研是十分困难的。

专著比较新颖的地方主要有四个方面：

第一，研究范围和研究内容具有代表性。在中国所有陆地边境地区中，西南边境的人口是最具代表性的，可以说涵盖了边境地区所有的人口现象和人口问题。从研究内容上看，专著主要选择总人口、跨境民族人口和流动人口作为研究的对象，这三种人口类型是大量学者研究边境地区人口的关注点。因此，西南边境地区人口的研究成果对其他陆地边境地区的人口研究具有一定的指导和借鉴意义。

第二，首次将地缘环境作为人口空间格局变化的因素进行分析。本书对新中国成立以来中缅、中越、中老的地缘政治和地缘经济演变过程进行了梳理，并在后面章节阐述了地缘环境变化对人口空间格局的影响。

第三，探索边境地区人口流动新机制。专著在对国内外人口流动模型进行梳理的基础上，构建了人口空间格局演变的机制模型，尽管模型存在缺陷，但不得不说这是在人口地理研究过程中的一次勇敢尝试，为后面继续研究边境地区人口流动机制提供参考。

第四，通过对边境地区人口空间格局演变的影响研究发现了一些新的研究方向。专著中分析了人口空间格局演变对区域的影响，其中有几个问题值得广大研究边境地区人口的学者进一步深入探讨。比如，跨境民族中人口性别比存在巨大差异问题，某些少数民族人口性别比三十年来保持着女多男少的比例；又如，边境地区某些县（市、区）人口增长不但没有造成承载力减弱，反而刺激了承载力的加大；再如，边境地区"三非人员"的政治经济社会融入问题；等等。为未来开展课题研究提供了新的研究思路。

总之，这本专著理论基础扎实，数据收集翔实，积极探索，大胆尝试，创新点突出，具有一定的学术价值和实践意义。学无止境，学术的道路是艰难而漫长的，希望阳茂庆同志在未来的学术道路上要不断增强"路漫漫其修远兮，吾将上下而求索"的责任感和使命感，期待有更好的研究成果出现。

杨　林
2017 年 6 月 30 日

摘 要

中国西南边境地区与越南、老挝和缅甸三国接壤，是中国连接东南亚各国，通往印度洋的西南通道，区位优势十分突出。近年来，中国—东盟自由贸易区建成、大湄公河次区域合作不断深入、"一带一路"倡议的提出等，给西南边境地区带来前所未有的发展机遇，使西南边境地区成为中国面向西南对外开放的前沿。长期以来，西南边境地区人口问题一直是学术界关注的焦点，如跨境民族问题、跨境婚姻问题、跨境人口流动问题、人口与经济发展问题等，大量学者从社会学、民族学、人口学等角度进行研究，但是，从地理学角度出发对边境地区人口进行研究的成果很少。随着对外开放度的提高，区域的屏蔽效应逐渐减弱，西南边境地区的人口现象将变得更加复杂，不断改变着人口在空间上的分布格局。

本书以西南边境地区为研究范围，以1990年、2000年和2010年三次人口普查数据为基础数据，分别选择中缅边境腾冲县、镇康县、耿马县、沧源县，以及中越边境的麻栗坡县、马关县作为访谈及问卷调查区域，并在查阅大量文献及历史资料的前提下，从地理学角度，借鉴人口学、社会学、国际关系学、民族学等理论，运用GIS空间信息技术，采用定性与定量相结合的方法对西南边境地区总人口、跨境民族人口、流动人口的空间格局演变机制、影响等进行了探讨。本书的结论为中国更好地建设西南沿边经济带，以及推动西南边境地区人口、经济、社会、自然环境协调发展提供参考依据。

按照研究的内容，本书共分为四个部分。第一部分对边境地区国内外研究现状进行了梳理，并对关键概念进行了辨析；第二部分对西南边境地区地缘环境的变迁、特征、趋势进行了分析；第三部分对西南边境地区总人口、民族人口、流动人口在1990年、2000年和2010年三个时点的人口空间格局进行静态描述和动态比较，分析其演变特征；第四部分分析了人口空间格局演变的引致机理和影响，总结西南边境地区人口空间格局演变的规律和特点。

总体上看，本书主要有三个特色。第一，对边境地区人口空间格局演变的研究弥补了边境地区人口研究内容上的不足，进一步丰富人口地理学理论体系；第二，结合边境地区的特殊性，首次将地缘环境作为人口空间格局演变的因素进行分析，突破了人口空间格局影响因素研究的传统范式；第三，在人口再分布指数的基础上提出人口空间格局演变的自然变动引致指数和机械变动引致指数，为人口空间格局演变提供了新的研究方法。

通过对中国西南边境地区人口空间格局的研究，得出如下结论：（1）自然环境决定了人口空间格局演变的基本格局。（2）经济发展是人口空间格局演变的根本动力。（3）西南边境地区人口空间格局演变与地缘政治经济环境关系密切。由于西南边境地区特殊的地理区位，地缘政治经济环境在人口空间格局的演变过程中起着十分重要的作用，人口的空间格局会随着地缘环境的变化而发生变化。（4）跨境民族的人口空间格局将长期存在，民族大融合的趋势不可阻挡。（5）西南边境地区人口空间格局演变较为活跃，但引致力均衡，引起人口空间格局变化的外力不足。（6）西南边境地区人口空间格局演变及影响呈现以下主要特征：第一，人口总体增长缓慢，逐渐显现人口集聚现象。第二，跨境民族人口空间格局稳定，人口性别比偏低。第三，流动人口增长迅速，空间格局变化较大。第四，人口增长对区域经济的发展起到了明显的推动作用。第五，人口增长并没有对自然环境带来压力，反而刺激了自然环境承载力的加大。第六，人口主要集中于第一产业，劳动力过剩导致外出人口快速增加。第七，外出人口和户口待定人口的持续增加给边境安全带来威胁。

关键词： 人口空间格局　地缘环境　演变机制　影响　西南边境地区

目　录

第一章　导论 ………………………………………………… 1

　　第一节　问题的提出与研究背景 ……………………………… 1
　　第二节　研究意义 ……………………………………………… 5
　　第三节　研究思路与内容 ……………………………………… 6
　　第四节　研究方法与技术路线 ………………………………… 9
　　第五节　国内外研究现状 ……………………………………… 11
　　第六节　相关概念 ……………………………………………… 27

第二章　中国西南边境地区地理环境 ………………………… 37

　　第一节　研究区域范围界定 …………………………………… 37
　　第二节　西南边境地区自然地理环境 ………………………… 38
　　第三节　西南边境地区人文地理环境 ………………………… 41

第三章　中国西南边境地区人口空间格局的地缘环境演变
　　　　　——以中缅、中老、中越为例 ……………………… 61

　　第一节　地缘政治与地缘经济相关理论 ……………………… 62
　　第二节　1949年以来西南边境地区地缘环境演变 …………… 71
　　第三节　西南边境地区地缘政治经济演变的特点及机制 …… 95
　　第四节　西南边境地区地缘政治经济发展趋势分析 ………… 102

第四章　中国西南边境地区人口空间分布格局演变 ………… 105

　　第一节　西南边境地区人口概况 ……………………………… 105

第二节　西南边境人口空间分布格局演变过程 …………… 107

第三节　西南边境民族人口空间格局演变 ………………… 123

第五章　中国西南边境地区流动人口空间格局演变 …………… 136

第一节　流动人口基本概况 ………………………………… 136

第二节　流动人口空间格局的静态描述与动态比较 ……… 141

第三节　流动人口空间格局演变的特征 …………………… 156

第四节　对西南边境地区人口空间格局演变的总体评价 … 160

第六章　中国西南边境地区人口空间格局演变机理 …………… 163

第一节　人口空间格局演变机制研究 ……………………… 163

第二节　西南边境地区人口空间格局演变的引致因素 …… 165

第三节　西南边境地区人口空间格局演变机理 …………… 196

第七章　中国西南边境地区人口空间格局演变的影响 ………… 203

第一节　人口空间格局与边境社会、经济、安全的关系 … 203

第二节　人口空间格局演变对边境地区经济发展的影响 … 208

第三节　人口空间格局演变对社会发展的影响 …………… 212

第四节　人口空间格局演变对资源环境的影响 …………… 221

第五节　人口空间格局演变对国家安全的影响 …………… 227

第八章　结论与建议 ………………………………………………… 234

第一节　结论与展望 ………………………………………… 234

第二节　建议 ………………………………………………… 237

参考文献 ………………………………………………………… 245

后　　记 ………………………………………………………… 258

第一章 导论

第一节 问题的提出与研究背景

一 问题的提出

20世纪90年代中国实施沿边开放以来,边境地区成为对外开放的前沿,特别是近年来次区域合作的不断加强,边境地区的战略地位不断提升,从传统的经济边缘区逐渐向核心发展区转变。随着区域经济一体化进程的加快,边境地区的人口结构发生了较大变化。一方面,是次区域合作的不断深入,使边境地区的屏蔽效应减弱,跨境婚姻、跨界民族、经商务工等人口流动频繁,境外人口以各种形式在边境地区聚集,以致边境地区人口结构复杂,改变着边境地区的人口过程,并引发一系列非传统安全问题,如跨国犯罪、毒品、艾滋病、"三非人员"等。另一方面,我国边境地区目前仍是比较落后的地区,受经济方面的影响,近年来,边境地区人口向经济发达地区流动规模加大,有的甚至是举家外迁,中国边境沿线人口数量减少,"三股势力"乘虚而入,活动在我国的边境沿线,使我国领土、主权等传统安全受到威胁。魏后凯(2008)认为,边境地区是各种矛盾交融的关键问题区。[1] 从目前学术界对边境地区的

---

[1] 魏后凯:《中国国家区域政策的调整与展望》,《西南民族大学学报》2008年第10期。

研究看，主要集中于边境地区经济发展的研究，如次区域合作、边境经济合作区、对外经济政策等，以及跨界（境）民族、跨界（境）婚姻、"三非人员"、难民等特殊群体及其引发的社会问题的研究，而对边境地区人口空间格局演变的内在机制及其影响的研究不足。

二 研究背景

（一）我国周边地缘环境的新变化

美国、俄罗斯、日本等世界政治舞台上主要角色的地缘战略使世界地缘政治格局不断发生变化。李宁、樊杰（2007）对我国边境地区地缘政治格局进行了分析，美国抛出"新中亚战略"和"丝绸之路"修正案，宣布中亚地区为美国的"战略利益区"，利用中亚复杂的民族、宗教进行政治、军事、经济上的渗透，进而实现对中亚地区的控制，对我国西北边境造成威胁；日本是我国东北边境的最大威胁，主要是日本不正视历史事实，使中日之间的矛盾难以化解；东南亚方面，我国与越南、菲律宾、马来西亚等国在南海主权问题上存在矛盾，影响我国西南边境安全。[①] 近年来，西方国家鼓吹"中国威胁论"，美国也加大了对中国周边地缘政治空间的争夺，从目前来看，我国与中亚诸国、俄罗斯均达成了战略合作伙伴关系，政治互信和经济合作度高，与朝鲜一向和睦，仅东北边境有来自日本的威胁，因中间相隔朝韩，威胁相对较弱。中国周边地缘环境变数较大的是与我国西南边境相邻的东南亚国家，除老挝和柬埔寨相对稳定外，缅甸、泰国政局动荡，越南挑衅不断。泰国仍不稳定，中泰关系再次蒙上一层面纱。梁晋云等（2012）分析了缅甸对我国的重要地缘经济、政治意义，并指出，随着昂山素季的参政，中缅关系变得十分微妙。[②] 2015年6月，昂山素季访华翻开缅甸民主联盟与中国关系的新一页；2015年11月，民主联盟在大选中获

[①] 李宁、樊杰等：《周边地区地缘政治经济发展态势对我国区域格局的影响》，《世界地理研究》2007年第2期。

[②] 梁晋云等：《缅甸政局波动对中国地缘战略安全的影响》，《云南警官学院学报》2012年第4期。

胜；2016年3月，民盟领袖吴廷觉担任缅甸总统。作为具有美国支持背景的民主联盟，缅甸未来对中国的态度如何，有待时间来作出解答。

（二）沿边开放与区域经济合作

中国共产党第十八次全国代表大会明确提出："促进沿海内陆沿边开放优势互补，形成引领国际经济合作和竞争的开放区域，培育带动区域发展的开放高地。……统筹双边、多边、区域次区域开放合作，加快实施自由贸易区战略，推动同周边国家互联互通。提高抵御国际经济风险能力。"扩大沿边开放，强化区域合作是未来国家区域发展的一个必然方向。就目前而言，我国内陆东北部边界线段，西北部边界线段和西南部边界线段相应形成"4个边境贸易区，3个次区域合作区、14个边境经济合作区"，中国西南边境地区参与的国际区域经济合作有孟中印缅经济走廊、两廊一圈、中国—东盟自由贸易区、大湄公河次区域合作、"一带一路"等。毫不夸张地说，中国沿边对外开放是空前的，但是，沿边区域的开放并没有吸引更多的人口向边境地区集聚，从目前调查研究的结果看，我国陆地边境地区的人口迁出率一直处于不断增加的趋势中，即人口迁出规模在不断扩大，流出人口数量不断增长，边境地区人口的主要流向是沿海地区，其次是相邻国家。[①] 边境地区人口空间格局的变化将对沿边开放与区域合作产生一定的影响。

（三）边境安全问题凸显

自20世纪90年代以来，我国采取睦邻友好的外交政策，边境的安全形势总体上处于新中国成立以来最好的时期，陆地边界问题基本上得以解决，历史遗留问题也逐步得到解决，各国边境驻军承担的防御入侵任务不再突出。随着经济全球化和次区域合作的不断深入，学术界对边境地区的传统安全问题的研究逐渐减少，对边境

---

① 王哲：《我国陆地边境地区人口流出及对流出地的影响分析》，博士学位论文，吉林大学，2013年。

地区的非传统安全的关注与日俱增，目前主要涉及的非传统安全因素有民族问题、宗教问题、恐怖主义、毒品、非法移民、走私、跨国犯罪、艾滋病等。边境地区承担着维护传统边境安全、促进次区域合作及保障非传统边境安全的三重功能，三者之间在一定的条件下可以相互转化。[①] 一定规模的中国公民居住在边境区域是一国边境安全与稳定的重要保障，边境地区人口大量外流或国外人口大量流入必然会改变当地的人口结构及空间布局，从而对边境安全和稳定产生影响。因此，边境地区人口问题虽然是非传统安全问题，但由于边境地区特殊的地理区位和人口结构的复杂性，也有可能转化为传统安全问题。

（四）研究西南边境人口格局的典型性

选择西南边境作为研究区域，主要是因为西南边境人口问题复杂，在中国所有边境线中具有典型性。西南边境人口问题的复杂性主要体现在三个方面：第一，跨境民族众多。西南边境少数民族众多，仅云南省边境地区就有16个少数民族跨境而居，跨境民族同宗同源，同语同俗，虽属不同的国家，但人员来往密切，交流频繁。第二，特殊人群多。从目前学术界对西南边境地区人口方面的研究看，涉及的特殊人群有"三非人员"、难民、跨境婚姻人群等，这些特殊人群在西南边境广泛存在。第三，边境地区人口流动特殊。西南边境地区人口流动的区域差异性大。一是边境地区人口流出，流向主要为邻国与国内经济发展地区，近年来人口流动规模加大；二是流入人口增加，流入人口以邻国商贸人员、回流边民等，流入人口身份复杂，鱼龙混杂，以商贸、宗教、务工等形式聚集或分散居住在西南边境地区。西南边境地区人口问题的复杂性在一定程度上改变着边境地区的人口过程，使边境地区安全问题变得严峻。因此，对人口空间格局演化的机制和影响进行系统深入的研究刻不容缓。

[①] 李铁立：《边界效应与跨边界次区域经济合作研究》，博士学位论文，东北师范大学，2004年。

第二节 研究意义

随着经济全球化和区域经济一体化进程的加快，特别是次区域经济合作的兴起，边境地区对外开放力度不断加大，作为主要生产要素的人口在区域间频繁流动，使边境地区的人口空间格局悄然发生变化，对边境安全、边境地区经济社会发展带来影响。本书对西南边境地区人口格局演化的机制和影响进行研究，对维护边境安全、促进边境地区经济社会发展具有十分重要的意义。

一 研究的理论意义

本书对边境地区人口空间格局演化的机制及影响进行系统研究的理论意义主要有两个方面：一是以边境地区特殊的地理区位、民族关系、人口结构为出发点，结合人口地理学、政治地理学、人口社会学、人口经济学、国际关系学、民族学等多学科理论对边境地区人口空间格局演化的机制及影响进行跨学科综合研究，将进一步推动学科交叉研究相关理论的产生，丰富人口地理学的理论体系。二是从目前的研究现状看，学术界对边境地区人口的研究主要集中于跨境民族、流动人口和特殊人群的形成机制及其影响方面，而对边境地区人口空间格局的研究成果鲜有听闻，本书对边境地区人口空间格局演化的机制及影响进行综合研究，弥补了人口地理学研究内容上的不足。

二 研究的实际意义

边境地区人口空间格局的变化将对沿边开放与区域合作产生一定的影响，人口的空间布局与区域经济发展具有很强的一致性，合理的人口布局会推动区域经济的发展；反之，则制约区域经济的发展。目前，西南边境面临前所未有的发展机遇，沿边对外开放已列入国家发展战略。沿边对外开放对边境地区经济发展具有重要的推动作用，但是，伴随着经济的发展，毒品、艾滋病、跨国犯罪、

"三非人员"、难民、"三股势力"、民族宗教等威胁我国非传统安全问题的因素开始凸显，并有向传统安全转化的倾向，这些问题的出现直接或间接与边境地区的人口有关，对边境安全、边境经济发展、民族和谐带来影响。本书以我国西南边境地区人口空间格局演化过程为基础，深入分析其演化的机制及其影响，提出相应的对策。本书的研究成果与边境地区经济发展、边境安全、国际关系、民族团结等方面紧密结合，对边境地区的全面发展具有一定的指导意义，同时，在某种程度上也可以为政府决策提供重要的参考依据，具有较强的实践意义。

第三节　研究思路与内容

一　研究思路

将空间分析贯穿整本书研究的始终。首先，从地缘政治、地缘经济的角度，把中国放在世界版图上，对中国陆地东北、西北、西南三段边境面临的地缘政治、经济形势进行空间分析，得出本书研究的西南边境是最具典型性的区域。其次，运用GIS空间分析技术对中国西南边境人口地理过程进行空间展示并分析其变化特征，然后从人口格局变化的空间关系出发归纳影响其变化的因素及对边境安全、经济发展等方面的影响。最后，提出西南边境地区人口空间格局未来研究的方向以及对人口空间格局优化的对策和建议。

二　研究内容

本书研究框架可以用图1-1来表示。具体研究内容说明如下：

第一部分，理论研究。本部分对研究背景、意义、国内外研究现状、研究方法和技术路线等进行概述，并结合本书研究的内容，对边境效应理论、边境优势理论、人口分布理论等相关理论进行分析，作为指导本书写作的理论基础。

第二部分，地缘政治经济环境分析。从时间序列对西南边境地缘政治、经济环境进行分析,包括:区域概况;西南边境自然人文地理环境分析;西南边境地缘政治、经济环境变迁分析。

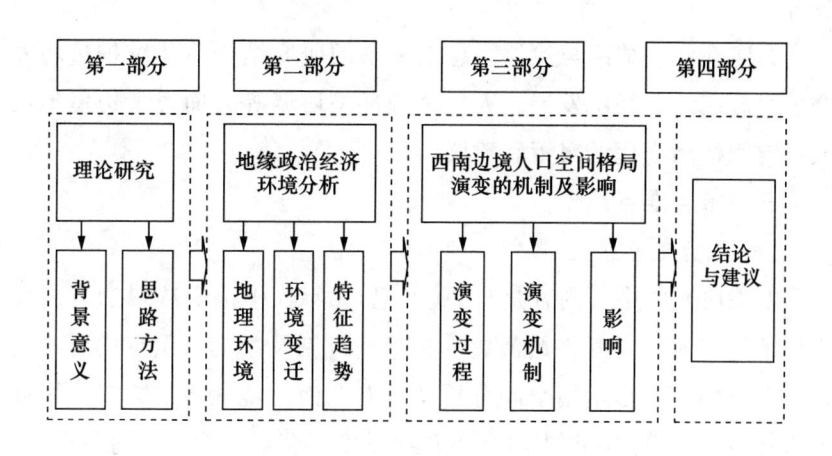

图 1-1 本书研究框架

第三部分,西南边境人口空间格局演变的机制及影响。本部分是专著的主体部分,运用人口"四普""五普""六普"数据和实地调查数据,主要分析西南边境地区人口总体空间格局、民族人口空间格局,以及流动人口空间格局的演变过程及机制、影响。分为四章,第一章是西南边境人口空间格局的演化过程,主要对总人口、民族人口和流动人口三种人口类型的演变过程进行空间展示,并对人口空间格局特征进行静态描述与动态比较。第二章是西南边境人口空间格局演变的机理分析。首先,从地理环境、宗教信仰、民族渊源、经济生活、政治需求等方面对人口空间格局变化的影响因素进行分析,其次,在对比国内外人口空间格局机制模型的基础上,针对边境特殊的人口地理现象,构建新的人口空间分布模型。第三章是人口空间格局演变的影响。主要从两个方面进行分析:一是人口空间格局变化对边境地区经济、社会、边境安全的影响(分为积极与消极的影响),包括对经济发展水平、产业结构等的影响,以及边境人口安全、民族宗教、经济安全等非传统安全和主权、领土、国家认同等传统安全的影响等;二是分析人口空间格局变化对自然环境的影响,如分别计算不同时点的人口自然承载力进行比较等。

第四部分,结论与建议。总结全书的研究结论,从维护边境安全、民族团结、经济发展、人口资源环境协调等方面思考边境地区人口空间格局优化的对策和建议。

三 重点难点

（一）研究重点

本书研究的中心内容是自 20 世纪 90 年代中国实施沿边开放以来边境地区人口空间格局演化的特征、机制及影响,重点内容主要是三个方面:一是运用空间分析技术对西南边境地区总人口、民族人口和流动人口 20 世纪 90 年代以来的空间格局演变过程进行分析;二是综合分析人口空间格局演变的机制或者说影响因素;三是结合边境地区的区域特性分析人口空间格局变化对边境安全、经济发展、民族团结的影响,并提出对策和建议。

（二）研究难点

第一,研究数据的收集。本书数据的收集主要有两个方面的困难:一是本书对边境地区的人口进行分析,某些数据可能涉及国家安全和国际关系,给数据的获取带来困难。二是西南边境除云南的 25 个边境县外,还有广西的 8 个县,实地调查过程中与地方政府、边境居民的沟通与协调难度大,特别是广西 8 县的跨省调查,难度更大。

第二,研究指标选取。1990—2010 年,时间跨度为 20 年,地域跨两个省、区,涉及三次人口普查数据,在统计口径上存在差异,选取既能反映边境地区人口特点,又能满足时间维度变化的研究指标难度很大。

第三,学科限制。研究涉及国际关系、人口、民族、地理、经济、历史、国防等众多学科,属于学科交叉研究范畴,在著作写作过程中可能会受到学科知识限制的影响,因此,在写作过程中必须加强相关学科的理论学习。

第四节 研究方法与技术路线

一 研究方法

（一）静态描述与动态分析相结合

在对边境地区人口空间格局演变过程进行分析时，先是对每一个时间点的人口空间格局进行静态描述，了解人口在某一个时间点的特征，然后对人口空间格局在不同的时间点进行动态分析，看同一种人口现象在不同的时间点发生了哪些变化，做到静态描述与动态分析相结合。

（二）定性与定量相结合

在研究过程中，以文献资料、实地调查过程为依据对研究对象做出基本判断；通过数据分析、数学模型构建对研究对象进行分析得出的结论为依据做出事实判断。

（三）实地调查与资料文献相结合

一方面，广泛收集研究区域关于研究对象与政治、经济、文化、民族、宗教等方面有关的资料、文献、数据，可以通过网络爬虫技术从网上收集，也可以查阅大量的文献资料进行收集。

另一方面，为了解真实的情况，对研究区域进行广泛的实地调查，采取调查问卷、访谈等形式收集所需数据和资料并进行分析。把实地调查的资料数据与从网络、文献中收集的资料数据进行对比，根据论文需要进行适当的选择。

（四）GIS 空间分析方法

空间是地理学的核心概念。研究的核心内容就是对边境地区的人口空间格局演变过程进行分析，在分析人口空间格局时，仅仅凭借文字的叙述和数据的说明根本不能直观地反映人口空间格局变化的状况。因此，必须依靠 GIS 空间分析技术，使人口空间格局变化在地图上展示出来，使研究变得更直观，一目了然。

二 技术路线

本书研究的技术路线大致概括如图 1-2 所示。

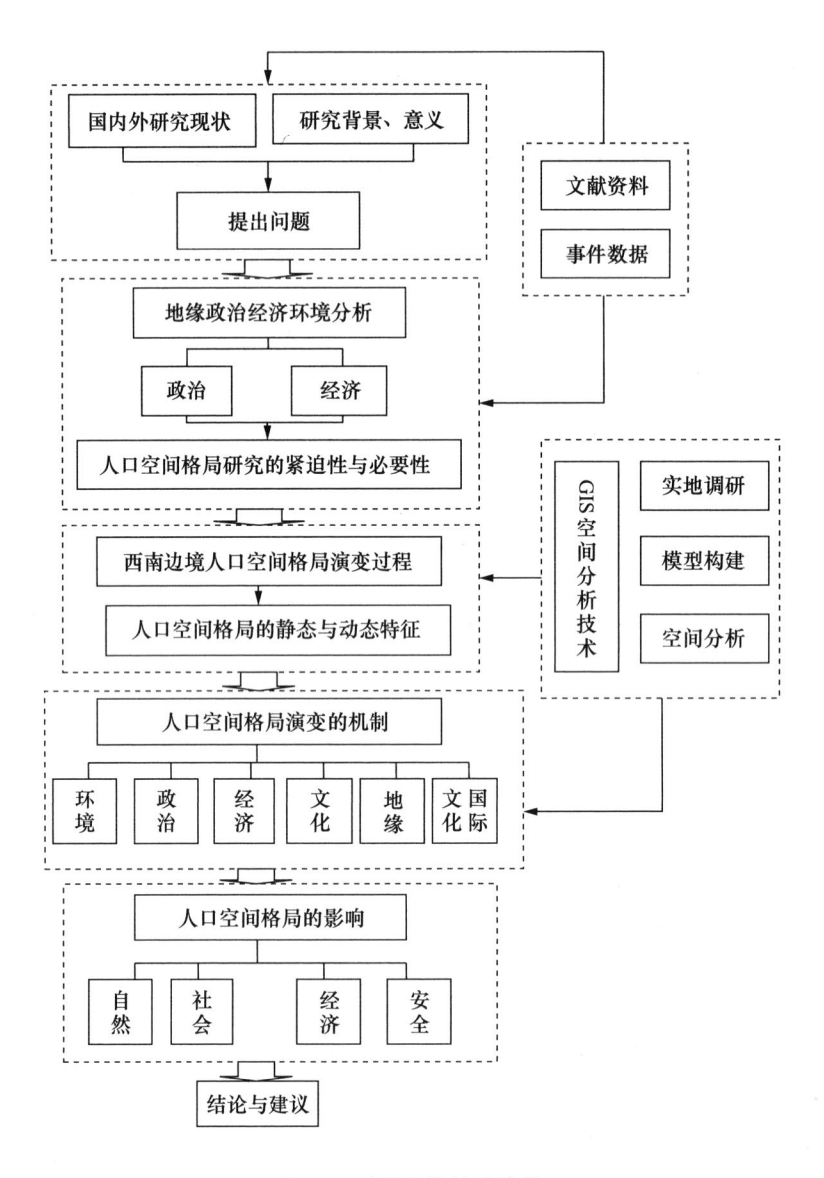

图 1-2 研究的技术路线

第五节 国内外研究现状

一 国外研究现状

第二次世界大战结束后,欧洲与北美国家之间贸易往来日益频繁,特别是20世纪90年代初欧盟与北美自由贸易区的成立,欧洲与北美地区国家之间边境经济带逐渐显现,引起了学者的注意。国外对边境地区及边境人口的研究中,大多数研究成果主要集中于边境效应、边境地区经济合作、非法移民等几个方面。

(一)边境效应的研究

麦卡鲁姆(McCallum,1995)在比较了加拿大10个省之间的贸易量和加拿大10个省同美国的30个州的贸易量后首次提出了"边境效应"。赫利威尔(Helliwel,1996)、希尔伯里(Hillberry,1998)、安德森和史密斯(Anderson and Smith,1999)、沃尔夫(Wolf,2000)、凯思和里斯(Keith and Ries,2001)通过研究证实了边境效应的确存在,而且在有的区域表现得十分显著,并且在一定的条件下,边境效应会逐渐降低。安德森(2003)通过研究提出了影响边境效应的两大发现,即两国之间的贸易经常受到国家之间贸易阻力的影响、边境效应不具有对称性,并提出影响边境效应的"多边阻力说"。尼茨奇和希德(Nitsch and Head)对欧盟各成员国之间的边境效应进行了研究,发现欧盟实行经济一体化后,各国之间的边境效应明显降低。迪肯(Dicken)认为,全球化只是一个过程和一种趋势,并不是一种终结的状态。

(二)边境地区经济发展

边境地区对经济发展的影响研究。拉蒂(Ratti,1993)认为,边境地区作为两个主权国家的边界,具有法律、控制和财政功能,它分割了两个经济系统,延长了经济行为体互动的空间和时间距离,为跨边界经济合作带来困难。亨克(Henk,1999)认为,边界的存在会阻碍生产要素的自由流动，影响边境地区资源的优化配置，从而不能把资源优势转化为经济优势，最终影响边境地区经济的发展。安德森（1999）从社会学的角度分析认为边境地区的社会、文化等方面的差异也会对边境地区生产要素的流动产生阻碍作用。布拉特和亨克（Blatter and Henk，2002）认为，边境地区地方政府间以及其他正式和非正式组织的定期会晤机制，尤其是地方政府间建立的旨在为推动合作的常设机构是边境地区经济合作深入发展的关键。随着欧洲各国之间、美加之间、美墨之间边境地区经济带的出现，学者开始对边境地区的定位进行研究。拉蒂（1993）认为，边境地区之间的经济合作将逐步摆脱传统的边贸互市地域模式，朝着设立边境开发区的地域模式转化。汉森（Hanson，1996）对美国和墨西哥边境地区进行了实证研究，他认为，在边界封闭的经济体中，边境地区属于经济活动稀疏的边缘区，但是，如果在边界对生产要素流动没有任何阻碍作用的情况下，边境地区将从国内的边缘区转变成大尺度区域共同市场的中心区，汉森将之称为"中心边境区"。Fujita、克鲁格曼（1999）认为，在经济一体化过程中，经济活动的区位指向将由内向型向外向型转变，空间距离降低成本，生产要素向靠近市场的方向聚集，导致整个国家经济空间格局发生变化。

（三）对边境地区人口方面的研究

塞缪尔·亨廷顿从文化认同的视角分析了占中心地位的墨西哥非法移民对美国国家特性的挑战。墨西哥与美国有2000英里的边界线，大量的墨西哥人穿越边界聚集在美国边境一侧，由于移民忠于他们自己的种族与文化，随着移民数量的增长，将降低美国文化的同化力，改变着美国的文化结构，挑战美国国家安全。斯坦利·霍夫曼（Stanley Hoffmann，1990）、斯蒂芬·卡斯特尔斯（Stephen Castles，1998）也对跨国人口流动带来的国家或地区安全问题进行了研究。巴里·泽伦（Barry Zellen，2006）对美国边境移民及其边境安全进行了研究；Katja Mirwaldt（2010）从联系、冲突、地理的视角分析了跨境族群的相互关系。

(四) 对人口空间布局的研究

第一,人口布局与自然环境的关系。19世纪初,地理学家洪堡与李特尔分别在《墨西哥》与《欧洲地理》(1804—1807)中,详细论述了人口数量与分布,及其与地形、气候等自然环境之间的关系。1882年,德国著名地理学家拉采尔在《人类地理学》中详细分析了地球表面的人口分布、人类迁移和民族特性等对地理环境的依赖关系。

第二,人口布局的机制研究。人口空间格局是人口过程在空间上的表现形式,人口迁移与流动则是影响人口空间格局变化的主要因素。从国外对人口迁移流动的研究看,主要有拉文斯坦人口迁移法则、伯格的推—拉理论、刘易斯模型、托达罗理论等。

19世纪末,拉文斯坦提出了人口迁移的规律,包括11个方面的内容,拉文斯坦首次分析了迁移者的迁移动机,同时对迁移成因和影响迁移的因素做了一定的探讨。伯格提出了推—拉理论,认为人口自由流动的情况下,流入地使移民生活条件改善的因素就成为拉力,而流出地不利的社会经济条件就成为推力,人口迁移就是在这两方面力量的作用下完成的。随着城市化进程的加快,农村人口大量涌入城市,改变着人口的分布格局。1954年,刘易斯提出了著名的二元结构模型,认为城乡二元结构下,由于工农两部门劳动生产率与劳动边际收益率存在差异,工业将成为吸纳农业剩余劳动力的部门,按照这一模型的分析框架,在农村存在的大量剩余劳动力会逐渐涌入城市工业部门,从而改变人口的分布格局。1969年,托达罗(M. P. Todaro)在批评刘易斯理论模型的基础上,提出了新的人口流动模型。该模型认为,城乡预期收入差异是人口向城市流动的驱动因素,同时批评刘易斯模型中假设城市工业部门有较强的吸收劳动力就业的能力而导致人口由农村向城市流动,但实际上农村剩余劳动力大多数进入的是城市传统部门,提出发展农业经济,降低城乡预期收入差异,缓解人口向城市的流动。

二 国内研究现状

20世纪90年代以前,中国边境地区基本上是单一的国防功能,90年代以后,我国实行沿边对外开放,边境地区功能向经济、文化、外交等多元化发展,特别是区域合作的加强,使边境地区的社会、经济、安全等状况变得复杂多样,由此引起了学术界的广泛关注,目前对边境及边境人口的研究成果主要集中于以下几个方面。

(一) 对边境效应的研究

从国内目前的研究成果看,对边境效应的研究主要在2000年以后,主要是研究边境效应理论方面的探讨和边境效应的应用。

1. 对边境效应理论的探讨

汤建中等 (2002) 首次提出边境有屏障与中介两种效应,并指出在一定条件下两种效应可以相互转化,并把边境分为封闭型、半封闭型和开放型三类。

朱海霞、顾海英 (2007) 对国外边境效应引力模型的研究进行了梳理,指出目前国外对边境效应的研究存在理论基础匮乏、计算方法众多、模型尚需检验和术语繁多等方面的问题。

梁文恬、朱洪兴 (2007) 指出,边境地区经济体的相互合作是弱化边境效应的途径,次区域合作的动力机制来自参与国中央政府、地方政府与企业。

王亮、刘卫东 (2010) 对西方学者关于边界效应的研究进行了梳理,指出目前对边界效应的研究主要集中于边界效应的强度、边界地区的一体化效应及边界效应的转化三个方面,认为我国对边界效应的研究可以向边界地区集聚效应、边界地区管治和边界地区合作模式几个方向发展。

2. 边境效应的应用

李铁立 (2004) 以边界的屏障效应和中介效应可以相互转化的理论为基础,深入探讨了在次区域经济合作中边境效应的转化机制。

冯邦彦 (2007) 以港深跨境区域合作为例,分析了港深边境的屏蔽效应、中介效应和边境效应转化的可能性及其动力来源。

胡超（2009）总结了关于边境效应的影响因素，提出通过边境地区城市化要素集聚、分工深化和市场制度建设来促进边境地区外向型经济的发展，从而突破边境效应对区域经济发展的影响。李红、方冬莉（2011）把边境效应分为正效应与负效应，并提出以区域合作及协调的发展提升边境正效应的开放策略。

李军林、姚东旻等（2012）通过2000—2009年的面板数据，对东盟自由贸易区与其他国家（地区）的贸易程度进行了边境效应的测定，得出东盟区域内部各国的边境效应普遍降低，而对世界其他国家的边境效应有不断上升的趋势。

洪勇（2013）对国内、国际边界效应进行了实证研究，发现国内边界效应大于国际边界效应，表明贸易存在本地化偏好。

（二）边境安全的研究

国内对边境安全的研究成果较多，主要集中于边境安全理论方面的探讨以及边境安全影响因素的研究。

1. 边境安全相关理论的探讨

王亚宁（2009、2010）分别对我国边境安全的战略、特点、原则进行了论述，并提出了相关的战略和原则，认为虽然边境地区传统安全弱化，非传统安全增加，但是，与某些邻国仍有领土争端，对于边境安全要两者兼顾。

李敏伦（2009）对边境安全的内涵的演化进行了分析，认为在全球化的背景下，边境安全已经从以边境地区军事安全为重点向边境地区居民安全为主流转化。

张保平（2012）提出，从免疫力、可控性和有序性三个方面来度量边境安全的稳定。

陆云（2012）对中缅边境的非传统安全问题进行了分析，指出中缅边境的非传统安全具有"内传"与"外溢"的特点，并提出相应的对策。

2. 边境安全影响因素研究

昊宇（2003）对我国陆地边境安全现状进行了分析，认为随着边界争端的逐步解决和经济全球化、区域经济一体化步伐加快，我国目前边境安全形势稳定，军事防御任务减弱，打击跨国犯罪成为重点。

王介南（2004）分析了影响缅中关系发展的因素以及由缅中关系带来的对我国西南边境安全的影响因素。

张保平（2008）认为，我国边境安全总体形势是稳定的，同时指出，由于我国邻国众多且某些邻国处于热点地区，周边地区存在多种非传统安全威胁的源头以及民族宗教环境复杂等因素的影响，我国边境安全呈现传统与非传统安全交织的态势。

孟立君（2009）指出了影响我国边境地区非传统安全的因素有民族、宗教、恐怖主义、毒品、非法移民、走私等。

胡娟（2009）分析了美国"阿富汗和巴基斯坦战略"，指出美国对阿富汗增兵有可能造成我国西部边境军事压力增加、东突分子对我国西北渗透以及挤压中巴地缘政治空间。

杨迎潮、张云莲（2010）指出西南边境民族地区在国家安全中的重要地位，并分析了边境民族地区和谐社会建设对国家安全的意义。

谢念亲（2013）分析了缅北民族冲突对我国边境安全造成的影响，并提出"创造性介入"的思路。

孟立君（2013）指出，毒品、走私、人口外流是影响吉林边境安全的因素，并提出相应的对策。

叶力（2013）对云南边境地区意识形态安全问题进行了探讨。

贾果春（2013）指出，"三股势力"、枪支弹药、毒品等是影响新疆边境地区安全稳定的主要涉外因素。

（三）边境区域经济发展与合作

边境地区是集老少边穷于一体的特殊区域，边境地区经济的发展既是当地的现实需要，也是国家发展的战略要求。对边境地区经济发展的研究主要有对边境地区经济发展的探讨、次区域合作的研究、边境经济合作区建设等方面。

1. 关于发展边境地区经济的探讨

20世纪90年代初实施沿边对外开放后，学者开始关注边境地区的经济发展，就如何利用边境地区优势发展经济及邻国边境地区经济发展对我国边境地区的影响等方面进行了探讨。

胡兆量（1993）以边境优势理论为基础分析了我国陆地边境进行口岸建设的可能性与必要性，提出我国边境口岸建设的类型与规划。

曹虹、霍庆先（1996）指出，边境地区虽然具有比较优势，但经济发展与沿海地区仍存在较大差距，应大力发展外向型经济，扩大与周边地区的合作，加快边境经济合作区建设，探索发展自由贸易区的新模式。

梁双陆（2008）分析了边境两侧区域产业对厂商区位选择力的影响，并探讨了充分发挥地缘优势构建边缘经济增长中心。

李昌明（2009）从优化空间结构的角度提出，加快边境地区经济空间结构演进是推动边境地区经济发展的重要途径。

马松峰、王亚东（2009）认为，通过发挥边境地区的比较优势，广泛开展有效的次区域合作，形成多中心集聚发展的沿边经济圈。

毕世鸿（2010）从系统性、针对性和适应性三个方面，对中越边境两侧中国、越南两国的边境政策进行了对比研究，并分析了两国边境政策的实施对边境地区的影响。

向媛秀、向秋华（2011）对越南发展中越边境地区的社会经济政策进行了分析，并提出了我国加强边境地区经济发展的对策建议。

雷小华（2013）提出了推进沿边地区创新开放模式构建对东盟开放型经济的新思路。

2. 关于次区域合作的研究

次区域合作开始于20世纪80年代末90年代初，是区域合作的一种新形式，尤其是经济全球化和区域经济一体化的背景下被广泛应用。目前我国对次区域合作的研究成果较多。

（1）对次区域合作概念的探讨。胡志丁、骆华松（2010、2011）认为，次区域合作不仅是经济合作，而且包括非经济方面的合作，并对次区域合作的演化进行了梳理，总结了次区域合作研究方向的三次转变，并对次区域合作的定义、特征等方面进行了探讨。吴世韶（2011）对次区域经济合作和次区域合作的概念进行了辨析。

（2）对次区域合作的效应研究。万新鲲（2008）分析了生产要素跨边界流动的障碍，指出次区域经济合作将降低边界的屏蔽效应，促进生产要素的跨边界流动。李汝凤、梁双陆（2011）通过分析，指出大湄公河次区域产业结构对西南边境生产要素具有很强的集聚作用，提出进一步加大次区域合作。

（3）开展次区域合作方面讨论。郭波（2004）认为，加强沿边次区域合作应该对外贸易格局、产业结构、边境口岸城市化建设三个方面进行规划调整，并提出把内蒙古、甘肃、新疆、西藏、云南、广西6省（区）作为沿边对外开放和次区域合作的重点。贺圣达（2005）分析了大湄公河次区域合作机制并提出中国及云南省的参与对策。罗圣荣（2011）认为，非传统安全问题是影响大湄公河次区域合作的主要障碍，并提出了相应的解决措施。毛胜根（2012）对大湄公河次区域合作成功经验进行了析，认为在今后大湄公河次区域合作进一步深化过程中应树立区域公共管理的理念、建立多层次、网络状的区域协调体系、建立多样化的合作机制与手段并注重合作进程的循序渐进。贾若祥（2013）对大湄公河次区域合作、中亚次区域合作、图们江次区域合作三大次区域进行了梳理，提出以增长极、专业城市和口岸城市三级优化边境地区的城市空间布局。

3. 关于边境地区经济合作区的研究

（1）对边境经济合作区重要性的讨论。何政、黄凌军（2007）

以东盟自由贸易区为背景,认为建立中越边境经济合作区是促边境地区经济合作的有效模式。赫英丽(2009)提出创建中俄边境贸易合作区,以边境经济合作区提升中俄边境贸易的发展规模和合作层次。鲁刚(2009)回顾并总结了新中国成立以来的中越边境贸易与合作,认为中越边境地区的贸易与合作有效地推动了边境地区的经济发展,指出中越边境经济合作前景良好。周民良(2011)、战成秀(2013)分析了边境地区经济合作对边境地区经济社会发展带来的巨大贡献,提出进一步加大边境地区基础设施建设、强化政策支持、优化双边贸易,以边境地区经济合作推动边境发展。

(2)有效开展边境经济合作区的讨论。古小松(1999)对20世纪90年代的中越边境经济合作的历程进行了梳理。于国政(1997)论述了区域经济一体化的概念、形式,探讨了中国与邻国边境地区经济一体化的理论依据、可能性、现实性。为边境经济合作区找到政治基础与理论依据。田光伟(2004)结合边境地理环境,认为我国边境经济合作区应具有增长极、经济通道、产业结构优化等七个功能定位。张旭华(2011)以中越、中俄边境合作区为例,探讨了推动区域合作的机制和特点,分析了跨边境合作区的主要障碍,并提出相应的发展策略。杨丽艳(2013)针对国际区域合作中存在的一些法律问题进行了研究。

(四)边境地区人口方面的研究

自古以来,中国边境地区与邻国边境地区的人民就保持着友好往来,有的同宗同族,语言相通,血肉相连,即使两国交兵,也不能阻断人们之间的交流。沿边对外开放后,与邻国之间的人员流动更加频繁,一些特殊的人口现象和特殊群体不断涌现,使边境地区人口结构变得更加复杂多样,也产生了一系列的问题,从目前的研究状况看,主要集中于跨境民族问题、特殊人群问题、边境流动人口问题、边境地区人口总体等几个方面的研究。

1. 对跨境民族问题的研究

学术界对跨界民族、跨境民族和跨国民族尚有争议,丁延松

(2005)对跨境民族、跨界民族和跨国民族三个概念进行了辨析,认为对概念的使用各有偏好,对于边境线两侧的民族而言,倾向于用跨界民族这一概念。为突出研究的地域性,本书倾向于跨界民族人群界定,但采用跨境民族的说法。跨界民族是边境地区一种特殊人口现象,学者分别从民族学、社会学、国家安全等角度对跨界民族现象和跨界民族人口进行了研究。从民族学角度进行的研究。方铁(1989)、谷家荣(2010)对西南跨境民族的研究进行了综述,方铁先生认为,20世纪跨境民族的研究的内容主要是民族调查、寻根探源及民族关系等,谷家荣回顾了云南边境地区跨境民族研究的历程,认为黄惠焜教授阐明的文化问题将成为新世纪跨境民族研究的重要问题的思路。安俭(2004)认为,处理跨国民族与边疆稳定战略是尊重跨国民族那种十分可贵的、不受国家关系影响的民间主导型和平跨居模式。方铁(2007)对云南16个跨界民族的国内外分布进行了罗列,并指出,形成跨界的原因主要是原居民族的历史分割和人口迁移,民族之间相处融洽是跨界民族的特点。何跃(2008、2010)诠释了地缘主义与跨界民族主义及其关系,认为在边境地区存在着边民认同和跨界民族认同,有可能上升为边民主义与跨界民族主义,指出,这种现象会给边疆地缘安全形成潜在威胁。田阡、杨红巧(2009)对跨境少数民族的生存空间和生存策略进行了分析,认为当前边境地区落后的经济现实和生存空间的经济组织原则的纳入导致边境地区跨境民族生存空间的急剧变化和生存策略不断调整的复杂局面。跨境民族与国家安全角度。罗秉森等(2002)对云南跨界民族问题专门进行了研究,认为跨界民族问题是国内国际的大问题,并分析了跨界民族与国家安全的关系,指出经济发展落后、境外分裂主义、宗教主义的渗透是当前云南跨界民族面临的大问题。刘海清(2006)在对跨境民族史料分析的基础上指出,边境少数民族是我国保卫边疆、巩固国防的有生力量。栗献忠(2009)、李学保(2010)、张金平(2010)等研究了"冷战"后民族分裂主义对跨境民族的渗透,指出跨境民族容易被"三股势力"所利用，影响民族团结，威胁国家安全，并提出通过与周边国家的合作、发展边境地区经济、加强边境防控等建立良好的民族关系，打击不法分子的破坏活动，维护边境安全。

2. 对特殊人群的研究

（1）"三非人员"。"三非人员"是指非法入境、非法居留、非法就业人员。王艳斌（2011）分析了中越边境"三非人员"越南公民存在的问题，提出运用刑事手段和加强双边警务合作加强管制。李玉洁（2012）分析了"三非人员"对德宏州经济社会发展所带来的影响。罗刚（2012）分析了云南非法移民对人口安全、国家认同的影响，指出对人口安全的影响表现在人口无序增长、人口素质下降，对国家认同的挑战主要来自民族认同与对社会现实的不满。吴兴春（2013）指出，随着边境地区开放力度加大，吸引了大量的外国人，"三非人员"也不断增多，给我国边境区社会管理、边境安全带来一系列的影响，提出堵疏并举、打防结合的立体管理网络等对策。

（2）难民。吴喜、梁晋云（2010）对20世纪80年代因战争被驱赶到中国的越南难民进行了研究，指出随着越南难民在中国的人数不断增加，因为生产资料、身份等方面的原因对边境地区社会管理、边境安全造成一定的影响。

（3）跨境婚姻群体。劳云飞（2012）、朵林等（2013）对云南边境地区外籍跨境婚姻人群、缅甸籍吸毒人员的艾滋病感染与治疗现状进行了分析，结果发现，这部分人群的艾滋病感染率高，需要加强防控。罗文青（2006）、李娟（2007）指出，跨境婚姻的主要原因是地理环境、民族渊源、经济吸引等，而且存在登记手续难、入户难、加入国籍难等问题，中国西南边境地区跨国非法婚姻增长趋势明显，影响边境社会稳定，应进一步完善相关法律法规，妥善解决。罗柳宁、吴俊杰（2009）对中越边境跨境婚姻的研究进行了梳理，指出了研究中存在的问题，并提出未来跨境婚姻研究的方向。梁茂春、陈文（2011）通过对中越边境跨界通婚的调查，把中越边境跨界通婚分为同族通婚和非同族通婚，促进途径有自由恋爱、他人介绍和跑婚骗婚等，并指出，中越边境跨界婚姻持续增长的原因主要是通婚历史长、社会网络延伸、成本低、中越性别比差异等。

3. 边境流动人口的研究

对边境地区流动人口的研究成果主要集中于两个方面，一方面是对人口流出的研究，另一方面是对流入人口的研究，由于边境地区特殊的地理区位，学者们在研究边境地区流动人口时较为注重区域特性，如国家安全、民族、宗教、国际犯罪等。

(1) 边境地区人口外流的影响研究。

孙春日（2010）对中朝边境地区的人口流失问题进行了研究，指出改革开放以后中朝边境人口大量流失，造成当地出现"空巢化"现象，使境外分裂分子借机进入边境开展活动，严重扰乱社会秩序和威胁边境安全，并提出发展边境经济，加强民族团结，提高国防意识等对策。

赵卫华、金东黎（2010）梳理了云南边民外流的情况，指出边民主要流向是缅甸、越南、泰国和老挝，流入缅甸的人数最多，并分析了边民外流的原因和对我国边境地区带来的挑战。

贾玉梅（2012）分析了边境地区由于人口外迁导致的边境地区人口安全问题，提出促进边境地区经济发展、完善人口政策和加快边境地区城市化进程等对策措施。谭春霞（2013）指出，边境地区劳务输出给边境地区农村家庭带来了家庭残缺、养老缺失、社会不稳定因素增加等一系列问题。

杨雪、王化波（2013）研究了吉林省边境地区人口流出对当地的影响，认为边境地区人口流动带动了当地经济的发展，但同时也使当地产生了家庭不稳定、人口负增长、劳动力短缺等问题，并对边境安全产生了一定的影响。

(2) 对边境地区流入人口的研究。

林盛中（1994）以中国与俄罗斯边境地区的流动人口为例分析

了人口流动对经济社会的积极作用，如为服务业的发展提供了契机、促进了文化的交流等。

李光灿（1995、1998）首次结合边境地区区域特性对流动人口进行了研究，认为沿边开放后流动人口增加给边境地区经济注入了活力、促进了文化与信息的交流、提高当地人口素质，同时，也带来消极的影响，如非法移民、跨国犯罪、卖淫嫖娼、毒品等，并提出了相应的对策措施。

鲁刚（2006）从人口流动和流动人口两个方面对中缅边境人口流动现象和流动人口进行了分析，指出具有双向对流、流动量大、形式多样、结构复杂以及空间分布不平衡五大特征。

何跃（2008、2009）把邻国在中方境内的流动人口或跨居在邻国的跨界民族人口以及他国人员在我国边境地区的流动人口归为境外流动人口，并指出云南境外流动人口已经从边境口岸和城市逐渐向内地渗透，对边境传统与非传统安全带来一系列的挑战，建议建立境外流动人口区域化管理机制等。

陈真波（2010）归纳了西南边境跨国流动人口的类型，主要是商贸劳务人员、难民、"三非人员"、外流边民等，并列举了跨国人口带来的社会问题，如枪支走私、拐卖妇女、赌博等。

谷家荣（2011）认为，边境地区的开放为滇越边民血缘、商贸、务工等创造了良好的环境，但人员的频繁往来影响着边境地区的社会稳定，需要国家、地方和边民三者共同构建一个有序的会通和并接环境。

李琦（2011）对我国境外边民跨国犯罪进行了研究，指出地理环境与政治经济是主要原因，走私、毒品、偷渡、拐卖妇女等是犯罪的主要类型。

张爱华（2012）针对外籍流动人口存在身份难认定，基层管理机构服务滞后等问题，提出解决身份确认等推进外籍流动人口服务管理的新举措。何波、农丽萍（2013）分析了跨境流动人口对艾滋病的传播问题。

洪贵美（2013）认为，国家加大面向西南开放桥头堡建设会带来法律体系的完善、民生的改善、民族政策的优惠，从而会进一步加强对流动人口的管理。

4. 对边境地区人口总体方面的研究

张晶、袁慧（1996）分析了黑龙江省边境地区人口增长的原因及对经济发展的影响。

林盛中、郑玮钧（2009）从人口、经济、环境协调的角度对黑龙江省的人口布局进行了研究，指出边境地区人口总量少且居住分散，提出以发展经济来聚集人口。

刘中一（2012）对中蒙边境地区的人口现状进行了分析，指出人口压力显现，结构复杂，无序流动显著，人口素质偏低等人口安全问题，应通过控制人口数量，加快边境地区经济发展等措施来解决。

熊理然（2013）探讨了云南省25个边境县20世纪90年代以来的人口分布时空格局演变，结论是：人口的分布格局与区域经济发展、区位条件等显著相关。

（五）国内对人口分布的研究

1933年，我国人口地理学家胡焕庸先生把黑龙江省瑷珲到云南腾冲之间的连线作为中国人口布局的分界线，提出了著名的"胡焕庸线"，成为我国第一位对人口空间格局进行研究的学者。目前，国内对人口空间分布的研究主要集中于以下几个方面。

1. 人口布局研究方法的探讨

张善余、李玉江分别在《人口地理学概论》和《人口地理学》中指出，人口地域分布的度量方法有人口密度、广狭度和接近度、不均衡指数、集中指数和再分布指数、人口重心等。随着人口在地域上的流动越来越频繁，人口的空间格局也不断发生变化，许多学者也尝试着用各种方法去研究人口的空间分布。

江东、杨小唤等（2002）从统计型人口数据空间化出发，提出在遥感、GIS技术支持下，构建"人口空间分布模型"的思路。

赵军（2001）、葛美玲（2009）、张耀军（2012）等的人口重心模型，张慧（2012）的人口集疏度模型，马颖忆（2012）的EDSA空间自相关模型等。

2. 对人口空间布局的描述

张桂霞（1994）分析了广州市20世纪80年代人口分布的变动情况；郭金昌、丁金宏等（2006）对上海流动人口的居住空间的特征与形态进行了描述；彭际作（2006）以长江三角洲大都市圈为例分析了大都市圈人口空间格局与区域经济发展的关系；俞路（2006）对中国20世纪90年代中国迁移人口的分布格局与经济发展的关系进行了研究；蔡建明、王国霞（2007）对我国人口迁移趋势及空间格局演变进行了描述；李青阳（2009）分析了陕西人口空间结构与人口集聚格局；潘竟虎、李天宇（2009）对甘肃省人口流动空间格局与影响因素进行了分析；杨剑、蒲英霞（2010）分析了浙江省人口分布的空间格局及其时空演变；刘望保、闫小培等（2010）用EDSA—GIS空间分析技术对广州市人口空间分布及其演化过程进行了研究，并对其特征进行了描述；杨舸（2013）描述了我国流动人口空间格局及流入中心的流场范围。张志斌、潘晶（2012）对兰州城市人口空间结构演变格局及调控机制进行了探讨；张东海、任志远（2012）分析了黄土高原地区的人口空间分布格局。

3. 人口布局的影响因素和机制研究

（1）人口布局的影响因素。韩惠、刘勇（2000）和李仲生（2006）认为，经济发展对人口分布有决定性影响，人口分布的分散还是集中取决于经济发展，特别是生产力水平和生产力分布的变化。张善余、李玉江列举了影响人口分布的因素主要有自然环境、生产力水平和生产布局特点、历史政治因素等。吕晨、樊杰等（2009）指出，自然环境是影响人口空间格局的长期因素，经济因素是人口空间格局短期变动的主要原因；李雨停、丁四保（2009）提出，地理成本是影响人口分布的重要因素之一。姚华松、许学强等（2010）指出，城市发展格局的变化和制度层面是引起广州流动人口空间格局变化的原因。

（2）人口空间布局机制的探讨。王春兰（2008）对大城市人口空间布局机制的相关研究成果进行了综述，指出政府行政手段、市场经济体制改革与市场机制、人口迁移是城市人口空间格局变化的机制，并提出以人为本的原则，从迁移者这一微观层面剖析大城市人口空间演变的动力机制。马颖忆（2012）采用主成分分析和地理加权回归分析从历史发展基础、社会生活水平、经济发展水平、人口自然增长、区域发展政策等方面探讨了江苏省人口空间格局变动的演化机理和驱动机制。牟宇峰、孙伟（2013）从经济发展水平、自然地理条件、产业优化升级与布局调整、新城和开发区建设、交通便捷程度、公共服务水平和设施配套、工作选择、居住空间选择、城市空间发展政策与城市规划等方面阐释了南京30年来人口格局演变的机理。

三 研究述评

综上所述，国外对边境地区的研究开始于20世纪90年代，从目前研究的成果看，主要围绕边境地区的经济功能展开研究，而对边境区域人口方面的研究成果较少，有少量的成果主要涉及边境移民方面，对边境地区人口布局的研究笔者尚未发现。国外对人口空间布局的研究较早，主要阐述的是人口分布与自然环境的关系，人口分布机制主要是从经济学的角度进行分析。我国对边境地区的研究与国外基本同步，对边境地区经济合作的研究成果较多，与国外研究边境地区不同的是，由于我国边境地区特殊的人口状况，国内学者对边境人口研究的成果丰硕，主要集中于对跨境民族、特殊人群、边境人口流动等特殊人口现象形成原因与影响的探讨，而对上述人口现象的空间分布的研究成果很少。国内对人口空间布局的研究主要集中于20世纪90年代以后，也就是区域人口流动松绑后人口的跨区域流动造成区域之间、城乡之间、大城市内部人口布局的巨大变化引起了学者的关注。国内对人口空间格局的研究成果丰富，有的学者对人口分布的一般规律进行了分析，有的学者侧重于对人口空间格局分析方法的研究与应用，有的学者重点研究改革开放背景下大城市人口空间格局变化及其原因，有的学者以特定区域为研究对象分析人口空间格局特征和原因等，而对边境地区人口空间格局机制与影响的研究成果很少。

目前，我国西南边境地区人口状况复杂，结构多样，表现出不同的空间集聚状态，边境地区内的人口大量流出，而流入人口又呈上升趋势，当前国内外对人口空间格局机制的研究成果却不能很好地诠释边境地区这一独特的人口地理现象。边境地区承担着对外开放与守土固边的双重功能，人口空间格局的变化对优化边境经济格局、维护边境安全和民族团结具有重要意义。因此，探讨边境地区人口空间格局演变机制及其影响十分必要。

第六节 相关概念

一 边界与边境

（一）边界

边界是一个很广泛的概念，应用于不同的研究领域，指的是两种不同事物之间的分界线。通常我们说的边界指的是国家边界，国家边界是伴随着国家的产生而出现的，是分割国家领土的界限，也是确定国家领海、领空以及外层空间的想象界限。国家边界在陆地和水面上是一些真实或想象的线，而在空中、水中和底土则是沿着这条真实或假想线延伸的垂直面。从国家边界这一层面而言，许多学者也从不同的学科和角度进行了阐述。丹尼尔和斯蒂威尔（Daniel and Stillwell, 1963）认为，边界是国家主权和法律体系的分界线。李铁立（2005）从跨国区域经济合作的角度，认为边界是两个经济地域单元的分界线。王铁崖在《国际法》一书中把边界定为"确定各国之间领土范围，是一条划分一国领土与他国领土或与国家管辖范围之外区域的界限"。[①] 由此可见，不同学科对国家边界的

---

① 王铁崖：《国际法》，法律出版社1995年版，第243页。

定义不尽相同，本书从地缘政治学角度讨论国家边界，认为国家边界指的是两个不同政治地理单元的分界线。

(二) 边境

边境和边界是两个不同的概念。边界是指国家领土的界限，而边境是指边界两侧一定距离的范围，是一定范围的区域。① 政治地理学在使用"边境"一词时通常代表着两层含义：第一层既可以指两个国家或地区间的政治界线，也可以是一个国家内部在相对核心区域与尚未开发区域间的分界线；第二层是将其看作一个地区。② 百度释义："边境或边境地区在政治学和地理学上指邻近边界、国界的区域范围，一般来说，有着特殊的重要性。在战争时期，边境地区可能会成为紧张地区，甚至成为战线的一部分。一般情况下，边境地区亦多数设有出入限制，甚至被列为禁区，如香港边境禁区。亦有部分戒备较低的边境，如美加边境就处在长期不驻防的开放状态，甚至容许一定程度的跨越美国、加拿大两国边界。有些时候，边境亦作为国与国之间的缓冲区，以减少发生冲突，如依三八线两边平行而设的朝鲜半岛非军事区。"《国语·楚语上》里"夫边境者，国之尾也。"边境指的是靠近国家边界的地方。拉蒂从区位角度认为边境既可以是横跨边界的地区，也可以是边缘地区。③ 王占国 (1997) 认为，边境通常是指在地理位置上同相邻国家有法定边界，靠近国境线内侧，直接沿边的一定经济社会区域。④ 从以上对边境这一概念的叙述中可以看出，边境是一个区域的概念，因为边境地区的判定标准、尺度、视角不同。就目前的研究来看，对边境地区没有一个完全的界定，边境省、边境市（州）、边境县（市）、边境乡（镇）都可以称作叫边境地区。广西把可以开展边境

---

① 李广明：《国际法》，清华大学出版社2006年版，第96页。
② J. R. V. Prescott, *Boundaries and Frontiers*, London: Croom Helm Ltd., 1978, p. 33.
③ Ratti, R., Spatial and Economic Effects of Frontiers [M]. In: Ratti, R. and Schalom, R., Theory and Practice in Transborder Cooperation. Basel and Frankfurt am Main, 1993, pp. 23 – 24.
④ 王占国：《边境地区县域经济发展研究》，黑龙江教育出版社1997年版。

小额贸易和边境地区对外经济技术合作项目的地区称为边境地区，即指我国与毗邻国家有陆地接壤的边境县（市、旗）和国务院批准的边境开放城市的辖区。① 为了研究的需要，本书研究的边境地区指的是我国与邻国接壤的县（市）所辖区域。

二 地缘政治与地缘经济

（一）地缘政治

从目前学术界对地缘政治的定义看，尚未形成一个统一的认识，大多把地缘政治与地缘政治学作为一个概念来阐述，如《简明大不列颠百科全书》《布莱克维尔政治学百科全书》《中国大百科全书》（地理卷）等国内外几种地缘政治的概念。叶自成（1998）列举梳理了国内外地缘政治的定义，并对地缘政治这一概念的特征、范围、内容进行了分析，但没有给出定义。② 楼耀亮（2002）认为，地缘政治包括两个方面的含义，即地缘政治环境和地缘政治理论，并把地缘政治的概念界定为是在对国际上各种政治力量及其相互关系进行地理分析的基础上，为维护国家安全（利益）制度适当的对外政策和战略的一种理论。③ 陆俊元（2005）认为，当前对地缘政治的解释是凌乱的，并认为地缘政治是政治行为体通过对地理环境的控制和利用来实现以权力、利益、安全为核心的特定权力，并借助地理环境展开相互竞争与协调的过程及其形成的空间关系。④ 陆大道等（2003、2013）认为，地缘政治是指国家间、地区间或民族间基于地理区位、地理空间和历史地理等因素而形成的政治军事联合、结盟（政治和军事集团化）或政治对立乃至遏制或者战争的相互关系态势及演变过程。⑤

---

① 对外贸易经济合作部、海关总署：《边境小额贸易和边境地区对外经济技术合作管理办法》，广西壮族自治区对外贸易经济合作厅，2003年。
② 叶自成：《地缘政治与中国外交》，北京出版社1998年版，第1—4页。
③ 楼耀亮：《地缘政治与中国国防战略》，天津人民出版社2002年版，第1—18页。
④ 陆俊元：《地缘政治的本质与规律》，时事出版社2005年版，第64页。
⑤ 毛汉英：《中国周边地缘政治与地缘经济格局和对策》，《地理科学进展》2014年33卷第3期。

国外对地缘政治的研究较早，形成了一系列的地缘政治理论，如马汉的海权论、麦金德的心脏地带说、斯皮克曼的边缘地带说，以及朱利欧·杜黑的空中势力论、柯恩的多极世界地缘政治模式、丹尼尔·格雷厄姆的高边疆战略论、布热津斯基的"大棋局"、亨利·基辛格的世界新秩序、塞缪尔·亨廷顿的"文明冲突"，等等。国内最早出现与地缘政治有关的论述是1906年刘鸿钧的《政治地理》，指出："……政治地理者为人文地理研究中尤重要之一科，得其概略，则近今世界之大势以及政治组织之机关，可一览而备悉焉。"[①]这是现在所能见到我国最早全面介绍政治地理学的书籍。第二次世界大战后，地缘政治学随着法西斯国家的覆灭而受到唾弃，国人对地缘政治学的关注也戛然而止，国内学术界对地理的研究转向经济地理，直到20世纪80年代，地缘政治在倡导人文地理学复兴时才得以重视。[②]从20世纪80年代以来，我国对地缘政治的研究成果得到不断丰富，张文奎（1989）较系统地研究了地缘政治学的产生、基本理论、主要代表人物及战后地缘政治学的主要发展等，并提出要认真研究地缘政治学理论，要借鉴地缘政治学紧密结合实际与着眼未来等观点。[③]王思涌等（1998）归纳阐明地缘政治各家学说的内涵与发展。[④]沈伟烈（2005）从地缘政治学的由来、研究对象、研究内容以及我国地缘政治思想的发展演变做了系统研究。[⑤]另外，还有李义虎、刘从德、陆俊元等学者对地缘政治也进行了专门的研究。

本书认为，"地缘政治"中的"地"指的是地理空间，是各种地理要素的集合体，是地球上的一种可以变化的客观存在，"缘"

[①] 刘鸿钧：《政治地理》，法政编社1906年版，绪言第1页。
[②] 周晓男：《浅析中国地缘政治学的过去、现在和未来》，《东北师范大学学报》2010年第4期。
[③] 张文奎：《人文地理学概论》，东北师范大学出版社1989年版，第291—311页。
[④] 王思涌等：《政治地理学：时空中的政治格局》，高等教育出版社1998年版，第271—318页。
[⑤] 沈伟烈：《地缘政治学概论》，国防大学出版社2005年版，第295—506页。

指的是一种关系,地缘政治有广义和狭义之分。广义的地缘政治指具有独立政治实体的地理空间单元,为实现国家政治战略目的,以地理要素为对象,采取一系列合作或对抗措施,优化和其他政治地理单元在地球表面排列关系的行为;狭义的地缘政治则指相邻政治地理单元之间,因地理要素(地理区位、自然环境、人文地理因素等)而形成的国防、边界、资源以及政治外交等关系。本书所指的地缘政治关系指的是狭义的地缘政治。

(二)地缘经济

20世纪90年代,"地缘经济"频繁出现于各种学术期刊和报纸、杂志中,但与地缘政治相比,地缘经济学还没有规范的定义以及系统的理论,人们对于它的理解和认识存在差异和误解,到目前为止,关于地缘经济的定义是模糊的,其主要观点的归纳也较为零散。[1] 萨本望(1995)指出,在走向21世纪新旧格局交替的过渡时期,最早创立新兴的"地缘经济学"的是两位美国学者:一位是华盛顿战略和国际问题研究中心的勒特韦克,另一位是兰德公司前政治研究部主任所罗门。[2] 1990年,时任美国国防部高级顾问的爱德华·勒特韦克(Edward N. Luttwak)首次系统提出并阐述了"地缘经济"这一学术概念,强调地缘经济学是一种战略,认为经济外交等行为已经不是纯粹的经济行为而是地缘经济学的行为。[3] 美国兰德公司资深顾问理查德·所罗门(Richard Solomon)指出,在全球贸易、金融和科技的推动下,美国正在迈进一个新的时代——地缘经济时代。[4] 卢光盛等(2012)把国外研究地缘经济的视角分为三个流派:一是以爱德华·勒特韦克、麦肯利·肯维、亨利·诺等为

---

[1] 卢光盛等:《地缘政治视野下的西南周边安全与区域合作研究》,人民出版社2012年版,第12—13页。

[2] 萨本望:《新兴的"地缘经济学"》,《世界知识》1995年第5期。

[3] Edward N. Luttwak, From Geopolitics to Geo-Economics: Logic of Conflict. Grammar of Commerce [A]. 1997, p.125.

[4] Richard Solomon, America and Asian Security in an Era of Geoeconomics [J]. U.S. Department of State Dispatch, 1992, 3 (21), p.410.

代表的从经济合作视角来研究地缘经济；二是以保罗·萨翁纳、谢尔兆·菲奥热、弗尔切里·布鲁尼·罗查等为代表的从国际竞争的视角研究地缘经济学；三是以涅克列萨、科切托夫等学者为代表的从地缘经济学与国家战略结合的视角来研究地缘经济学。[①]

国内学者对地缘经济的研究从20世纪中期开始，主要集中于对地缘经济学科的认识，尚未形成完整的地缘经济学科体系。贾绍凤（1999）指出，在经济的全球一体化背景下，地缘关系必然从"争霸"向"寻求合作"的目的转换。[②] 倪世雄（2001）阐述了地缘经济学的缘起、特点和发展趋势。[③] 李继东（2002）认为，地缘经济是关于国家利益、经济现象和地缘关系的科学，并归纳出地缘经济时代的五大基本特征。[④] 韩银安（2005）认为，地缘经济与地缘政治密不可分，世界地缘政治斗争仍然是各国关注的问题，地缘经济与地缘政治的相互影响与作用不会消失，地缘经济的发展同时也会带来新的地缘政治斗争。[⑤] 陈锴（2009）指出，地缘经济是在特定时代的生产力条件和地缘空间影响之下，由经济行为体通过地理环境的相互作用而产生的各种地缘经济关系的有机组合而成，广义的地缘经济是以特定地缘空间范围内的国家为行为主体，研究行为主体之间经济关系的地缘学科，而狭义的地缘经济是指特定地缘空间内的国家行为主体，通过经济互动来谋求国家利益的地缘关系。[⑥] 毛汉英（2014）认为，地缘经济是在地缘政治的影响和支配下，国

[①] 卢光盛等：《地缘政治视野下的西南周边安全与区域合作研究》，人民出版社2012年版，第16—17页。

[②] 贾绍凤：《国际关系的变化趋势与地缘关系理论的变革》，《人文地理》1999年第14期。

[③] 倪世雄：《当代西方国际关系理论》，复旦大学出版社2001年版，第400—402页。

[④] 李继东：《论地缘经济时代的基本特征——从地缘经济学视角对冷战后时代的审视》，《世界经济与政治》2002年第2期。

[⑤] 韩银安：《地缘经济与地缘政治刍议》，《国际关系学院学报》2005年第2期。

[⑥] 陈锴：《中国—东盟地缘经济关系研究》，博士学位论文，上海社会科学院，2009年，第17—18页。

家与区域之间围绕商品市场、资源供应、资金技术流向等形成的竞争、合作与结盟关系。[①] 本书研究的地缘经济是指毗邻国家之间，以地理要素为媒介，本着互利共赢的原则，在一定的地缘政治基础上形成的经济关系。

三 人口空间格局

从目前对人口空间格局的相关研究看，国外尚未发现学者对人口空间格局的概念进行界定，国内外讨论最多的是人口分布的概念，而专门对人口空间格局的概念进行界定的很少，有的学者把人口分布与人口空间格局作为一个相同的概念（马颖忆、陆玉麒，2013）。

（一）人口分布概念

胡焕庸先生是我国最早对人口分布进行综合研究的人口地理学家，他认为人口分布是指人口过程在空间上的表现形式。[②] 随后，一些学者在此基础上对人口分布的概念进行了补充与扩展。张善余先生对人口地域分布的概念进行了阐述，认为人口的地域分布是人口发展过程在地理空间中的表现形式，并指出，随着人口过程及影响因素的变化，人口的空间分布也处在不间断的演变之中，并表现出不同的特点。研究这种地域差异及其发展过程，揭示其中的规律，对制定区域人口政策、人口的合理再分布以及实现人口、资源、环境的协调持续发展起指导作用，这是人口地理学最基本的任务之一。人口的地域分布是一个很广的概念，各种人口过程和人口现象的空间表现形式均可包括在内，且都有静态分布与动态分布之分。[③] 李玉江等认为，人口分布分为广义和狭义。广义的人口分布不仅包括人口数量在空间的分布状况，还包括其他所有人口现象，如人口结构、人口数量等在空间的聚集和扩散，即人口再生产、人口素质、人口自然结构、人口社会经济结构、人口城乡结构、人口

[①] 毛汉英：《中国周边地缘政治与地缘经济格局和对策》，《地理科学进展》2014年第33卷第3期。
[②] 胡焕庸等：《中国人口地理》，华东师范大学出版社1984年版。
[③] 张善余：《人口地理学》，华东师范大学出版社2013年版，第183页。

的迁移活动等方面在空间表现形式及其历史变动；狭义的人口地域分布是指人口数量的空间分布及其地域差异。[①] 张志斌等认为，人口分布是指一定时间内人口群体在地理空间中的分布、集散及组合状况，是重要的人口现象和社会经济现象。[②]

（二）人口空间格局的概念

彭际作（2006）在总结人口分布概念的基础上首次在他的博士学位论文中对人口空间格局的概念做了较为详细的阐述。[③] 他认为，人口空间格局是特定期间内人口空间集聚状况反映人口在空间所占的位置，是人口发展过程的空间表现形式，并把人口空间格局分为广义与狭义两种。广义的人口空间格局是指各种人口现象和人口过程的空间表现形式与地域差异，如人口的数量和规模、人口再生产、人口结构、人口素质、城镇化、人口迁移与流动、人种和民族等；狭义的人口空间格局仅指人口数量的疏密分布状态。

（三）对人口空间格局的重新认识

根据上述几种对人口分布及人口空间格局概念的阐述，本书认为，人口分布与人口空间格局两个概念之间联系是紧密的，可以这样理解，人口空间格局是人口分布的一部分，但是，两者之间又有所区别。区别之一：人口分布主要说明的是人口过程及人口现象在地理空间上的表现形式，是一种人口在地域上的分布状态，而人口空间格局指的是人口过程和人口现象在地理空间上的集聚与分散所形成的点、线、面的空间组合，强调的是结构；区别之二：人口分布侧重于对人口过程及人口现象空间分布的一般规律及影响因素的研究，而人口空间格局不仅探讨形成原因，而且探讨人口的空间结构对整个区域的影响及各种人口过程在空间上表现出的点、线、面

[①] 李玉江、张果：《人口地理学》，科学出版社2011年版，第123页。

[②] 张志斌等：《兰州城市人口空间结构演变格局及调控路径》，《地理研究》2012年第11期。

[③] 彭际作：《大都市圈人口空间格局与区域经济发展》，博士学位论文，华东师范大学，2006年，第26—28页。

三者之间的关联。因此，本书认为，人口空间格局指的是人口过程及人口现象在空间上所表现出来的结构状态，这种结构状态随着人口过程影响因素的变化而不断发生变化，并对政治、经济、文化、生态等方面产生一定的影响。

基于上述对人口空间格局概念的探讨，结合本书研究实际，本书所研究的人口空间结构不仅包括狭义的人口空间格局，也有广义人口空间格局中的研究内容。

第一，人口数量的空间格局。对西南边境地区总的人口数量的空间格局演变进行研究，其中包括人口密度的研究、人口结构的研究等。

第二，人口民族结构空间格局。西南边境地区是我国少数民族汇集之地，散居在边境沿线，仅云南省跨境民族就达16个，人口的民族结构空间格局对国家边境安全、民族团结具有重要意义，是本书研究的重点内容之一。

第三，流动人口空间格局。由于边境地区特殊的地理区位以及近年来我国沿边对外开放力度的加大，边境地区流动人口开始增多，而且结构复杂，本书研究的流动人口包括边境地区一些特殊的人口群体，如"三非人员"、跨境婚姻群体、边境地区流出人口等，流动人口的空间格局研究对于我国沿边开放布局、边境安全、国际关系等方面具有重要意义。

四 中国西南边境地区

（一）中国西南地区

中国西南地区指的是云、贵、川、桂，有的把西藏划为西南地区。赵济、陈传康（1999）按自然资源与环境的分布特征，把中国划分为八个区，即东北区、华北区、晋陕内蒙古区、长江中下游区、东南区、西北区、西南区、青藏区等，其中，西南地区包括重庆、四川、云南、贵州和广西五省份。[①] 因此，按上述区划，西南

---

① 赵济、陈传康：《中国地理》，高等教育出版社1999年版，第574页。

边境省区指的是云南省和广西壮族自治区。

（二）中国西南边境地区

黎鹏（2006）对中国西南边境跨国区域的合作开发进行了研究，对中国西南边境的研究范围界定于云南和广西两省区。[①] 罗圣荣等（2008）指出，西南边境在我国境内主要涉及云南和广西两大省份，与越南、老挝和缅甸三国相邻，中缅边界线云南段1997公里，中老边界710公里，中越两国陆地边界线长1347公里。[②] 方铁（2009）根据大部分人的意见，认为历史上的西南边疆，包括云南、贵州、广西和四川的西南部地区，在研究古代的某些时段时，还包括中南半岛北部的一些地区，并指出今云南和广西两省区，是历史上西南边疆范围的主体部分。[③] 杨迎潮等（2010）把与缅甸、越南、老挝、印度、不丹、锡金和尼泊尔7个国家接壤的西藏、广西和云南三省区称为中国西南边境民族地区。[④] 从对中国西南边境地区的研究实践看，对中国西南边境地区没有一个统一的划定，基本上都是从研究的内容来确定研究区域，但是，大多数学者对西南边境地区的范围主要还是指云南和广西两省区，因此，按照大多数学者的意见，结合本书研究认为，中国西南边境地区是指中国西南云南和广西两省区与缅甸、老挝和越南接壤的，靠近国家边界线的县（市）辖区，本书中简称西南边境地区。

---

① 黎鹏：《CAFTA背景下中国西南边境跨国区域合作与开发研究》，博士学位论文，东北师范大学，2006年，第69页。
② 罗圣荣、赵鹏：《西南陆地边境管理问题研究》，《云南警官学院学报》2008年第4期。
③ 方铁：《西南边疆史研究60年的回顾与展望》，《中国边疆史地研究》2009年第3期。
④ 杨迎潮、张云莲：《西南边境民族地区和谐社会建设与国家安全》，《法制与社会》2010年第6期。

第二章　中国西南边境地区地理环境

第一节　研究区域范围界定

西南边境地区在传统的地理范围上包括西藏、云南、广西三省区的边境沿线。结合前面章节对西南边境地区的研究现状，并基于以下三点，西藏边境沿线未列入本书研究的范围。第一，西藏边境地区有喜马拉雅山脉天然屏障阻隔，跨境人口相对较少；第二，西藏边境地区民族单一，且地广人稀，人口空间格局变化小；第三，西藏边境地区地理环境恶劣，野外调查难度大。因此，本书的研究区域范围主要是云南、广西两省、区与缅甸、老挝和越南三国接壤的边境县（市）所辖区域，包括云南省25个、广西8个，共33个边境县（市）。西南边境地区是中国面向西南对外开放的前沿地带，是通向南亚、东南亚各国的重要通道，是沟通两洋、国内外市场的重要联结点，在中国整个地缘政治经济战略格局中具有重要地位，特别是近年来"孟中印缅经济走廊""一带一路"等多个区域发展战略的提出，这一特殊的区域更是受到了国内外的强烈关注。

云南边境地区。云南省是中国重要的边境省份之一，西部与缅甸接壤，南部和老挝、越南交界，国界线总长4060千米，其中中缅边界1997千米，中老边界710千米，中越边界1353千米，是中国陆地边界线最长的省份之一，约占中国陆地边界的1/5，除与缅甸、老挝和越南三国直接接壤外，还与泰国、柬埔寨、孟加拉国、印度、新加坡、马来西亚等国遥遥相望。云南边境地区涉及8个州（市）、25个县（市）。云南25个边境县（市）分别是：怒江傈僳族自治州贡山独龙族怒族自治县、福贡县、泸水县，保山市腾冲县、龙陵县，德宏傣族景颇族自治州陇川县、盈江县、瑞丽市、芒市，临沧市镇康县、耿马傣族佤族自治县、沧源佤族自治县，普洱市西盟佤族自治县、澜沧拉祜族自治县、孟连傣族拉祜族佤族自治县、江城哈尼族彝族自治县，西双版纳傣族自治州勐海县、景洪市、勐腊县，红河哈尼族彝族自治州绿春县、金平苗族瑶族傣族自治县、河口瑶族自治县，文山壮族苗族自治州马关县、麻栗坡县、富宁县。在以上25个边境县（市）中，普洱市的江城县分别与越南和老挝接壤；文山壮族苗族自治州的富宁县、麻栗坡县、马关县，红河哈尼族彝族自治州的河口县、金平县、绿春县与越南接壤；其他18个边境县（市）与缅甸接壤。

广西边境地区。广西位于中国南部，广西西南部与越南接壤，边界线长1020千米，是中国5个少数民族自治区中唯一一个具有沿边、沿海、沿江优势的省份，是中国西南最便捷的出海通道。广西边境地区主要涉及3个市，共8个县，从西至东分别是百色市那坡县、靖西县，崇左市龙州县、宁明县、大新县、凭祥市，防城港市防城区、东兴市。

第二节　西南边境地区自然地理环境

一　高原山地为主的地形地貌

西南边境地区总体上看是自云南贡山县到广西东兴市的条状区域，跨中国地形三级阶梯，大部分位于第二阶梯上，地形地貌以高原山地为主，只有广西与越南接壤的几个县在第三级阶梯上，以丘陵为主。云南边境地区的西部位于横断山区的南缘及其南延部分，山高谷深，有著名的怒江大峡谷，怒江、金沙江、澜沧江从北向南奔流于高山峡谷之间,穿越边境地区,形成著名的"三江并流"奇观。山脉多与大河平行排列,主要山脉有怒山、高黎贡山、无量山、哀牢山等,各山脉海拔在2000—4000米,山间各河下切成幽深峡谷,高差可达3000米以上。地区东部位于云贵高原及其向东南延伸至北部湾北岸的地区,以高原与低山丘陵的地形为主。广西边境属云贵高原边缘,为亚热带丛林地,地势西北部较高,东南临海较低,中方高于越方,大部为岩溶喀斯特地貌,虽是丘陵,但仍然是石山峻岭,川谷纵横,沿边境分布的山脉主要有勾漏山脉、都阳山脉、六韶山脉等,地形十分复杂。

二 大江大河贯通接壤邻国

中国是世界上国际河流数量较多的国家之一,据统计,中国和周边国家共享有40余条国际性河流,主要分布在东北、西北和西南地区,其中较大的国际性河流有15条。本书研究的西南边境地区是国际性河流较多的区域,分布在云南省边境地区的国际性河流有怒江—萨尔温江、大盈江—伊洛瓦底江、龙川江—瑞丽江、澜沧江—湄公河、李仙江—沱江、元江—红河、藤条江—南那河、盘龙江—明江等。广西则主要有左江上游的支流由越南从硕龙、水口等地流入广西,以及北仑河在下游河段成为中国和越南的界河。由于西南边境地区地势西高东低、北高南低,国际性河流流入缅甸、越南的过程中形成巨大落差,蕴藏着丰富的水能资源,如怒江—萨尔温江、澜沧江—湄公河等,为中国以国际性河流为媒介与相关邻国开展水资源开发及区域经济合作提供了条件。

三 矿产资源丰富

西南边境以山地为主,蕴藏着丰富的矿产资源。云南有色金属种类繁多,目前,在云南已发现的矿产有130多种,占目前世界上可供利用矿产140多种的93%,其中,74种已探明储量,50个矿种位居全国前10位,铅、锌、锗居首位,钾盐、锡、铂、岩盐居全国第二位,镍、砷、芒硝、蓝石棉居全国第三位,煤炭居全国第九位,待开发的矿产资源有锰、黄金、白银、钾盐、石棉等。广西壮族自治区是全国10个重点有色金属产区之一，目前发现的矿种达145种（含亚矿种），探明储量的矿藏有97种；铝土矿储量6.8亿吨，矿产分布集中、矿石易开采、质量佳；锰矿保有储量2.28亿吨，占全国锰矿保有储量的39%；锡、锑、铟保有储量分别占全国的28%、33%和32%；铟产量占世界产量的1/3；非金属矿十分丰富，石灰岩分布广泛，储量大，高岭土、滑石、膨润土等非金属矿储量均居全国前列。在上述矿产资源中，很多都分布于边境一线，如金平县的镍，探明储量为80万吨，是全国第四大富镍矿；马关、麻栗坡、富宁是云南省主要矿产锡、锑、锰、钨、铝土、煤的主要分布区域；景洪、勐海、勐腊分布着大量的黑色金属、有色金属、贵金属、稀有金属、燃料矿产、冶金辅助原料非金属矿产、化工原料非金属矿产和其他非金属矿产；广西百色市德保—靖西—那坡矿带主要有铝、铜、硫、铁、锰、重晶石等，而且在那坡县的西南部分布有果提等6个金矿床（矿点）；锰、膨润土、黄金矿、煤、高岭土、石灰岩等在大新县、宁明县、龙州县等边境地区大量分布。

四 气候条件多样

西南边境地区位于中国最西南端，北纬20°—30°之间，北回归线穿过广西百色市那坡县和云南省富宁县、麻栗坡县、耿马县和沧源县，边境地区的东南、西南分别与太平洋、印度洋相望，北部与青藏高原相接，从北向南海拔高度差距大，地形变化多样。西南边境地区特殊的海陆位置和地形地貌，形成了西南边境地区特殊的气候特点，从北向南分别有寒温带、温带、暖温带、北亚热带、中亚热带、南亚热带、北亚热带和热带8个气候类型，并且呈立体分布，既有低热河谷，又有高寒山区，既有干旱少雨的河谷、盆地，又有湿润多雨的平原丘陵，干湿季节分明，但大部分以热带和亚热带为主，气温较高，热量丰富，雨量充沛。由于地形高差大，边境地区西段的气候垂直变化显著，年温差10—12℃，日温差大，为12—20℃，其他地区常年气温高，夏长炎热，冬短微寒，四季不太分明，除少数区域外，大多数区域年均降水量在1500—2500毫米，为夏秋雨季。西南边境地区气候类型的多样性以及地区气候的差异性，为不同生物，特别是农作物的种植提供了得天独厚的自然条件，既有利于喜温作物生长，也适宜于喜凉作物的栽培；既有利于粮食作物种植，又有利于经济作物的生长；既有利于农业的发展，又有利于林业、畜牧业和渔业的发展。西南边境地区多样性的地貌特征和气候特征形成植被垂直分布和地域分布的特点带来的另一个特点是动植物的多样性，这一区域几乎集中了从热带、亚热带至温带甚至寒带的所有植物品种，云南西北怒江上中游地势雄奇险峻，气候垂直变化明显，植物种类和动物种类繁多，被称为"动植物基因的宝库"，2003年国家提出开发怒江水电，但十年后，规划的怒江水电"两库十三级"开发项目至今仍悬而未决，其中最主要的原因就是怒江的生态环境保护问题。

第三节　西南边境地区人文地理环境

一　区位条件优越

西南边境地区是中国西南与东南亚缅甸、老挝和越南三国接壤的狭长地带，东起广西壮族自治区东兴市，西至云南省怒江傈僳族自治州贡山县，边界线长4054公里。中华人民共和国成立以前，特别是在封建时代，西南边境地区向来就被视为远离国家政治、经济、文化中心的边缘地区，是各种少数民族聚居的蛮夷之地，经济社会发展落后，自然环境恶劣，民众缺少教化，不为统治阶级所侧目，因此，西南边境地区的区位优势被长期忽略。中华人民共和国成立以后，由于国防的战略需要，西南边境地区开始被关注，特别是20世纪70年代末80年代初的对越自卫反击战，让整个中国乃至全世界都知道了云南和广西。20世纪90年代开始至今，随着我国对外开放力度不断加大，与周边邻国的政治经济合作也日益加深，西南边境的区位优势开始显现。

(一) 西南边境地区是联结国内外市场的重要通道

近年来，中国西南对外开放步伐加快，与邻国之间的区域合作也不断加深，中国与东南亚各国的经济贸易往来越来越频繁，国与国之间边境地区的中介效应增强，屏蔽效应减弱，西南边境地区成了国与国、地方与地方政治、经济、文化交流与合作的必由之路，大小口岸与边民互市点遍布整个边境一线，目前形成了集航空、航运、铁路、公路和管道五位一体的交通运输网络。西南边境地区北靠长江经济带，东接珠三角经济圈，南邻东盟各国，是中国连接国内国外市场的重要通道。

(二) 西南边境地区是开展国际区域合作的重要区域

本书所指的国际区域合作主要是两国或两国以上接壤地区之间的跨国界的自然人或法人，基于平等互利的原则，在政治、经济、社会管理、文化等领域内开展的较长时期的协作活动，包括次区域合作。西南边境地区与三国接壤，与其他东南亚、南亚国家遥望，是参与国际区域合作的重要区域。从目前的国际区域合作来看，大湄公河次区域合作、中越两廊一圈、孟中印缅经济走廊、中国—东盟自由贸易区以及最近提出的"一带一路"倡议都与中国西南边境地区有关，如果把中国西南参与的国际区域合作区域看作一个圆，西南边境就是中国与东南亚、南亚区域合作的圆心。

(三) 西南边境地区是中国面向西南对外开放的重要窗口

我国周边对外开放主要集中于四个区域，东部沿海、东北、西北和西南，东部沿海地区是中国对外开放的示范性区域，也是最早实施对外开放政策的区域，有中国对外开放窗口之说。党的十八大提出："创新开放模式，促进沿海内陆沿边开放优势互补，形成引领国际经济合作和竞争的开放区域，培育带动区域发展的开放高地。……统筹双边、多边、区域次区域开放合作，加快实施自由贸易区战略，推动同周边国家互联互通。"十八届三中全会提出，"加快沿边开放步伐，允许沿边重点口岸、边境城市、经济合作区在人员往来、加工物流、旅游等方面实行特殊方式和政策……推进丝绸之路经济带、海上丝绸之路建设，形成全方位开放新格局。"国家加大我国沿边对外开放的力度，给内陆沿边地区带来了巨大的发展机遇，而作为与东南亚直接毗邻的广西、云南两省，将成为中国面向西南对外开放的窗口。2015 年 1 月 19 日，习近平总书记考察云南时指出，要把云南建设成为面向南亚、东南亚辐射中心。这不仅仅是对云南对外开放战略地位的肯定，更是把整个西南边疆地区推向了对外开放的前沿。

（四）西南边境地区是中国与西南邻国实现睦邻友好政策的重要纽带

中国西南边境地区与越南、老挝和缅甸三国接壤，特殊的历史渊源、地缘关系和民族关系为实现两国睦邻友好政策奠定了坚实的基础，西南边境也就成为联结邻国友好关系的重要纽带。

1. 唇齿相依的地缘关系

西南边境地区与邻国在地缘关系上是一种互为屏障和依靠，相互依存的关系。从小的地理环境来说，西南边境与邻国山水相连、阡陌交通、鸡犬相闻，共饮一条河，同护一片林；从大的地缘环境来说，中国与西南邻国唇齿相依，中国是西南邻国北方的强大依靠与后方，如果与中国关系出现变化，一旦世界政治格局发生变化，他们将有可能陷入腹背受敌的尴尬境地，而对于中国，如果缺少邻国的支持与合作，西南方向将陷入被包围的困境，同时失去通向印度洋的捷径，从南海通往印度洋、欧洲、非洲的航线将受到很大的阻碍。

2. 分分合合的历史渊源

与中国西南边境相邻的老挝、缅甸和越南三国自古以来与中国关系密切，秦王朝统一时期为中国统治的领地，后分别单独建立国家，但为中国的附属国，定期向中央进贡，特别是与中国西南边境相邻的区域，很大一部分原为中国领土，但由于侵略者的某些不合理条约，中华人民共和国成立初期考虑到国家之间的和平友好关系，在边界勘定划界时承认了部分条约规定，把原本属于中国的领土划给了相邻国家，但两国交界之地的历史渊源却是难以割舍。

3. 同宗同源的民族关系

在中国西南边境地区,有16个少数民族跨境而居,他们分别是壮族、苗族、傣族、布依族、彝族、瑶族、哈尼族、景颇族、怒族、傈僳族、拉祜族、独龙族、佤族、德昂族、布朗族、京族等,他们与邻国相接壤的人们本来是同宗同源的同一民族,由于种种因素,被两国之间的国界划分而分开,虽然现在有一条国界相隔、拥有不同的国籍,但是,同根同源的民族情感为两国人民的友好奠定了牢固的基础。

二 经济发展状况

西南边境地区地理环境复杂,少数民族众多,云南、广西在20世纪70年代末80年代初又受到中越边境冲突的影响,长期以来是我国经济发展的边缘地带,经济发展较为滞后,是较为典型的"老、少、边、穷"地区。20世纪90年代开始,西南边境地区对外开放力度逐步加大,通过边境口岸扩大了对外贸易的范围,对外贸易的对象不仅仅是接壤的邻国,而且进一步延伸到东盟各国,甚至欧美。同时,西南边境的区域经济合作力度进一步加大,各种边境经济合作区、次区域合作区给边境地区带来了前所未有的发展机遇,大大推动了边境地区经济的发展。目前,从西南边境33个县(市)的地区生产总值、人均生产总值、三次产业产值来看(见表2-1),西南边境地区经济发展呈现出以下几个特点:

(一) 西南边境地区经济发展不平衡,区域差异大

从边境地区各县(市)GDP和人均GDP看,GDP总量在60亿元以上的县(市)主要是在云南保山市、德宏州、西双版纳州以及广西防城港市、百色市和崇左市,广西边境地区经济总量整体高于云南,人均GDP除那坡县以外,都在2万元以上,经济发展水平整体上高于云南,整个边境地区经济发展水平由东向西逐级递减。GDP最高的是景洪市、腾冲县、靖西县、防城区,分别为144.78亿元、122.28亿元、110.81亿元、99.08亿元,最低的是贡山县、福贡县、西盟县,年生产总值不足10亿元,分别为6.22亿元、7.81亿元、7.87亿元,最高的景洪市是最低的贡山县的23倍多。人均

GDP 最高的是东兴市、凭祥市、龙州县、大新县，人均 GDP 都在 3 万元以上，最低的是福贡县、西盟县、金平县、绿春县、澜沧县，人均 GDP 不足 1 万元，最高的东兴市是最低的福贡县的 6 倍多。

表 2–1　2013 年西南边境地区各县（市）经济基本情况统计

	县（市）	GDP（亿元）	人均 GDP（元）	第一产业（亿元）	第二产业（亿元）	第三产业（亿元）
云南省	贡山县	6.22	16271	1.44	2.30	2.48
	福贡县	7.81	7856	1.76	2.66	3.39
	泸水县	30.46	16351	4.54	11.83	14.09
	腾冲县	122.28	18669	27.08	44.05	51.15
	龙陵县	49.54	17567	16.86	19.80	12.88
	陇川县	30.68	16599	12.78	9.17	8.73
	盈江县	66.21	21366	20.06	30.43	15.72
	瑞丽市	47.12	24960	8.52	9.74	28.86
	芒市	72.44	18225	18.97	22.22	31.25
	镇康县	33.54	18677	7.43	17.20	8.91
	耿马县	62.74	20719	23.96	20.54	18.24
	沧源县	29.00	15796	7.77	12.64	8.59
	西盟县	7.87	8515	2.28	1.75	3.84
	澜沧县	47.85	9644	14.90	18.91	14.04
	孟连县	19.30	13969	8.05	3.92	7.33
	江城县	22.77	18308	8.20	9.47	5.10
	勐海县	70.97	21073	17.83	24.46	28.68
	景洪市	144.78	27426	31.73	48.77	64.28
	勐腊县	64.37	22514	28.10	10.49	25.78
	绿春县	20.69	9134	6.57	8.44	5.68
	金平县	32.31	8872	9.26	14.48	8.57
	河口县	30.35	28605	7.95	7.52	14.88
	马关县	55.48	14881	14.91	21.77	18.80
	麻栗坡县	41.28	14650	9.86	18.26	13.16
	富宁县	59.37	14345	17.73	20.71	20.93

续表

县（市）		GDP（亿元）	人均GDP（元）	第一产业（亿元）	第二产业（亿元）	第三产业（亿元）
广西壮族自治区	那坡县	16.28	10453	6.30	3.09	6.89
	靖西县	110.81	21835	13.79	74.93	22.09
	龙州县	70.56	31700	20.53	28.55	21.48
	宁明县	86.03	25118	27.95	38.25	19.83
	大新县	90.70	30172	19.92	50.78	19.99
	凭祥市	40.40	35376	4.64	13.35	22.41
	防城区	99.08	26491	23.52	42.71	32.84
	东兴市	72.87	48579	12.58	30.88	29.41

资料来源：《云南统计年鉴》和《广西统计年鉴》（2015）。

（二）西南边境地区产业结构以第二、第三产业为主

从表2-1可以看出，西南边境地区无论是经济发达区域还是落后地区，除陇川县、耿马县、孟连县和勐腊县4县以外，其他29个县（市）三次产业结构中第二、第三产业占的比重大。第二产业占主要比重的有16个县（市），分别是龙陵县、盈江县、镇康县、沧源县、澜沧县、江城县、绿春县、金平县、马关县、麻栗坡县、靖西县、龙州县、宁明县、大新县、防城区、东兴市，其中云南镇康县、广西靖西县和大新县，第二产业的比重占地区国内生产总值的50%以上，靖西县高达74.93%。第三产业占主要比重的有13个县（市），分别是贡山县、福贡县、泸水县、腾冲县、瑞丽市、芒市、西盟县、勐海县、景洪市、河口县、富宁县、那坡县、凭祥市，其中景洪市、腾冲县第三产业比重达到了50%以上。

（三）西南边境地区经济发展与区位和资源优势紧密相关

从西南边境地区各县（市）GDP、人均GDP以及三次产业的结构比重看，各县（市）的经济发展与当地区位和资源优势是紧密相关的，例如，第三产业占绝对优势的腾冲县、瑞丽市、芒市、景洪

市、河口县、富宁县、凭祥市等,这些县(市)都拥有对外贸易的口岸条件,而麻栗坡县、靖西县等矿产资源丰富,为采矿业提供了良好条件,陇川县、勐腊县气候条件优越、土地资源丰富、优势经济作物突出,农业发展占优势地位。

三 民族与人口

西南边境地区人口状况。2013年,西南边境地区33个县(市)总人口为941.99万,其中云南25个边境县(市)人口为679.48万,占总人口的72.1%,广西壮族自治区8个边境县(市)人口为262.51万,占总人口的27.9%。从西南边境地区各县(市)人口的总体状况看(见表2-2),主要呈现出以下两个特征。

(一)西南边境地区人口城市化率普遍偏低

2013年,广西壮族自治区的城市化率为44.81%,云南省为40.48%。[①] 由于统计口径的原因,本书对人口城市化的统计指标以非农人口在总人口中的比例大小进行衡量。西南边境地区33个县(市)非农人口在总人口中的比例为15.3%,非农人口比例超过30%的只有瑞丽市、景洪市、勐腊县、河口县、凭祥市和东兴市,最高的河口县为38.3%,还未达到云南、广西城市化率平均水平,非农人口比例在10%以下的有12个县(市),占整个西南边境的1/3以上,尽管非农人口与城镇人口有一定出入,但基本上可以反映出区域的城市化水平,因此,西南边境地区城市化整体水平偏低。

(二)人口性别比偏高

从整个西南边境地区的男女人口数看,男性人口比女性人口多43.12万人,总人口性别比为111,高出性别比111的县(市)达10个,最高的防城区达119,高的人口性别比会导致一系列的社会问题,如跨境婚姻、"三非人员"以及边境地区男性青壮年劳动力的大量流出等,影响到边境地区的团结与稳定。

---

① 云南省、广西壮族自治区2013年经济社会发展统计公报。

表 2-2　西南边境地区各县（市）2013 年人口基本情况

	县（市）	总人口	非农人口	比重(%)	男性人口	女性人口	人口性别比
云南省	贡山县	3.82	0.58	15.2	2.03	1.79	113
	福贡县	9.95	0.87	8.7	5.10	4.85	109
	泸水县	18.64	3.53	18.9	9.98	8.66	115
	腾冲县	65.65	5.17	7.9	34.24	31.41	109
	龙陵县	28.31	2.29	8.1	14.96	13.35	112
	陇川县	18.62	3.27	17.6	9.46	9.16	103
	盈江县	31.11	3.66	11.8	16.18	14.93	108
	瑞丽市	19.10	6.97	36.5	9.88	9.22	107
	芒市	40.00	8.38	21.0	20.49	19.51	105
	镇康县	18.03	1.41	7.8	9.70	8.33	116
	耿马县	30.28	4.45	14.7	15.59	14.69	106
	沧源县	18.45	2.25	12.2	9.62	8.83	109
	西盟县	9.25	1.42	15.4	4.80	4.45	108
	澜沧县	49.68	3.64	7.3	26.21	23.47	112
	孟连县	13.83	1.80	13.0	7.11	6.72	106
	江城县	12.48	2.16	17.3	6.55	5.93	110
	勐海县	33.72	5.43	16.1	17.41	16.31	107
	景洪市	52.86	20.15	38.1	27.36	25.50	107
	勐腊县	28.62	8.99	31.4	14.93	13.69	109
	绿春县	22.73	1.69	7.4	11.93	10.80	110
	金平县	36.63	2.43	6.6	19.35	17.28	112
	河口县	10.61	4.06	38.3	5.62	4.99	112
	马关县	37.35	3.26	8.7	19.55	17.80	114
	麻栗坡县	28.25	2.02	7.2	14.79	13.46	110
	富宁县	41.51	2.53	6.1	21.32	20.19	106
广西壮族自治区	那坡县	21.26	2.01	9.5	11.19	10.06	111
	靖西县	66.20	5.19	7.8	34.79	31.41	111
	龙州县	26.66	5.01	18.8	13.74	12.92	106
	宁明县	43.85	6.80	15.5	23.31	20.54	113
	大新县	37.53	4.81	12.8	19.43	18.10	107

续表

县（市）		总人口	非农人口	比重（%）	男性人口	女性人口	人口性别比
广西壮族自治区	凭祥市	11.05	3.31	30.0	5.73	5.32	108
	防城区	42.10	9.23	21.9	22.91	19.19	119
	东兴市	13.86	5.21	37.6	7.29	6.57	111
合计		941.99	143.98	15.3	492.55	449.43	111

资料来源：《云南统计年鉴》和《广西统计年鉴》（2014）。

西南边境地区的民族。西南边境地区地理环境复杂，自古以来就是少数民族集聚的区域，而西南边境地区民族最大的特色就是跨境民族众多。关于跨境民族的概念，丁延松（2005）对跨境民族、跨界民族和跨国民族三个有争论性的概念进行了辨析，认为跨界民族比跨境民族、跨国民族更能体现跨国界民族的属性。[①] 本书研究的跨境民族即跨界民族，采用刘稚先生提出的概念，是指历史上形成的而现在分布在两个或两个以上国家并在相关国家交界地区毗邻而居的同一民族，应当包括三个基本要素，即历史上形成的原生形态民族、同一民族的人们居住在两个或两个以上的相邻国家、民族传统聚居地被国界分隔但相互毗邻。[②] 在云南省15个特有少数民族中，除白族、纳西族、普米族、基诺族外，其他11个特有少数民族都是跨境民族。申旭、刘稚[③]（1988）在对中国西南与东南亚的跨境民族的研究中指出中国西南边疆的云南省和广西壮族自治区与东南亚接壤的缅甸、老挝和越南三国有16个少数民族跨境而居，分别为壮族、傣族、布依族、苗族、瑶族、彝族、哈尼族、景颇族、傈僳族、拉祜族、怒族、独龙族、佤族、德昂族、布朗族和京族，并

[①] 丁延松：《跨界民族概念辨析》，《西北第二民族学院学报》2005年第4期。
[②] 刘稚：《跨界民族的类型、属性及其发展趋势》，《云南社会科学》2004年第5期。
[③] 申旭、刘稚：《中国西南与东南亚的跨境民族》，云南民族出版社1988年版，第1页。

把当时尚未确认为单一民族的克木人也作为跨境民族进行了研究。方铁①（1989）认为，中国西南边境（西藏、云南、广西）跨境而居的同一民族一共有19个民族和未明确民族群体，即汉族、回族、藏族、景颇族、彝族、哈尼族、傈僳族、拉祜族、苗族、瑶族、布依族、仡佬族、卢人、佤族、德昂族、克木人、京族和拉基人等。方铁先生还指出，云南的16个跨境少数民族分别是壮族、傣族、苗族、瑶族、彝族、景颇族、布依族、哈尼族、傈僳族、拉祜族、阿昌族、独龙族、怒族、佤族、布朗族和德昂族，并分析了这些少数民族的分布。②何跃（2010）指出，在云南省国境线两侧居住的16个跨界民族的跨国分布，苗族、瑶族、哈尼族、拉祜族跨居中国、越南、老挝和缅甸四国，傣族、彝族跨居中国、越南和老挝三国，壮族、布依族跨居中越两国，布朗族跨居中、老两国，傈僳族、景颇族、阿昌族、怒族、独龙族、佤族、德昂族跨居中缅两国。③

对比关于西南边境地区跨境民族的说法，申旭、刘稚先生认为，广西和云南两省区有17个跨境少数民族（含克木人），方铁先生认为西藏、云南和广西三省区有19个跨境民族，于2007年分析了云南省16个跨境少数民族分布状况及特点，何跃先生列举了云南省16个跨境少数民族。和少英、李闰（2013）在克木人的民族识别过程中提到，由勐腊县人民政府向西双版纳州提交了《勐腊县人民政府关于将克木人归属布朗族的请示》，云南省人民政府于2009年做出"同意将克木人归属布朗族"的批复。④虽然对克木人的族别归

---

① 方铁：《本世纪以来我国研究西南跨境民族综述》，《中国边疆史地研究导刊》1989年第2期。
② 方铁：《云南跨境民族的分布、来源及其特点》，《广西民族大学学报》2007年第5期。
③ 何跃：《边民主义与跨界民族主义——以中国西南边疆为研究对象》，《云南民族大学学报》2010年第1期。
④ 和少英、李闰：《"归族识别"后克木人的认同与发展》，《云南民族大学学报》（哲学社会科学版）2013年第5期。

属学术界存在一些争议,但克木人归属布朗族却是事实存在的。鉴于本书界定的西南边境地区只是云南和广西两省区,以申旭、刘稚先生列举的西南跨境少数民族为准,考虑到1988年的研究中,云南省的阿昌族未列入其中,因此,结合前面学者的研究,本书认为西南边境地区跨境少数民族共有17个,即壮族、傣族、布依族、苗族、瑶族、彝族、哈尼族、景颇族、傈僳族、拉祜族、阿昌族、怒族、独龙族、佤族、德昂族、布朗族、京族。西南边境地区17个跨境少数民族及其在邻国的分布情况(见表2-3)。总体来看,西南边境地区跨境少数民族呈现出以下几个特征:

第一,西南边境地区跨境少数民族分布整体呈现交错分布、大杂居、小聚居的格局,所有的跨境民族虽然属于不同的国家,但分布地域基本上连成一片。

第二,跨境少数民族分布的地域广,涉及的国家多,同一个民族可以分布在三四个国家接壤的区域,如拉祜族、哈尼族、苗族、瑶族等。

第三,跨境少数民族之间地处不同的国家,有的也有不同的民族名称,但都同根同源,有相同或相似的风俗习惯、宗教信仰,语言相通,民族认同感较强。

刘稚(2007)分析了跨界民族过程的发展趋势,认为在跨界民族与所在国其他民族关系良好和国与国之间关系和睦的前提下,跨界民族过程的取向是分解而不是联合,同时又指出跨界民族过程的两种发展趋势:一种是在国内民族平等的条件下,随着各民族政治、经济、文化交流的加深,会促进跨界民族与其他民族的相互融合;另一种是相关国家政策失误或关系恶化,各种外界势力的介入、利用与引导,将激起民族意识,使跨界民族走向分裂,从而会出现"民族自决""民族独立"的现象。[①]

[①] 刘稚:《中国—东南亚跨界民族发展研究》,民族出版社2007年版,第24—25页。

表2-3　　　　　西南边境地区跨境少数民族分布情况

民族	中国西南边境主要分布区域	邻国边境主要分布区域
独龙族	贡山	缅甸克钦邦北部
怒族	泸水、福贡、贡山	缅甸克钦邦北部
傈僳族	泸水、福贡、贡山	缅甸克钦邦、迈立开江东岸、八莫、东枝、景栋
傣族	德宏州、西双版纳州边境县（市）	泰族、掸族，缅甸掸邦
佤族	西盟、沧源、孟连、耿马、澜沧	缅甸北部掸邦
景颇族	陇川、盈江、芒市、瑞丽	克钦族，缅甸克钦邦、掸邦
布朗族	勐海	老挝丰沙里省
拉祜族	澜沧、孟连	缅甸（称么舍族），掸邦东南部；越南（称苦聪、卡归、贝舍），莱州省孟底县；老挝会晒地区
德昂族	芒市、瑞丽、盈江、陇川	缅甸（称崩龙族），密支那、八莫、勐腊、果敢、景栋；
布依族	马关、河口	越南封土—莱州至保乐—高谅一带
哈尼族	红河州、澜沧	越南莱州省孟底县和黄连山省巴沙县；老挝（称卡果、依果）本再、丰沙里、孟夸、南帕河南岸、南难河东、南艾河沙奔以北；缅甸（称高族、阿卡），掸邦东部景栋
彝族	红河州、那坡	倮倮族，越南河宣、黄连山，老挝丰沙里
阿昌族	陇川	克钦邦的密支那、八莫等地以及掸邦的南坎、景栋等地
壮族	广西边境、文山州、红河州	岱族、侬族，越南高平、谅山、北太、河宣、广宁、黄连山
苗族	马关、麻栗坡、富宁、金平	越南河宣、黄连山、莱州、山罗、高谅、义静、北太；老挝川圹、桑怒、丰沙里、琅勃拉邦；缅甸果敢、掸邦、若开邦

续表

民族	中国西南边境主要分布区域	邻国边境主要分布区域
瑶族	富宁、麻栗坡、马关、河口、金平	越南河宣、黄连山、高平、谅山、北太、山罗、莱州、清化、广宁；老挝桑怒、丰沙里、琅勃拉邦；缅甸"金三角"地区
京族	防城区、红河州、文山州	越南主体民族，边境地区都有分布

资料来源：根据申旭、刘稚《中国西南与东南亚的跨境民族》，方铁《云南跨境民族的分布、来源及其特点》，赵永胜《云南与东南亚国家的跨境民族及其在境外的分布和人口》及云南、广西相关官方网站内容整理。

四 对外开放的有利条件

西南边境地区地处东亚大陆和中南半岛的结合部，是中国联通东南亚、南亚的重要区域，与缅甸、老挝和越南三国山水相连，与泰国、柬埔寨、孟加拉国、新加坡、马来西亚、印度尼西亚、菲律宾等国相望，是中国西南对外开放的门户所在，同时也是中国从陆上通往东南亚、南亚以至西亚和中东的重要通道，区位优势十分优越。

（一）西南边境地区迎来前所未有的对外开放重大机遇

近年来，我国越来越重视边境地区的发展，采取一系列重大战略性措施推动边境地区发展，作为中国面向东南亚、南亚的西南边境迎来了前所未有的发展机遇。

1. 新一轮西部大开发

1999年9月，中共十五届四中全会提出实施西部大开发战略，2001年3月，九届全国人大四次会议对实施西部大开发战略再次进行了具体部署。西部大开发分为奠定基础（2001—2010）、加速发展（2011—2030）和全面推进现代化（2030—2050）三个阶段。在第一轮西部大开发中，西南边境充分利用有利机遇，推动边境地区建设，如云南省于2000年开始实施"兴边富民"工程，2005—

2008年中央、省、州（市）三级财政投入边境地区建设资金54.24亿元。① 新一轮西部大开发开始后，云南进一步加大了"兴边富民"工程投入力度，2011—2013年边境地区累计规模以上固定资产投资达2425.89亿元，国家发改委预算内安排边境25个县市投资68.64亿元，其中兴边富民专项投资6.34亿元，有力地促进了边境25个县（市）的全面发展。②

2. 我国多次提出加大沿边开放力度

党的十八大报告提出："创新开放模式，促进沿海内陆沿边开放优势互补，形成引领国际经济合作和竞争的开放区域，培育带动区域发展的开放高地……统筹双边、多边、区域次区域开放合作，加快实施自由贸易区战略，推动同周边国家互联互通。"党的十八届三中全会提出："加快沿边开放步伐……建立开发性金融机构，加快同周边国家和区域基础设施互联互通建设，推进丝绸之路经济带、海上丝绸之路建设，形成全方位开放新格局。"可见，边境地区已成为国家战略发展的重点区域。

3. "桥头堡"建设

2009年7月，时任国家主席胡锦涛考察云南后提出把云南建成中国面向西南开放的重要桥头堡，2011年国务院出台了《国务院关于支持云南省加快建设面向西南开放重要桥头堡的意见》，此后，加快桥头堡建设，把云南建成中国沿边开放经济区已成为云南发展的重要目标之一，同时，又为作为对外开放前沿的西南边境地区的发展提供了发展机遇。

4. "一带一路"战略的提出

2013年，习近平总书记在访问中亚、东南亚等国时提出了"一带一路"倡议，得到了访问国的一致赞同，"一带一路"倡议即丝

---

① 彭旋：《云南省"借力"沿边开发开放提速兴边富民工程建设》，《云南日报》2014年9月10日。
② 李继洪：《开放活边改革兴边发展富边——云南省兴边富民工程建设综述》，《云南日报》2014年9月5日。

绸之路经济带和21世纪海上丝绸之路。西南边境地区紧靠"21世纪海上丝绸之路"经济带，2015年3月28日，国家发改委、外交部、商务部联合发布了《推动共建丝绸之路经济带和21世纪海上丝绸之路的愿景与行动》，指出西南地区广西和云南两省区的定位，即发挥广西与东盟国家陆海相邻的独特优势，加快北部湾经济区和珠江—西江经济带开放发展，构建面向东盟区域的国际通道，打造西南、中南地区开放发展新的战略支点，形成21世纪海上丝绸之路与丝绸之路经济带有机衔接的重要门户；发挥云南区位优势，推进与周边国家的国际运输通道建设，打造大湄公河次区域经济合作新高地，建设成为面向南亚、东南亚的辐射中心。21世纪海上丝绸之路将给西南边境对外开放带来巨大的发展契机。

（二）西南边境地区具有得天独厚的口岸条件

口岸是指经国家批准对外开放，供中外籍人员、货物、交通工具和国际包裹邮件出入国（关）境的港口、机场、边境铁（公）路车站、通道，以及经国家批准，可以与境外开展直达运输的内陆铁（公）路车站等，按照出入境的交通方式划分，可将口岸分为港口口岸、陆地口岸和航空口岸。西南边境地区与越南、老挝、缅甸三国山水相连，经过相邻国家人民长期的经济贸易，在5000多公里的边境上，形成了大大小小的边境贸易口岸数十个，边民互市点不计其数。[①] 截至2013年年底，云南省由国务院批准对外开放的国家一类口岸16个，其中：空运口岸3个，分别是昆明空运口岸、西双版纳空运口岸、丽江空运口岸；铁路口岸1个，即河口陆运口岸；公路口岸10个，分别是瑞丽陆运（公路）口岸、畹町陆运（公路）口岸、孟定清水河陆运（公路）口岸、腾冲猴桥陆运（公路）口岸、打洛陆运（公路）口岸、磨憨陆运（公路）口岸、勐康陆运（公路）口岸、河口陆运（公路）口岸、天保陆运（公路）口岸、

---

① 云南商务年鉴编委会：《云南商务年鉴》（2014），云南人民出版社2014年版，第186页。

金水河陆运（公路）口岸；水运口岸 2 个，分别是景洪水运（河港）口岸、思茅水运（河港）口岸。经云南省政府批准开放的 7 个二类陆路（公路）口岸分别是田蓬口岸、章凤口岸、孟连口岸、沧源口岸、南伞口岸、盈江口岸、片马口岸。全省 23 个口岸中，边境地区口岸共 19 个（河口口岸只计算 1 次），其中一类口岸 12 个，二类口岸 7 个，对越 4 个口岸，对老 2 个口岸，对缅 13 个口岸，中国与缅甸、老挝和越南签署协议的通道和云南省批准的边民通道有 100 多条。广西壮族自治区共有口岸 25 个，其中，国家一类口岸 18 个，含铁路陆路口岸 1 个（凭祥），空港口岸 3 个（桂林、南宁、北海），内河口岸 3 个（梧州、贵港、柳州），公路陆路口岸 5 个（友谊关、东兴、水口、爱店、龙邦），海港口岸 6 个（防城港，北海港，钦州港含果子山港、江山港、企沙港、石头埠港）；二类口岸 7 个，含内河港口岸 1 个（南宁港），公路陆路口岸 6 个（平孟、峒中、硕龙、岳圩、科甲、平而）。在云南和广西两省区共 48 个口岸里，分布在边境 33 个县（市）的口岸共 32 个，其中国家一类口岸 19 个，二类口岸 13 个，在西南边境地区的分布见表 2-4。这些以瑞丽、河口、猴桥、景洪、磨憨、凭祥、友谊关、东兴、龙邦、防城港等 19 个一类口岸为核心，以田蓬、章凤、南伞、平孟等 13 个二类口岸为支撑的口岸体系形成了西南边境地区水、陆、空全方位对外开放的通道格局，将有力地促进我国同东南亚、南亚的贸易往来及人员、文化交流。

表 2-4　　　　　　　　中国西南边境地区主要口岸一览

口岸名称	级别	所属县（市）及口岸类型	毗邻国家	口岸名称	级别	所属县（市）及口岸类型	毗邻国家
孟定清水河	一类	耿马县（陆路）	缅甸	章凤	二类	陇川县（陆路）	缅甸
猴桥	一类	腾冲县（陆路）	缅甸	盈江	二类	盈江县（陆路）	缅甸
西双版纳	一类	景洪市（航空）	缅甸	片马	二类	泸水县（陆路）	缅甸
瑞丽	一类	瑞丽市（陆路）	缅甸	凭祥	一类	凭祥市（铁路）	越南

续表

口岸名称	级别	所属县（市）及口岸类型	毗邻国家	口岸名称	级别	所属县（市）及口岸类型	毗邻国家
河口	一类	河口县（铁、公路）	越南	友谊关	一类	凭祥市（陆路）	越南
金水河	一类	金平县（陆路）	越南	东兴	一类	东兴市（陆路）	越南
天保	一类	麻栗坡县（陆路）	越南	水口	一类	龙州县（陆路）	越南
磨憨	一类	勐腊县（陆路）	老挝	龙邦	一类	靖西县（陆路）	越南
畹町	一类	瑞丽市（陆路）	缅甸	防城港	一类	防城区（海港）	越南
景洪港	一类	景洪市（水运）	缅甸	平孟	二类	那城县（陆路）	越南
勐康	一类	江城县（陆路）	老挝	爱店	一类	宁明县（陆路）	越南
打洛	一类	勐海县（公路）	缅甸	峒中	二类	防城区（陆路）	越南
孟连	二类	孟连县（陆路）	缅甸	硕龙	二类	大新县（陆路）	越南
田蓬	二类	富宁县（陆路）	越南	岳圩	二类	靖西县（陆路）	越南
沧源	二类	沧源县（陆路）	缅甸	科甲	二类	龙州县（陆路）	越南
南伞	二类	镇康县（陆路）	缅甸	平而	二类	凭祥市（陆路）	越南

（三）西南边境地区具有历史长期沉淀的文化条件

西南边境地区具有对外开放的文化条件主要体现在两个方面。

1. 西南边境与邻国接壤区域民族同宗同源、语言相通、习惯相似，为人们交流与贸易扫除了信任与沟通障碍

西南边境与邻国文化交往历史悠久，特别是民族、语言、宗教与生活习俗等文化要素联系密切，西南边境共有18个少数民族跨境而居，与邻国某些民族同宗同源，有相同的民族习惯与共同的图腾信仰，语言相通，虽分属不同国家，但民族情感仍然存在，有的民族还是邻国的主体民族，如中国的傣族，在缅甸和泰国分别称掸族、泰族，都是主体民族，还有中国广西的京族，在越南也是主体民族。大多数民族仍居住在国境线两侧，阡陌交通，鸡犬相闻，平时走亲访友频繁。中国西南边境与邻国边民习惯了"赶圩"，也就

是分布在边境线两侧的边民商品交易市场,他们在市场上进行商品交易,每到赶圩时,两国参加交易的边民众多,交易商品品种多样,交易额也大,十分热闹。西南边境地区与邻国的民族渊源为两国人民贸易与交流扫清了障碍,为中国进一步开展与邻国经济合作与交流奠定了坚实的文化基础。

2. 西南边境地区与外国有着悠久的商业史

西南边境地区自古以来就是中国通往东南亚、南亚的重要通道,据考证,这条通道起始于成都,主干道分为东西两路,西路从成都出发,经雅安、西昌,渡金沙江入滇,经大姚到大理;东路也从成都出发,沿岷江而下,经乐山、宜宾,沿秦修五尺道南行,入滇后经昭通、曲靖、昆明、楚雄到大理,东西二线在大理汇合后,经保山、腾冲到达缅甸,再西行至印度。[①] 许多学者将这条通道称为"西南丝绸之路"或"南方陆上丝绸之路"。熊永忠先生认为,早在战国时代,就有印度、缅甸等地的商人,通过"丝绸南路"把贝带进云南。[②] 林文勋先生(2013)在对云南贝币历史研究的基础上指出东南亚、南亚的海贝流入云南时间最迟在春秋战国,历汉晋、南北朝、隋、唐、宋、元、明及清初,皆不断大量流入,这些大批流入的海贝从春秋战国起至明清之际云南"废贝行钱",一直作为云南主要的法定货币,流通使用两千余年,对社会经济发展影响巨大;并推断,海贝在古代一直是经西南通向东南亚、南亚交通线上最为大宗的商品,且是充当货币的特殊商品。[③] 由此可见,中国西南边境地区与东南亚、南亚地区具有几千年的贸易往来,并且从未间断过,特别是清代以后至今,中国通过西南边境与东南亚、南亚甚至欧洲、非洲国家的商业贸易与交流日益增多,悠久的商业史为中国通过西南边境地区这一通道进一步开拓海外市场,增进人文交

---

① 李俊:《西南丝绸之路与云南贝币的流通》,《云南文物》1994 年第 38 期。
② 熊永忠:《云南古代用贝试探》,《云南文物》1994 年第 38 期。
③ 林文勋:《国际化视野下的中国西南边疆:历史与现状》,人民出版社 2013 年版,第 2—3 页。

流提供了优越的条件。

（四）西南边境地区已经形成连接国内外的互联互通交通网络

近年来，随着沿边开放力度不断加大，西南边境逐步由过去的边缘地区转向中国面向西南对外开放的前沿，承担与国外连接的互联互通基础设施建设也明显改善，水、陆、空、管四位一体的联通网络已经形成。

1. 航空

目前，位于西南边境地区的云南和广西两省区航空运输发展迅速，仅云南省就有机场11个，分别是昆明国际机场、西双版纳机场、保山机场、德宏芒市机场、思茅机场、昭通机场、大理机场、迪庆香格里拉机场、丽江机场、临沧机场、普者黑机场，还有腾冲机场和文山机场在建。广西壮族自治区共有机场6个，分别是南宁吴圩国际机场、桂林两江国际机场、北海机场、梧州机场、百色机场、柳州白莲机场。部分机场可以与跨国区域内的机场互航，如南宁—河内、昆明—河内，单程仅需半个多小时。

2. 水路

西南边境地区与邻国相通的大江大河众多，目前与国外联通的航道主要有4条。第一条是北部湾海域通道。广西在北部湾海域的海岸线长1595公里，越南靠北部湾海域海岸线长3620千米，在北部湾北部从广西到越南海岸已经初步建立起海上通道，如越南下龙湾—广西东兴市线路、防城港—越南北方大港海防货运航线等。第二条是澜沧江—湄公河国际航运通道。澜沧江—湄公河流域涉及的国家较多，主要有中、越、老、缅、泰、柬等，是连接沿岸各国人民的纽带，目前从中国思茅港至老挝琅勃拉邦港之间897公里的航道已经实现通航，澜沧江—湄公河航运水道被称为东南亚地区最便捷的一条黄金水道。第三条是伊洛瓦底江航道。中缅之间直通印度洋伊洛瓦底江是沟通云南与缅甸重要城市商贸交流的通道，又是云南进入孟加拉湾和印度洋的通道，目前，从中缅边境的八莫港至仰光港已经通航。第四条是红河航道。红河航道是连接中国和越南并通向北部湾的通道，目前可通航段主要是从云南红河州河口、越南老街至出海口太平的河段，航道全长505千米。

3. 陆路

陆路包括铁路和公路。铁路方面，有昆明—河口—河内铁路、南宁—友谊关—河内铁路，目前泛亚铁路正在修建当中，泛亚铁路的建成将成为中国沟通东盟的主要通道。公路方面，云南有昆曼公路（昆明—曼谷）、昆仰公路（昆明—仰光）、昆河公路（昆明—河内）等，广西壮族自治区南宁至凭祥的322国道和南宁至友谊关高速公路经凭祥与越南的一号公路相连，由南防高速公路经东兴与越南的4B号公路相接，以及清莱（泰）—会晒、南塔（老）—景洪（中）公路、夜柿（泰）—大奇力、景栋（缅）—景洪（中）公路等。2009年11月1日，中越双方联合设计建造的中越红河公路大桥正式通车。红河公路大桥将与中越铁路大桥、南溪河公路大桥一起，中越红河公路大桥与新河高速、蒙新高速相连接，构成连接中越两国交通网络的重要枢纽。此外，在中国西南边境的一些主要口岸，如畹町、瑞丽、河口、猴桥、天保、水口、龙帮、爱店、硕龙等，有一般公路、简易公路或者乡村小道分布在边境两侧，与缅甸、越南和老挝三国边境联通，居住在边界两侧的边民主要通过这些简易公路实现其探亲访友，到边境互市点进行商品贸易的目的。

4. 管道运输

2013年5月30日，中国第四条能源进口战略通道中（滇）缅油气管道全线贯通，同年9月30日，中（滇）缅油气管道开始输送天然气。

第三章 中国西南边境地区人口空间格局的地缘环境演变
——以中缅、中老、中越为例

由于边境地区的特殊性，人口的空间布局受地缘政治经济关系影响，也是与其他区域在人口分布上的最大差异，因此，对边境地区的地缘环境进行分析具有十分重要的意义，这里的地缘环境指的是地缘政治经济环境。

西南边境地区与越南、老挝、缅甸接壤，山水相连，与东盟各国相望，跨境民族众多，自古以来，中国与东盟各国都保持着良好的政治与经贸往来，源远流长，优越的地理环境为地缘政治经济发展提供了得天独厚的条件。苏提（2009）在他的博士学位论文中对中国与东盟各国从春秋时期到现在的经贸往来历程进行了梳理，并列举了大量从各种史书里找到的相关论述，如《国语》《史记》等，充分说明了中国与东盟各国的地缘经济关系。[①] 第二次世界大战结束后，由于受世界新的政治格局的影响，中国与东盟各国关系出现冷热不均的现象，直到20世纪80年代末"冷战"结束，中国与东盟各国关系开始全面缓解，政治交往与经贸往来日益频繁，并建立了全面、友好的外交关系，特别是20世纪90年代中后期以来，中国高层通过参加中国—东盟领导人会议等多种渠道保持着紧密的联系。20世纪60年代、90年代，中国分别和缅甸、老挝、越南签订

---

① 苏提：《论中国—东盟自由贸易区合作框架下的老中经济关系》，博士学位论文，吉林大学，2009年。

了边界条约，使5081公里的中越南、老挝和缅甸陆地边境线上，有了稳定的地缘政治基础与经济合作基础。

本书研究的范围为西南边境地区，因此，除简要分析中国与东盟的政治经济关系外，重点以与西南边境地区接壤的越南、缅甸和老挝三国为例分析地缘政治经济演变过程。由于西南边境地区只是中国的一个区域，不是一个独立的政治地理单元，不能代表国家，这里的西南边境地区的地缘政治经济演变其实就是中国与西南接壤各国的地缘政治经济演变过程。

第一节 地缘政治与地缘经济相关理论

地缘政治和地缘经济的概念与研究现状在第一章相关概念中已经做了辨析，在此不再赘述。本节只针对地缘政治和地缘经济的相关理论进行简要梳理。

一 地缘政治相关理论

（一）地缘政治学

地缘政治学是研究地缘政治的一门科学，是政治地理学的一部分，与地缘政治是两个不同的概念。地缘政治学产生于第一次世界大战结束后的德国，正式形成于19世纪末20世纪初，当时世界均势政治局面终结，大国对世界的争夺与瓜分空前激烈，地缘政治理论应运而生。地缘政治学理论的奠基人是德国地理学家德里希·拉采尔（F. Ratzal），1901年，他在《国家空间增长的规律》一文中，将一个民族看作是一个生命有机体，认为一个寻求领土扩张的国家好像是一个正在生长的生物有机体寻找生长空间一样，并指出国家的成长通过合并及吞并小国来实现等国家扩张的七条规律，拉采尔的理论被称为"国家有机体"理论。① 1904 年,英国近代地理学家哈·麦金德在他的论文《历史的地理枢纽》一文中提出了著名的"心脏地带"论点,使他成为世界上第一个以全球战略观念来分析世界政治力量的人。麦金德的观点得到了德国纳粹地理学家豪斯霍费尔的赞赏,并把地缘政治作为一种理论应用于国家战略,成为德国地缘政治学的思想来源之一。地缘政治学概念最早由瑞典政治家和地理学家鲁道夫·契伦(Rudolf Kjellen)提出,并出现在他1916—1917 年出版的《生存形态的国家》《论国家》《关于地缘政治学体系的基本问题》等书中,1916 年,他正式把地缘政治学作为一门科学提出,倡导用地理环境来解释政治现象,契伦给地缘政治的概念是"把国家作为地理的有机体或一个空间现象来认识的科学"。② 随后,拉祖瓦耶夫(V. Razuvaev)、奥图泰尔(Gearoid o Tuathail)、格雷(Colin S. Gray)、斯隆(Geoffrey Sloan)等学者分别从研究的基本观点、主要理解、地理对战略的影响、地理同国际政治之间的联系等方面对地缘政治学进行了阐述。③

(二)地缘政治学主要理论

地缘政治理论从出现到应用于国家战略,经历了较为曲折的发展历程,特别是地缘政治被德国纳粹地理学家豪斯霍费尔应用于国家战略,发表了大量文章,为德国法西斯侵略扩张制造理论依据和提供宣传工具,地缘政治学因此受到了学术界的非议和社会的指责,致使地缘政治学一度低迷,直到 20 世纪六七十年代,随着世界形势的变化,地缘政治学又重新在学术界出现,20 世纪 80 年代起,基辛格、布热津斯基等外交家、政治家开始又在其学术语言中经常

---

① 毛汉英:《中国周边地缘政治与地缘经济格局和对策》,《地理科学进展》2014 年第 3 期。

② 韩银安:《地缘经济与地缘政治刍议》,《国际关系学院学报》2005 年第 2 期;绪飞:《重振与重塑地缘政治》,《世界经济与政治》1999 年第 2 期;[英]杰弗里·帕克:《20 世纪的西方地理政治思想》,解放军出版社 1992 年版,第 57 页。

③ 卢光盛等:《地缘政治视野下的西南周边安全与区域合作研究》,人民出版社 2012 年版,第 2—3 页。

使用，对地缘政治学的发展起到了极大的推动作用。① 地缘政治学的著名理论主要有：

1. 马汉的海权论

马汉（Maham）为美国海军军官，他的海权思想来源于历史，马汉通过对海战历史，特别是通过对英国海军的发展史及其对海上霸权的形成的历史的研究，写出大量的著作，而且总结出自己的一套海权理论与思想，特别是《海权对历史的影响》（1890年）一书中集中了马汉的海权理论。马汉海权战略思想的核心是：海上力量对一个国家的发展、繁荣和安全至关紧要。马汉认为，任何一个国家或联盟，如果充分控制公海，就能控制世界的贸易和财富，从而控制全世界，并认为在地理位置、陆地形状、领土范围、人口、民族性格和政府政策六个影响国家实力的因素中，地理位置是最重要的因素。

2. 麦金德的"心脏地带说"

麦金德（Mackinder）为英国地理学家，1904年1月25日，麦金德向英国皇家地理学会宣读了论文《历史的地理枢纽》，对影响世界的欧亚大陆进行了地理分析，把以俄国为主的区域称为地理枢纽，即心脏地带，枢纽以外的地区由内外新月形地区包围，内新月形地区指德国、奥地利、土耳其、印度和中国，外新月形地区包括英国、南非、澳大利亚、美国、加拿大和日本。1919年，麦金德把他最初的论文扩展成一本叫作《民主的理想和现实》的书，"枢纽地区"写作"心脏地带"，提出"谁控制了东欧，谁就控制了心脏地带；谁控制了心脏地带，谁就统治了世界岛；谁控制了世界岛，谁就统治了世界"，这就是著名的"心脏地带"论。

3. 斯皮克曼"边缘地带说"

斯皮克曼（Spykman）是美国20世纪40年代初的著名地缘政

---

① 王思涌、王正毅、楼耀亮等：《政治地理学：时空中的政治格局》，高等教育出版社1998年版，第271—318页。

治学家，斯皮克曼发表了大量关于其地缘政治思想的文章，但由于早逝，并没有将自己的地缘政治思想整理成专著，其《和平地理学》一书是由斯皮克曼生前的同事根据他发表的论文和演讲稿整理而成的。斯皮克曼提出了与麦金德相反的理论，在《和平地理学》中，首先对麦金德的"心脏地带"说进行了分析，并指出其不足之处，认为北美洲的大西洋沿岸地区、欧洲沿海地区、东亚沿海地区及印度地区为世界上三大力量中心。根据两次大战都发生在边缘地区，都是通过海权与陆权国家联合击败边缘地区国家的现实，而且是在经济、人口等方面的力量都超过心脏地带的条件下，斯皮克曼认为，麦金德对心脏地带地缘政治的战略地位估计是错误的。于是，他在《和平地理学》一书中修正了麦金德的地缘公式，即"谁支配着边缘地区，谁就控制着欧亚大陆；谁支配着欧亚大陆，谁就掌握世界的命运"。

4. 其他地缘政治理论

除马汉、麦金德、斯皮克曼的地缘政治理论外，其他学者或政治家提出的一些观点和理论不断丰富着地缘政治思想体系。

（1）朱利欧·杜黑（Giulio Douhet）的空中势力论。杜黑在《制空权》一书中提出了空中势力论，认为由于陆上力量只能限于地面，海上力量限于海面，而空中力量不仅可以制海、制陆，还可以制空。

（2）柯恩（Saul Cohen）"多极世界"地缘政治模式。柯恩以地理战略性地区和地理政治性地区两个标准对世界进行划分，把传统意义上的海权世界、欧亚大陆以及将会出现的"第三世界"划为地理战略性地区，把以政治、经济、文化和地理上大致同质的地区划为地理政治性地区。"冷战"后，柯恩对其模式进行了修改，把撒哈拉以南的非洲和奥里诺科以南的美洲大部分地区，以及海洋约占全球面积四分之一的地区称为"边缘四分之一地球"，把位于世界战略性地区和地理政治性地区之间的地区称为"通道区域与国家"，如东欧等。

（3）丹尼尔·格雷厄姆（Daniel Graham）的高边疆战略论。格雷厄姆在《高边疆——新的国家安全战略》一书中提出"高边疆"地缘战略思想，他把太空领域称为高边疆，认为美国有开拓边疆的传统，在太空领域绝不能让别人掌握主动权。该地缘思想的实质是美国要开拓和利用空间领域发展经济和加强军事实力，在美苏的全面竞争中占有战略优势。

（4）布热津斯基（Brzezinski）的"大棋局"。布热津斯基在《大棋局》中分析了"冷战"后世界的地缘战略格局，把从里斯本到符拉迪沃斯托克这片欧亚大陆视为一个地缘战略大棋盘，这个大棋盘既决定了世界今后的繁荣与稳定，又决定了美国保持世界主导地位的中心舞台。布氏将欧亚重要国家分成地缘战略棋手和地缘政治支轴国家，法国、德国、俄国、中国和印度为五个地缘战略棋手，乌克兰、阿塞拜疆、韩国、土耳其和伊朗为五个地缘政治支轴国。布氏的地缘战略思想目的是建立符合美国利益的国际秩序，防止另一个超级大国的兴起，以及任何一种威胁美国霸权地位的反美联盟的出现。

（5）亨利·基辛格（Henry Alfred Kissinger）对世界新秩序的思考。基辛格在他《外交》一书中，对"冷战"后的世界地缘政治格局未来变化与美国的作用做了充分的阐述。基辛格认为，21世纪国际新秩序将是几个强国并存的世界，即美国、欧洲、中国、日本、俄罗斯、印度和其他中小国家，并指出，从美国角度出发，重要的是不让欧亚大陆的任何一半——欧洲或亚洲，出现一个占据支配地位的大国，其出现是一个对美国的战略威胁。基辛格对欧洲与亚洲作了地缘政治的战略分析，对于21世纪的世界新秩序中美国的作用，基辛格认为，在美国既不能主宰世界又不能脱身时，既不应放弃使其可称为伟大的理想，但也不应对自己的能力存有幻觉而危及这种伟大，其理想必须通过耐心地积累局部的成功而逐步实现。

（6）塞缪尔·亨廷顿（Samuel Huntington）的"文明冲突"。亨廷顿于1993年在美国《外交事务》上发表《文明冲突?》一文，其中心内容是：文明冲突将控制全球政治，文明之间的断层线将是未来的战线。亨廷顿所谓的"文明断层线"由北向南沿着波兰及波罗的海三国与俄罗斯边界,然后穿过白俄罗斯和乌克兰,再向西把特兰西瓦尼亚与罗马尼亚的其余部分,克罗地亚与斯洛文尼亚和原南斯拉夫的其余部分分开,这条线与以往反映海陆对立,中心与边缘地带对立的地缘图十分相似。

(三) 我国对地缘政治学的研究

1906 年,刘鸿钧的《政治地理》中对政治地理的阐述是我国最早出现与地缘政治有关的论述,也是现在所能见到我国最早全面介绍政治地理学的书籍。1931 年,韩道之对政治地理学的学科特点进行了探讨,原文为:"故政治地理,以地理的范围论,则领域极狭小,内容极简单,不过叙述国家之位置、境域、面积、人口、政体诸端而已。若以政治的范围论,则除上述诸端外,当兼及于与政治有关各方面之地理。如民族之概况属人类地理,气候之影响属气界地理,特产之关系属生物地理。"[1] 第二次世界大战期间,李长傅于 1938 年翻译了阿部市五郎的《地理政治》,较为全面地介绍了法西斯地缘政治理论。[2] 第二次世界大战后,地缘政治学随着法西斯国家的覆灭而受到唾弃,国人对地缘政治学的关注也戛然而止,国内学术界对地理的研究转向经济地理,直到 20 世纪 80 年代,地缘政治在倡导人文地理学复兴时才得以重视。[3] 从 20 世纪 80 年代以来,我国对地缘政治的研究成果得到不断丰富,代表人物有著名学者张文奎、王思涌等。张文奎(1989)较系统地研究归纳了地缘政治学的产生、基本理论、主要代表人物及战后地缘政治学的主要发展等,并提出要认真研究地缘政治学理论,要借鉴地缘政治学紧密结合实际与着眼未来等观点。[4] 王思涌等(1998)从地缘政治学概念

---

[1] 韩道之:《政治地理学》,聚奎堂装订讲义书局 1931 年版,"序"第 2 页。
[2] [日] 阿部市五郎:《地理政治》,李长傅等译,商务印书馆 1938 年版,第 1 页。
[3] 周晓男:《浅析中国地缘政治学的过去、现在和未来》,《东北师范大学学报》2010 年第 4 期。
[4] 张文奎:《人文地理学概论》,东北师范大学出版社 1989 年版,第 291—311 页。

及其复兴,"国家有机体"论与海权论,心脏地带与边缘地区学说,战后分裂世界背景下的地缘政治学(两极格局的形成与柯恩"分裂的世界"图式),"冷战"后地缘政治学的发展(亨廷顿的"文明冲突"论、基辛格的世界新秩序、布热津斯基的"失控世界")等几个方面,归纳阐明地缘政治各家学说的内涵与发展。① 沈伟烈(2005)从地缘政治学的由来、研究对象、研究内容,我国地缘政治思想的发展演变,西方地缘政治学流派分析,国际关系中的地缘政治规律,国际地缘政治斗争与中国的地缘政治战略等方面,做了系统研究。② 另外,还有李义虎、刘从德、陆俊元等学者对地缘政治也进行了专门的研究。

二 地缘经济

"冷战"结束以后,地缘政治格局发生了重大变化,原来以美苏为首建立的两大阵营,使全球地缘政治格局与地缘政治地图非常清晰,但是,随着两大阵营的瓦解,地缘政治斗争逐渐让位于地缘经济斗争。地缘经济如同地缘政治一样,对地缘经济的无知同样也会给国家利益带来重大的损失,经济利益和经济地位已成为世界各大国追求的战略目标,随着经济全球化、区域经济一体化步伐的加快,生产要素的跨国流动加速,地缘经济成为研究和讨论的热点。20世纪90年代,"地缘经济"频繁出现于各种学术期刊和报纸、杂志中,但与地缘政治相比,地缘经济学还没有规范的定义以及系统的理论,人们对于他的理解和认识存在差异和误解,到目前为止,关于地缘经济学的定义是模糊的,其主要观点的归纳也较为零散。③ 萨本望(1995)指出,在走向21世纪新旧格局交替的过渡时期,最早创立新兴的"地缘经济学"的是两位美国学者:一位是华盛顿

---

① 王思涌等:《政治地理学:时空中的政治格局》,高等教育出版社1998年版,第271—318页。
② 沈伟烈:《地缘政治学概论》,国防大学出版社2005年版,第295—506页。
③ 卢光盛等:《地缘政治视野下的西南周边安全与区域合作研究》,人民出版社2012年版,第12—13页。

战略和国际问题研究中心的勒特韦克，另一位是兰德公司前政治研究部主任所罗门。① 1990 年，时任美国国防部高级顾问的爱德华·勒特韦克（Edward N. Luttwak）在《国家利益》上发表了题为《从地缘政治学到地缘经济学》的学术论文，首次系统地提出并阐述了"地缘经济"这一学术概念，强调地缘经济学是一种战略，认为经济外交等行为已经不是纯粹的经济行为而是地缘经济学的行为。② 美国兰德公司资深顾问理查德·所罗门（Richard Solomon）认为，经济力量、环境威胁等对国家安全的影响已变得同军事力量同等重要，指出在全球贸易、金融和科技的推动下，美国正在迈进一个新的时代——地缘经济时代，提出美国的挑战在于把握时代发展的主流，针对美国的国家安全与经济发展制定新的战略。③ 卢光盛（2012）把国外研究地缘经济的视角分为三个流派：第一，以爱德华·勒特韦克、麦肯利·肯维、亨利·诺等为代表的从经济合作视角来研究地缘经济，认为地缘政治时代的冲突逻辑逐渐让位于地缘经济时代，国家以及国家内的公司在经济交往中重在和平共处而不是冲突斗争，并指出经济手段成为国家确保自身独立和安全，以及处理外交事务中的重要方式。第二，以保罗·萨翁纳、谢尔兆·菲奥热、弗尔切里·布鲁尼·罗查等为代表的从国际竞争的视角研究地缘经济学，他们认为，地缘经济学是以地缘政治学为基础的，地缘经济学与地缘政治学相互交织、相互影响，指出如果要提高本国在国际竞争中的地位，必须要建立地缘经济侦察系统，并通过利用现有能力来影响金融市场、外国投资，因此地缘金融会动摇国家主权。第三，以涅克列萨、科切托夫等学者为代表的从地缘经济学与国家战略结合的视角来研究地缘经济学，认为地缘经济学研究的主

---

① 萨本望：《新兴的"地缘经济学"》，《世界知识》1995 年第 5 期。
② Edward N. Luttwak, From Geopolitics to Geo-Economics: Logic of Conflict. Grammar of Commerce, 1990: 125.
③ Richard Solomon, America and Asian Security in an Era of Geoeconomics. U. S. Department of State Dispatch, 1992, 3 (21): 410.

要问题是：经济活动与地理空间的相互影响和联系、国际力量博弈转变引发的全球背景下的地缘经济冲突、经济全球化条件下提高国家竞争力的政策与战略、新的世界整体中空间区域化和新型的国际分工、在国际关系中政治与经济的融合基础上形成的战略关系和各国利益协调的基础等。①

国内学者对地缘经济的研究从20世纪中期开始，主要集中于对地缘经济学科的认识，尚未形成完整的地缘经济学科体系。贾绍凤（1999）指出，在经济的全球一体化背景下，地缘关系必然从"争霸"向"寻求合作"的目的转换，与此相适应，地缘关系理论的重点也必然从地缘政治转移到地缘经济，地缘关系的主要任务是在经济全球化背景下揭示经济合作的规律，为经济的双边和多边合作提供理论依据和设计思想。② 倪世雄（2001）阐述了地缘经济学的缘起、特点和发展趋势，指出地缘经济学是从一个地区在整个世界中的地理位置来把握国家之间经济关系，研究如何从地理角度出发，在国际竞争中，保护国家自身利益，实质是一种国家间竞争关系。③ 李继东（2002）认为，地缘经济是关于国家利益、经济现象和地缘关系的科学，并归纳出地缘经济时代的五大基本特征：地缘政治和地缘战略轴心正由欧亚大陆转移到亚太沿海地区；经济区域化、板块化、地缘因素、地理因素、区位因素作用愈显；文化、文化圈因素在经济区域化的过程中影响增强；"国际权力政治"向"国际经济政治"转变，"领土中心主义"向"经济中心主义"过渡；维持世界经济体系结构的纽带由殖民主义关系转化为南北关系。④ 韩银安（2005）认为，地缘经济与地缘政治密不可分，世界地缘政治斗

---

① 卢光盛等：《地缘政治视野下的西南周边安全与区域合作研究》，人民出版社2012年版，第16—17页。
② 贾绍凤：《国际关系的变化趋势与地缘关系理论的变革》，《人文地理》1999年第14期。
③ 倪世雄：《当代西方国际关系理论》，复旦大学出版社2001年版，第400—402页。
④ 李继东：《论地缘经济时代的基本特征——从地缘经济学视角对冷战后时代的审视》，《世界经济与政治》2002年第2期。

争仍然是各国关注的问题，地缘经济与地缘政治的相互影响与作用不会消失，地缘经济的发展同时也会带来新的地缘政治斗争。① 陈锴（2009）对国内地缘经济的研究现状进行了评述，认为中国学者对地缘经济的研究主要包含以评价型研究为主导的理论学习阶段、以经验型研究为主导的理论深化阶段和结合中国经验的理论创新阶段三个阶段，指出目前中国学者对地缘经济研究的核心是如何定义中国与周边国家和地区的地缘经济关系以及如何推动这些地缘经济关系的深入发展，而研究的重点是中国与东盟地区以及周边区域的地缘经济合作。② 陈锴在他的论文中指出，地缘经济是在特定时代的生产力条件和地缘空间影响之下，由经济行为体通过地理环境的相互作用而产生的各种地缘经济关系的有机组合而成，广义的地缘经济是以特定地缘空间范围内的国家为行为主体，研究行为主体之间经济关系的地缘学科，而狭义的地缘经济是指特定地缘空间内的国家行为主体，通过经济互动来谋求国家利益的地缘关系。毛汉英（2014）认为，地缘经济是在地缘政治的影响和支配下，国家与区域之间围绕商品市场、资源供应、资金技术流向等形成的竞争、合作与结盟关系。③

第二节　1949年以来西南边境地区地缘环境演变

一　中缅地缘政治经济环境的演变

（一）缅甸概况

缅甸全称为缅甸联邦共和国，缅甸位于亚洲东南部、中南半岛

---

① 韩银安：《地缘经济与地缘政治刍议》，《国际关系学院学报》2005年第2期。
② 陈锴：《中国—东盟地缘经济关系研究》，博士学位论文，上海社会科学院，2009年，第17—18页。
③ 毛汉英：《中国周边地缘政治与地缘经济格局和对策》，《地理科学进展》2014年第3期。

西部，西南邻安达曼海，西北与印度和孟加拉国为邻，东北靠中国，东南接泰国与老挝，首都为内比都，是东盟成员国之一。缅甸是一个历史悠久的文明古国，旧称洪沙瓦底，1044年形成统一国家后，经历了蒲甘、东坞和贡榜三个封建王朝，1885年沦为英国殖民地，1886年将缅甸划为英属印度的一个省，1948年1月4日缅甸脱离英联邦宣布独立，成立缅甸联邦，1974年1月改称缅甸联邦社会主义共和国。1988年9月18日，以国防部长苏貌将军为首的军人接管政权，同年9月23日，国名由"缅甸联邦社会主义共和国"改名为"缅甸联邦共和国"，并进入军政府时代。2008年5月，《缅甸联邦共和国新宪法》获得通过，规定实行总统制，2011年2月4日，吴登盛被国会选为缅甸第一任总统。缅甸面积约67.85万平方公里，海岸线长3200公里，地势北高南低，大部分地区都在北回归线以南，属热带季风气候。缅甸资源丰富，矿产资源有石油、天然气、钨、锡、铅、银、镍、锑、金、铁、铬、玉石等，石油和天然气是缅甸的重要经济资源，缅甸是世界著名的宝石、玉石产地，森林覆盖率约为52.3%，仅乔木树种就达2088种，是世界上柚木产量最大的国家。2014年，缅甸共有人口约5141.9万，68%为缅族，其他人口较多少数民族主要有掸族、克伦族、孟族、克钦族、钦族等。缅甸是一个以农业为主的国家，从事农业的人口超过60%，工业以石油、天然气、玉石开采为主，服务业以零售批发、运输旅游服务和酒店餐饮为主。由于历史原因和特殊敏感的地理位置，部分民族地方武装目前仍然存在，导致缅甸内部形成地方割据、党派恶性竞争的格局，国家政局动荡，战火不断，影响缅甸国家的健康发展。

(二) 中缅地缘政治演变过程

中缅两国地缘政治关系历史十分悠久，公元69年汉朝在保山设永昌郡，在盈江设哀牢县，开通博南道，许多部落或国家经此路来中国访问，其中就有缅甸与中国的往来，据历史记载，公元97年掸王国（缅甸）雍由调遣使不远万里到东汉首都洛阳朝贡，汉和帝封雍由调为"大都尉",由此可见,公元1世纪中缅两国已经建立邦交,后元明清各朝代与缅甸保持着联系①。新中国成立以来中缅地缘政治关系主要分为三个阶段:1949—1962年为"胞波"情深阶段、1962—1970年为关系陷入低谷阶段和1971年至今为全面发展与深化合作阶段。

1. 1949—1962年"胞波"情深阶段

缅甸是和平共处五项基本原则的积极倡导者,在中华人民共和国成立初期与中国保持长期友好合作关系,多次抗拒美国政府的威逼利诱,拒绝参加由其主导的、旨在包围封锁新生的中华人民共和国和越南民主共和国的"东南亚集体防御条约"组织。中华人民共和国1949年10月1日成立,随后不到一个月,缅甸吴努总理领导的"自由同盟"政府中的社会党领袖们就举行了总部执行委员会会议,会议决定发表声明,承认和欢迎中华人民共和国。1949年12月18日,缅甸"自由同盟"政府公开发表正式承认中华人民共和国的声明。1950年6月8日,中缅两国宣布建立外交关系,并互派大使。1951年10月、1952年5月11日,缅中、中缅友好协会分别在仰光、北京成立。1954年6月,周恩来总理访问印度和缅甸时与两国发表联合声明,确立了处理两国关系的和平共处五项基本原则,即互相尊重主权和领土完整、互不侵犯、互不干涉内政、平等互利、和平共处,得到了各国人民的一致拥护和赞同。中缅两国在相互信任与支持的基础上,解决了从1949年新中国成立以来十余年的边界问题。中缅边界问题经过提出问题、交换意见、直接谈判等环节,1960年10月1日,周恩来总理和缅甸政府总理吴努在北京签订了《中华人民共和国和缅甸联邦边界条约》,有关中缅边界的所有未决问题,在条约中都得到了公平合理的解决。1961年1月4日,缅甸独立日,双方在仰光交换了中缅边界条约批准书,1961年

---

① 张肖南:《中缅关系与我国西南方向国家安全》,军事科学出版社2010年版,第46—51页。

6月4日，中缅两国政府分别委派各自的地方官员在指定地点完成领土的交接手续，至此，中缅两国历经一百多年悬而未决的边界问题，终于得到双方满意的和平解决。但是，中缅两国边界线的划分也暴露了其弊端，某些地区没有以自然条件为界进行划分，而是从人口稠密的坝区穿过，形成了以田埂、水井、沟渠为边界的"一寨两国""一田两国""一家两国"等世界边界划分史上的奇特现象，给加强两国边境管理造成了极大的不便。1960年年初到1961年2月，中缅勘界警卫作战，歼灭国民党残部741人，粉碎了国民党反动派以缅北为基地"反攻大陆"的图谋，保卫了新生的人民共和国的安全，直接保障了中缅联合勘界工作的顺利进行。由于缅甸人不称旅缅中国人为"外国人"，而称之为"瑞苗胞波"，"瑞苗"意为"亲戚"，"胞波"意为"一母所生的同胞"，因此，"瑞苗胞波"一词就成为中缅友好情谊的象征性词汇。1949年中华人民共和国成立以来，国务院总理周恩来多次访问缅甸，中缅"胞波"友谊就是在这一时期形成的。由于中缅这种特殊的情感关系，在此基础上两国解决了如边界等问题，并团结一致，粉碎了美国利用1955年11月20日"黄果园事件"挑起中缅两国矛盾的图谋，因此，我们把1949—1962年中缅地缘政治关系称为"胞波"情深阶段。

2. 1962—1970年关系陷入低谷阶段

1962年3月至1988年9月，缅甸进入奈温社会主义纲领党执政时期，特别是在1962—1970年，缅甸政府推行闭关自守的缅甸社会主义路线，民族主义思想强烈的缅甸上层领导，把解决国家建设问题上的一些失败归罪于印度人和华人的剥削与破坏，因而从文化、商业等方面都产生排外倾向。这一期间，缅甸在经济、文化上出台了许多"缅甸化"政策，华文学校关停、华文报纸被禁，华人华侨在经济上、文化上受到严重打击，被迫离开缅甸，移居到东南亚其他国家或西方国家。1967年，缅甸发生大规模反华、排华事件，造成至少50名华人丧生，上千人被捕，而当时中国正值"文化大革命"期间，北京"造反派"在江青、康生的直接操纵下以砸缅甸驻华使馆进行报复。在这种情况下，中方撤出了援缅专家和全部技术人员，两国大使也奉命撤回国内，政治来往也基本中断，中缅关系陷入低谷。

3. 1971年至今全面发展与深化合作阶段

自缅甸实行各种"缅甸化"政策后，与中国关系陷入低谷，20世纪60年代末，缅甸面临严重的经济困难，人民生活水平下降，事实证明，奈温政府闭关自守的社会主义路线走得不顺，在这种情形下，吴奈温不得不考虑修复中缅关系，并在1969年11月表示恢复两国关系。[①] 对于吴奈温主席的表示，中国政府给予了积极反应，1971年奈温访华，后多次访问中国，两国关系逐步恢复正常。1997年3月，中缅两国签署《中缅两国边境地区管理与合作协定》，并就边境地区禁毒开展了合作。1998年1月，中国外交部副部长唐家璇赴缅磋商时，双方签署了《中缅两国政府关于互免持外交和公务护照者签证协定》。2000年6月6日，中缅两国签署了《中华人民共和国政府和缅甸联邦关于未来双边关系合作框架的联合声明》。2013年4月5—7日，缅甸总统吴登盛赴海南三亚出席博鳌亚洲论坛并对华进行国事访问。习近平主席与吴登盛举行会谈，就发展中缅全面战略合作伙伴关系深入交换意见，双方并发表联合声明。

2015年6月10—14日，缅甸全国民主联盟主席昂山素季应邀访问中国，中国国家主席习近平亲自接见，习近平指出，中缅是友好邻邦，建交65年来中缅传统友谊历经风雨从未改变，各领域务实合作成果丰富，成为休戚与共的利益共同体和命运共同体，这是两国历代领导人和两国人民共同努力的结果，要倍加珍惜。昂山素季认为，缅中两国是邻居，而邻居是不可选择的，致力于两国友好关系发展至关重要，并表示希望通过此访深化两党关系，推动两国人民之间的友好关系向前发展。昂山素季访华开创了中缅政治外交的

[①] 张肖南：《中缅关系与我国西南方向国家安全》，军事科学出版社2010年版，第106页。

新格局。

(三) 中缅地缘经济演变过程

中缅两国山水相连,人民相亲,语言相通,为两国地缘经济关系发展创造了良好的条件。早在战国时期,居住在中国西南边境的各族人民在自然条件极其恶劣的情况下,依靠双脚和骡马,攀过悬崖栈道,穿过横断山,跨金沙、渡澜沧,开凿出一条自四川、经云南、入缅甸、去印度的国际经济文化通道——川滇缅印古道,古称"蜀身毒道",现称"西南陆上丝绸之路",早北方丝绸之路两个世纪;除此之外,据中国《汉书》卷二十八下《地理志》记载,当时就有由海道通往缅甸,经过缅甸再往印度和南海诸国的航线。可以推断,早在两汉时期,中国人民就通过海上丝绸之路与古缅甸进行经济往来。"西南陆上丝绸之路"和"海上丝绸之路"开辟了中国与缅甸贸易通道,历经千年而从不曾隔断。

新中国成立以来,中国与缅甸因良好的地缘条件成为友好邻邦,双方经济关系稳步发展,虽然在奈温政权的前期陷入低谷,但经过短短的六年之后,两国关系再次恢复正常。中缅两国地缘经济关系与地缘政治关系基本同步。1955年11月8日,中缅两国签订《民用航空协定》,双边贸易额明显增长;1961年1月10日,中缅两国签订《经济技术合作协定》,中国向缅甸无息贷款3000万英镑(约合4亿缅元),帮助缅甸建成十几个工业项目;1960—1961年,缅甸对中国出口占其出口总额的17.9%。

1962—1970年,奈温政府实施"缅甸化"发展策略,提出把缅甸的财富装进缅甸人的口袋,以闭关锁国政策发展社会主义。1962年4月30日,缅甸政府宣布实行"社会主义道路",对缅甸国内生产资料、外国资本和流通机构进行国有化,截至1964年,仰光3000多家大商店被国有化,其中华人占15%;全国由华人经营的700多家轻工企业被收归国有,华人华侨经营的数千家从事零售贸易的商店和摊位被政府接管,并禁止华侨从事商业等经济活动,缅甸华人华侨经济受到极大的冲击,许多华侨破产失业。实行"缅甸

第三章 中国西南边境地区人口空间格局的地缘环境演变

化"政策以后,缅甸经济并没有像奈温预测的那样把财富装进缅甸人自己的口袋,恰恰相反,激进的国有化政策导致缅甸流通领域混乱,生产下降,管理和技术人才外流,物价上涨 10—15 倍,国家经济困难,人民生活贫困。这一时期,中国也正经历着水深火热的国内外复杂的政治经济状况,中缅经济跟政治一样陷入低谷,1968—1969 年,缅甸对中国出口只占其出口总额的 0.6%。

20 世纪 60 年代末 70 年代初,在国家经济极度困难的情况下,缅甸奈温政府意识到中国在其地缘经济方面的极端重要性,不得不考虑修复与中国的关系,随着奈温政府 1971 年访华,中缅关系逐渐恢复正常,双边经贸也得以恢复,并开展一系列经济合作。1979 年 7 月 12 日,中缅达成一项 6300 万美元的援助协定,协定包括 8 项工程,即缅甸国家体育馆、仰光—丁茵大桥、4 万纱锭的纺织机器、3 座日加工能力为 1500 吨的碾米厂、毛淡棉市供水工程和价值 3000 万元人民币的机器和工具。1986 年,中缅先后签订 4 个经济技术合作协定和贸易协定,中方向缅方提供 3.17 亿元人民币的无息贷款,1987 年,中缅两国开展在石油勘探领域的技术合作。1988 年,缅甸军政府上台,但一直跟中国保持良好关系,1988—1989 年,中国成为缅甸最大的贸易伙伴,缅甸对中国出口占其出口总额的 43%。1993 年 2 月,外交部部长钱其琛访问缅甸,与缅方探讨多种形式的经贸合作,积极开展湄公河上游航运合作,促进缅甸加强同云南的边贸和经济技术合作。缅方也提出共同修复边境地区的五条公路。1993 年 7 月,中缅双方在仰光签订新的《经济技术合作协定》,中方向缅方提供 5000 万元人民币无息贷款,1993 年 7 月 31 日,由中国援建的仰光—丁茵铁路、公路两用大桥建成通车,使中部重镇曼德勒至仰光的铁路线延伸至丁茵经济区。1994 年 9 月,缅甸国家恢复法律与秩序委员会第一秘书钦钮应邀访华,与中国领导人就进一步加强缅中经贸合作交换意见,钦钮希望云南加大投资步伐,将缅甸作为拓展对外经贸的中转基地,在旅游业方面安排去云南的旅客顺道访缅。1999 年,中缅两国政府合作在八镇筹建现代化港口和集装箱码头工程启动。同年，中缅进出口贸易总额达到了3172万美元，中国在缅承包工程完成营业额8321万美元。

进入21世纪以来，中缅地缘经济关系进一步深化，区域经济合作进一步加强。2000年4月20日，中国、缅甸、老挝和泰国四国政府在缅甸边镇大其力签署《澜沧江—湄公河商船通航协定》，按协定的规定，缔约一方的船舶可在中国的思茅港和老挝的琅勃拉邦港之间自由航行，以促进这一地区的客货运输、贸易和旅游，缔约四国开放的澜沧江—湄公河通航港口共14个，其中，中国4个，老挝6个，缅甸和泰国各两个。2001年12月12—15日，中国国家主席江泽民对缅甸进行国事访问，其间中缅双方签署了《中缅经济技术合作协定》《中缅渔业合作协定》《中缅边防合作议定书》《中缅投资保护协定》《中缅动植物检验检疫协定》等7个双边合作文件。2003年1月，缅甸"和发会"主席丹瑞大将应邀访华，两国签署3个经济技术合作协定；2003年1月，中国国务院副总理李岚清应邀访缅，两国签署《关于中国免除缅甸部分到期债务的政府间协定》等协议；2003年10月，温家宝总理在印度尼西亚出席"10+1"和"10+3"会议期间，与缅甸新任总理钦钮会晤。2004年3月23—27日，中国国务院副总理吴仪率团对缅甸进行了正式友好访问，其间两国签订了《中缅两国政府关于贸易、投资合作谅解备忘录》等21项协议、备忘录和换文，双方同意使两国贸易额在2005年增加到15亿美元。2005年，中缅建交55周年，4月，胡锦涛主席在雅加达亚非峰会期间与丹瑞主席会晤；2005年7月，缅甸总理梭温出席在昆明举行的大湄公河次区域经济第二次领导人会议；2005年10月，中海油缅甸有限公司等3家企业组成的联合体同缅甸能源部下属的缅甸石油与天然气公司共同签署了开发缅甸M区块陆上石油气的产品分成合同。2006年2月，缅甸总理梭温正式访华。2010年6月2—3日，中国国务院总理温家宝访问缅甸，出席中缅建交60周年庆祝活动，并与吴登盛总理共同主持签署了中缅油气管道及能源、矿产、交通、水电等15项双边经贸合作协议。2007年3月，云南省省长秦光荣率团出访东南亚五国，访问缅甸时与缅方就合作开发水电、能源、矿产资源、推进中缅油气管道建设，加快陆路水运交通基础设施建设，以及推进双方边境贸易，加强禁毒合作、边境管理等问题深入交换意见。2007年6月，缅甸国家"和发会"第一秘书登盛中将访华，吴邦国、李铁映会见，双方签署了中缅两国天然气合作谅解备忘录和联合开发石油管道可行性研究谅解备忘录。2007年12月10日，缅甸商务部副部长昂吞准将率团出席在德宏州瑞丽市举办的"2007年中缅边交会"，与云南省刘平副省长就推进滇缅经贸合作，加快构建全方位、多层次、宽领域的对外开放新格局进行了友好磋商。

2012年，中缅双边贸易额达69.7亿美元，同比增长7.2%。其中，中国出口56.7亿美元，增长17.7%，进口13亿美元，下降22.7%。缅甸是中国在东盟地区重要工程承包市场和投资目的地。2013年上半年，中缅双边贸易额达43.8亿美元，同比增长25.9%，其中中方出口31.1亿美元，增长11.7%，进口12.8亿美元，增长82.4%。中国成为缅最大外资来源国。中缅经贸合作取得长足发展，合作领域从原来单纯的贸易和经援扩展到工程承包、投资和多边合作。双边贸易额逐年递增。对缅主要出口成套设备和机电产品、纺织品、摩托车配件和化工产品等，从缅主要进口原木、锯材、农产品和矿产品等。为扩大从缅甸的进口，中国先后两次宣布单方面向缅甸共计220个对华出口产品提供特惠关税待遇。

二 中老地缘政治经济环境的演变

（一）老挝概况

老挝全称是老挝人民民主共和国，是中南半岛上的唯一一个内陆国家，其国土分别与泰国、越南、柬埔寨、中国、缅甸接壤。老挝国土面积为23.68万平方公里，产业以农业为主，是亚洲第二贫穷国家与世界低度开发国家之一，全国人口638万（2011年），有49个民族，分属老泰语族系、孟—高棉语族系、苗—瑶语族系、汉—藏语族系，统称为老挝族，通用老挝语，居民多信奉佛教。老挝矿产资源、农业资源丰富，地理区位优越，是老挝经济发展的潜在因素。老挝历史悠久，于公元 8 世纪时建立了澜沧王国，后经历了琅勃拉邦王朝、万象王朝和占巴塞王朝，18 世纪末年至 20 世纪 40 年代，老挝分别沦为暹罗（泰国）、法国、日本殖民地，1945 年 8 月，老挝人民举行武装起义，同年 10 月 12 日老挝宣布独立，成立了伊沙拉政府，后相继被法国、美国入侵，老挝人民经过几十年的奋斗后，于 1975 年 12 月宣布废除君主制，成立老挝人民民主共和国。据老方统计，2014 财年，老挝经济增速为 7.8%，较上年下降 0.2%，全年 GDP 达 90.8 万亿基普，合 113.3 亿美元，人均 GDP 达 1340 万基普，合 1672 美元。经济结构中，农林业增长 3%，占 GDP 的 24.8%；工业增长 8.5%，占 GDP 的 27.5%；服务业增长 9.3%，占 GDP 的 39.3%。[1]

（二）中老地缘政治演变过程

老挝与中国的关系历史悠久，两国关系史的开端，始于公元 227 年在现老挝版图建立的堂明国，当时的堂明国遣使中国，因此，老中两国交往的起始年代应为公元 2 世纪初叶。[2] 根据现有的史书记载，中老两国政府往来主要集中在老挝的文单国（今万象）、澜沧王国和琅勃拉邦王国三个时期，相对应的中国朝代为唐朝、明朝、清朝，其余多属空白时期。[3] 在众多学者研究的基础上，本书认为，中老地缘政治经济关系演变过程主要经历了三个时期，即 1949—1978 年相互支持阶段、1979—1988 年敏感冷淡阶段和 1989 年至今全面合作阶段。

1. 1949—1978 年相互支持阶段

1949—1978 年相互支持阶段的内容主要表现在：中国政府援助老挝的两轮反殖民统治斗争、支持老挝的独立和建立老挝人民民主

---

[1] 中华人民共和国驻老挝人民民主共和国大使馆经济商务参赞处网站。
[2] 申旭：《关于中老关系史的几个问题》，《史学月刊》1988 年第 4 期，第 94 页。
[3] 苏提：《论中国—东盟自由贸易区合作框架下的老中经济关系》，博士学位论文，吉林大学，2009 年，第 112 页。

共和国。1949年10月1日，中华人民共和国成立，当时老挝虽然已经独立，但却仍处于法国的殖民统治之下，尽管中国刚成立，自身也面临着重重困难，但中国政府仍继续支援老挝人民的抗法斗争，1954年，抗击法国殖民统治斗争取得胜利，法国失败撤出老挝。但是，法国撤离老挝后，美国取而代之，老挝人民进入抗美救国阶段，在此期间，作为友好邻邦，中国继续向老挝伸出友谊之手，无论是在国际上还是在平时两国交往，都处处维护老挝利益。1954年日内瓦会议上，周恩来总理代表中国阐明中国立场，要求一切外国军队撤离老挝和柬埔寨，得到两国的赞同。由于美国力量干涉，1959年老挝内战爆发，针对老挝复杂的政治形势，中国政府于1960年11月20日发表声明，表示支持老挝王国政府执行和平中立和实现国内团结的政策，反对任何势力干涉老挝，并支持老挝政府所表示的建立老中关系的意愿。1961年在关于老挝问题的日内瓦会议上，陈毅外长代表中国政府阐述了关于解决老挝问题的五项原则。[1] 1962年7月，中国政府代表团在关于老挝问题的日内瓦会议上，坚决反对美国政府对老挝的侵略，坚决支持老挝争取独立、中立方面进行的正义斗争，迫使美国政府代表团在《关于老挝中立的宣言》和《关于老挝中立的议定书》上签字。老挝认为，在1954年和1961—1962年两次日内瓦会议上，中华人民共和国政府对于维护老挝的和平、独立和中立做出了重要贡献。[2] 1961年4月25日中国与老挝正式建交。

除在国际上支援老挝争取独立自由外，中老两国高层领导也适时互访，增加互信。1952年，印支共产党部的诺哈·冯萨万应邀来华参加"亚洲及太平洋区域和平会议"；1956年8月，富马首相应邀率老挝国王政府代表团访问中国，并与周恩来总理在北京发表联合声明，表示将遵守和平共处五项基本原则发展两国关系；1959

---

[1] 谢益显：《中国外交史》，河南人民出版社2001年版，第225页。
[2] 马树洪等：《老挝》，社会科学文献出版社2004年版，第303页。

年,凯山·丰威汉以老挝人民党总书记的名义正式访问中国;1961年4月,老挝王国首相梭发那·富马亲王和老挝爱国战线主席苏发努冯应邀访华,两国领导人发表联合声明,宣布两国正式建立外交关系。1975年12月老挝人民民主共和国成立后,老挝人民革命党总书记兼政府总理凯山·丰威汉分别于1976年3月和1977年6月两次到中国进行国事访问,加强了同中国的友好关系。在1949—1978年,中老两国始终维持友好的关系,无论中国支持老挝抗击法、美殖民者,还是在国际舞台上支持老挝追求独立与自由,这跟老挝坚持奉行积极友好的对华政策是息息相关的。

2. 1979—1988年敏感冷淡阶段

1979—1988年,中老两国关系经历了敏感冷淡到复苏两个时期。

(1) 1979—1985年敏感冷淡时期。引起中老两国关系恶化的主要有两个原因,一个是老挝对中越自卫还击战的误解,另一个是老挝向苏联一边倒的国际立场倾向。首先是对中国对越自卫反击战的误解。1979年2月,由于越南在中国边境地区的肆意挑衅,中国在不得已的情况下展开自卫还击,与越南开战。当时,老挝与越南在1977年已经签订了25年的友好条约,由于老越之间的特殊关系,老挝发表声明指责中国,称中国对越自卫反击战是"大国扩张主义"。1980年7—8月,老中两国大使先后回国,两国关系的发展转入低潮。[①] 此后的7年间,老挝曾指责中国"和美国勾结危害本地区的和平与稳定","与泰国合谋破坏老挝"等,并强行关闭中国驻孟赛代办处,停止新华社万象分社的工作,限制中国驻老挝使馆人员,并要求撤销大使馆武官处。[②] 其次是奉行向苏联一边倒的政策。20世纪80年代初,老挝政府制定了"东方战略",希望以"社会主义的东方前哨"的地位加入到以苏联为首的"社会主义大家庭",

---

[①] 杜敦信等:《越南老挝柬埔寨手册》,时事出版社1988年版,第147页。
[②] 苏提:《论中国—东盟自由贸易区合作框架下的老中经济关系》,博士学位论文,吉林大学,2009年,第112页。

随后，老挝党"四大"指出："苏联是我们的战略盟友和可靠的依托，和苏联紧密地联合在一起，是我们党和国家一贯的外交战略原则。"① 由于中国自20世纪60年代与苏联关系恶化，因此，老挝站在苏联一边，反对中国。

（2）1985—1988年两国关系复苏时期。1982年3月24日，苏联最高领导人勃列日涅夫在塔什干发表讲话，承认中国对台湾的主权，反对"两个中国"的提法，中苏关系开始缓解。在此背景下，老挝开始不断地向中国政府发出和解的信号，以恢复和发展同中国的关系。1985年12月2日，老挝党和政府领导人在庆祝共和国成立10周年大会上的讲话不再攻击中国，而是对中国在老挝抗美救国斗争中的支持和援助表示"诚恳的感谢"，并"希望在和平共处五项原则基础上恢复老挝和中国的正常关系"。对于老挝政府的举动，中国政府给予了积极回应，分别于1986年11月、1987年11月在北京和万象进行了会议，1988年6月，中老两国互派大使，关系正常化。

3. 1989年至今全面合作阶段

1989年中老关系正常化，双边关系得到全面恢复和发展，在政治、经济等领域的友好交流与合作不断深化，双方在国际和地区事务中保持密切协调与合作。1989年至今全面合作阶段分为两个时期，即1989—2000年两国关系全面发展时期和2001年至今的全面深化合作时期。

（1）1989—2000年两国关系全面发展时期。1989年，老挝政府提出："继续为改善对华关系努力，在互利互助的基础上加强经济合作关系。"1989年10月，老挝人民革命党总书记兼部长会议主席凯山·丰威汉率老挝党政代表团对中国进行国事访问，中老双方签署了《中老领事条约》《关于处理边境事务的临时协定》《关于

---

① 云南省社科院东南亚研究所：《老挝问题资料选编（1975—1986）》，云南省社会科学院，1987年，第395页。

互免签证的协定》等文件；1990年3月，中国被老挝政府列为四个友好国家之一（越南、柬埔寨、中国和苏联）；1991年，苏联解体，世界社会主义国家阵营土崩瓦解，"冷战"结束，中国成为世界上最大的社会主义国家，老中两国共同的社会制度和命运需要使两国关系急剧升温，进入全面发展的时期。1991年，老挝总理坎代·西潘敦访华，两国正式签署《边界条约》，圆满地解决了历史遗留问题。1993年2月，中国外长钱其琛访问老挝，签订了两国边界议定书和投资保护协定；同年12月，老挝人民革命党主席坎代访华，正式签署了《老中边界制度条约》。1999年1月，中国国务院总理朱镕基与来华访问的老挝总理西沙瓦·乔本潘进行会谈，双方就政治互信达成一致，希望能全面深化合作，建立长期、稳定、互信的友好关系。2000年11月11—13日，中国国家主席江泽民访问老挝，这是中国国家元首首次对老挝进行国事访问，访问期间，两国签署了《老挝人民民主共和国与中华人民共和国关于双边合作的联合声明》等关于双边合作的六个文件，确定了两国发展睦邻友好、长期稳定、相互信赖的全面合作关系。

（2）2001年至今全面深化合作时期。进入21世纪以来，中老两国继续巩固发展两国关系，进一步全面深化合作。2002年2月，老挝总理本扬·沃拉吉访华，得到了中国国家主席江泽民的热情接待，双方均请对方转达了对彼此国家与人民的亲切问候和良好祝愿，本扬表示将努力落实好2000年两国元首签署的两国合作《联合声明》的精神；2004年，中国国务院总理温家宝访问老挝，与老挝总理本扬·沃拉吉举行会谈，温家宝提出加强中老关系的四点建议；2005年，老挝人民革命党政治局委员、国会主席沙曼·维雅吉访问中国，中共中央政治局常委、国务院总理温家宝会见；2006年6月，朱马利应胡锦涛主席邀请来华进行国事访问，访问期间，老中发表联合公报，表示将继续加强两国在国防、公安、司法等领域的交流与合作；2006年11月，中共中央总书记、国家主席胡锦涛对老挝进行国事访问，双方发表联合声明，决定进一步深化两党两国传统友好与全面合作，推动中老关系不断迈上新台阶；2007年6月，老挝党主席、国家主席朱马利·赛雅颂对中国进行非正式访问，同中共中央总书记、国家主席胡锦涛和国务院总理温家宝就进一步加强老中两党两国全面合作关系深入交换意见；2007年8月，老挝总理波松·布帕万应温家宝总理邀请对中国进行正式访问，就进一步贯彻落实两党两国最高领导人达成的共识及签订的各项文件进行协商，两国总理还共同出席了经济技术、动植物卫生和食品安全合作等文件的签字仪式；2009年9月，中共中央总书记、国家主席胡锦涛与来华访问的老挝人民革命党中央委员会总书记、国家主席朱马利·赛雅颂就进一步发展两党两国关系达成广泛共识，一致同意把中老关系提升为全面战略合作伙伴关系；2010年6月，中国国家副主席习近平访问老挝；2011年8月，两国签订《中华人民共和国政府和老挝人民民主共和国政府关于边界管理制度的协定》《中华人民共和国政府和老挝人民民主共和国政府关于边境口岸管理制度的协定》等。

（三）中老地缘经济演变过程

中老两国的地缘经济关系同样历史悠久，公元3世纪就有堂明国"朝贡"的记载，当时国与国之间互赠礼品，18世纪初，就有中国人到老挝，老挝人进入中国云南进行贸易。中老两国陆路交通十分便利，为民间贸易的开展提供了条件，《皇明职贡图》卷一载：老挝人"知耕种，勤纺织，其近在普洱府东界外者常入内地贸易"。[①] 新中国成立以来，与老挝之间的地缘经济关系跟地缘政治紧密相关，本书把中老地缘经济关系的演变同样划分为1949—1978年稳步发展阶段、1979—1989年急速衰退与复苏阶段和1990年至今全面快速发展阶段三个阶段。

1. 1949—1978年稳步发展阶段

1949年中华人民共和国成立，由于老挝特殊的国情，尽管中国

---

① 苏提：《论中国—东盟自由贸易区合作框架下的老中经济关系》，博士学位论文，吉林大学，2009年，第124页。

跟老挝还未正式建交，但作为具有同样经历的友好邻邦，中国为老挝摆脱殖民统治，在经济上给予老挝经济上的援助。1954年老挝摆脱法国的殖民统治，中老双方实现了贸易往来。根据《中国对外经济贸易年鉴》和《中国海关统计》的统计资料，1957—1963年，中老双边贸易额达到26.59万美元；1975年老挝人民民主共和国成立，双方贸易额为1082万美元，1970—1979年，双方贸易额达2538万美元[①]。

2. 1979—1989年急速衰退与复苏阶段

1979—1984年，老挝与中国在政治上关系恶化，老挝与越南共同反对中国，在这一时期，中老双方官方的经济往来基本中断。1986年，老挝党"四大"公开表示在五项基本原则的基础上恢复与发展同中国的关系。1986年、1987年，中老两国外长互访，中老关系改善，1988年9月、12月，中国经贸代表团、老挝商业和对外经贸部长应邀互访，双方签订了两国政府第一个贸易协定——《中老贸易协定》，以及《中老边境贸易的换文》，标志着老中经济关系进入了复苏时期。这一时期，中老两国边境贸易增长较快，1984年两国边贸仅为20万元人民币，1985年增至93万元人民币，1986年为223万元人民币，1987年达730万元人民币，1988年达到了2030万元人民币。[②]

3. 1990年至今全面快速发展阶段

1989年老中关系恢复后，两国经贸关系也得以复苏。进入90年代以后，中老地缘经济关系不断深化，从单一的援助和贸易转向多元化的援助、贷款、投资和项目建设等，贸易额不断增长，投资持续增加，各种经济协定数量也日益增多。1990年以来，中老两国政府签订了多份经济合作协定、协议，为双方经济合作奠定了坚实

---

① 苏提：《论中国—东盟自由贸易区合作框架下的老中经济关系》，博士学位论文，吉林大学，2009年，第124页。

② 马树洪：《老挝解放15年来的发展和变化》，《东南亚纵横》1990年第4期，第32页。

的基础。1991年4月签订了《中老民航谅解备忘录》；1993年1月、12月分别签署了《中老关于鼓励和相互保护投资协定》和《中老汽车运输协定》；1994年11月签订了《中老湄公河——澜沧江客货运输协定》；1996年10月签订了《中老旅游合作协定》；1997年5月签署了《中老关于成立两国经贸技术合作委员会协定》；1999年1月签订了《中老避免双重征税协定》；2000年4月签订了《中国、老挝、缅甸和泰国四国澜沧江——湄公河商船通航协定》；2000年11月，江泽民访老期间签署了《中老两国经济技术合作协定》《中老经济、贸易、技术合作委员会首次会议纪要》《中国国土资源部与老挝手工业部合作开发万象钾盐矿的原则协议》以及《中国农业部和老挝农林部关于农业合作的谅解备忘录》等；2002年2月签订了《中国人民银行与老挝人民民主共和国银行双边合作协议》；2004年3月，吴仪副总理访老期间签订了《中华人民共和国政府与老挝人民民主共和国政府经济技术合作协定》《中华人民共和国政府与老挝人民民主共和国政府关于向老挝提供优惠贷款的框架协议》等11项协议；2010年3月签订了《中国和老挝农业合作谅解备忘录》；2010年6月签订了《中老两国政府关于发展交通基础设施领域合作的协定》；2011年9月签订了《中老两国政府经济和技术合作规划》；2012年3月签订了《中华人民共和国国家发展和改革委员会与老挝人民民主共和国新闻文化和旅游部关于在老挝采用中国地面数字电视传输标准合作建设老挝数字广播电视全国网项目的谅解备忘录》。

（1）贸易额不断增长。1989年中老关系恢复正常，两国贸易得到了发展。1990年，中老两国进出口总额为1700万美元，1991年为2200万美元，同比增长29.41%，1992年为3154万美元，1993年为4063万美元，1994年为4035万美元，1995年为5422万美元，除1994年贸易额稍有下降外，1990—1995年都保持着平均30%以上的增速。受东南亚金融危机的影响，1996—1998年，中老贸易额一路急剧下降，1998年降至2573万美元，仅为1995年的47.5%。

从 1999 年开始，中老双边贸易额开始回升，2008 年达 4.15 亿美元，年均增长率高达 36.27%，2010 年双边贸易额 10.55 亿美元，2011 年双边贸易额 13.06 亿美元，2012 年为 17.21 亿美元，2013 年达到 27.33 亿元。随着双边贸易额的不断增长，两国之间贸易的商品也日益多样化，我国主要进口铜、木材、农产品等，主要出口汽车、摩托车、纺织品、钢材、电线电缆、通信设备、电器电子产品等。

（2）投资和合作项目持续增加。1990 年中国对老挝直接投资 18 万美元，1991 年 82.4 万美元，1992 年 593.3 万美元，1993 年 1202.2 万美元，1994 年 1013.88 万美元，1995 年 880.3 万美元，1990—1995 年，中国对老挝累计投资 3792.1 万美元，占外国在老挝投资总额的 0.74%，位居第八。[1] 进入 21 世纪后，特别是 CAFTA 建立后，中国对老挝的投资呈逐年增长趋势，2001—2003 年中国在对老投资的国家和地区中投资总额都排在第一名，2006 年投资总额达 4.23 亿美元，2001—2007 年中国对老投资总项目为 235 个，投资总额为 11.97 亿美元。2012 年中国在老挝投资总金额达 33 亿美元，共 742 个项目，其中 551 个项目属于中方独资，中国投资在 53 个来老投资国家中位居第二。[2] 截至 2013 年 11 月，中国在老挝投资额累计 50.85 亿美元，成为老挝最大投资国。[3] 中国公司也积极寻求与老挝的合作，1990—2000 年，中国在老挝投资管委会注册的各类公司有 60 家，其中独资企业 32 家，合资和合营企业 28 家，投资领域主要涉及建材、种养殖、药品开发、水电、服务贸易、矿产开发等。中国企业在老挝还积极参与劳务和工程承包。如云南国际公司承包的万荣水泥厂、云南海力公司承包的丰沙里公路改造工程等。

---

[1] Committee for Planning and Cooperation National Statistical Centre: Basic Statistics About The Socio – Economic Development In The Lao P. D. R. （1975 – 1995），1995，p. 98.

[2] 《中国跃升为老挝最大投资国》，http://news.xinhuanet.com/overseas/2014 – 01/29/c_126080313.htm。

[3] 同上。

三 中越地缘政治经济的演变

（一）越南概况

越南全称为越南社会主义共和国（Socialist Republic of Vietnam），是亚洲的一个社会主义国家。越南在北纬8°10′—23°24′、东经102°09—109°30′，位于东南亚中南半岛东部，北与中国广西、云南接壤，西与老挝、柬埔寨交界，国土狭长，面积约33万平方公里，紧邻南海，海岸线长3260多公里，境内3/4为山地和高原。越南地处北回归线以南，高温多雨，属热带季风气候。越南矿产资源丰富，种类多样，主要有近海油气、煤、铁、铝、锰、铬、锡、钛、磷等，其中煤、铁、铝储量较大，生物种类繁多，共有6845种海洋生物。越南古称交趾、安南、大越、大南、南国，从公元前2世纪，即秦朝开始，越南经历了北属时期、藩属时期，更迭的朝代从秦汉一直到明清，也就是说越南现部分地区原归中国管辖。19世纪后期，越南沦为法国殖民地，1940年日本入侵越南，越南人民在胡志明（阮爱国）的带领下长期坚持抗法、抗日斗争，并于1945年8月取得胜利，同年9月2日宣布成立越南民主共和国，9月23日法国再次入侵，越南人民再次进入抗法战争，于1954年取得胜利。1961年，越南战争爆发，美国、韩国、菲律宾、泰国等国参战，中国参与抗美援越战争。1975年5月，抗美救国战争取得胜利，同年7月，越南南北统一，国名改为越南社会主义共和国，越南共产党为唯一合法执政党。2013年，GDP为1705.65亿美元，人均GDP为1901美元。2014年，越南人口约为9000万，男性占50.2%，女性占49.8%；城市人口占33%，农村人口占67%；有54个民族，京族占总人口的87%。

（二）中越地缘政治演变过程

中越关系的发展历程有许多种划分，郑州大学戴可来教授把中越关系分为中国封建王朝直接统治时期、越南建立自主封建国家之后的时期和近现代时期三个时期；广西社会科学院古小松教授把中越关系划分为古代中越关系、近代中越关系、现代中越关系和21世纪中越关系；越南社会科学院中国研究所前所长阮辉贵教授认为，中越关系分为四个时期，即1950—1965年同志加兄弟时期、1966—1976年两国关系出现问题但未暴露时期、1977—1990年双方冲突时期和1991年至今两国正常化时期。[①] 潘金娥（2011）认为，自中越建交以来两国关系主要经历了20世纪50—70年代中期中越两国友好时期、70年代中期至80年代末两国对峙时期和1991年以来两国关系正常化时期三个阶段。[②] 本书研究的是新中国成立以来的中越关系，根据本书的研究需要，结合潘金娥和越南社会科学院阮辉贵教授对中越两国关系的划分阶段，本书研究的中越地缘政治关系主要分为以下三个阶段：1950—1976年中越友好阶段、1977—1990年中越冲突阶段和1991年至今中越关系正常化阶段。

1. 1950—1976年中越友好阶段

1945年8月28日，越南民主共和国宣布成立，9月2日，胡志明宣读《独立宣言》，宣告越南民主共和国成立。1950年1月14日，越南民主共和国主席胡志明签署声明指出："越南民主共和国政府愿意与任何尊重平等、尊重越南的领土主权和国家主权的国家建立外交关系，旨在共同保卫和平和构建世界民主。"1950年1月18日，中华人民共和国率先承认了越南民主共和国，宣布与越南建交，成为世界上第一个与越南建立外交关系的国家，越南从此改变了外交的局面。1950—1975年，中国和苏联对越南提供了大量的经济和军事援助，并派出人数众多的专家援助越南搞建设。1976年越南南北统一后，在中苏关系出现分歧的情况下，越南外交从中苏平衡转为向苏联"一边倒"。20世纪50年代至70年代中期，中国对越南抗法和抗美战争全力支持，胡志明和毛泽东、周恩来等老一辈无产阶级革命家精心培育千千万万中国援越专家和战士，与越南人民一起抗击侵略者，用鲜血铸就了两国人民的传统友谊，胡志明形

---

① 古小松：《越南国情与中越关系》，世界知识出版社2008年版，第223—224页。
② 潘金娥：《越南政治经济与中越关系前沿》，社会科学文献出版社2011年版，第140页。

容越中关系是"同志加兄弟"的亲密关系。

2. 1977—1990 年中越冲突阶段

1978 年 11 月,越南与苏联签署了具有同盟性质的《越苏友好合作条约》,在此期间,越南与中国矛盾公开,在越南境内进行了大规模的反华行动,驱赶居住在越南的华人华侨,抓捕对华友好人士;1979 年,中越边境战争爆发,两国从此对峙。

3. 1991 年至今中越关系正常化阶段

1991 年,两国重新恢复正常关系。20 世纪 80 年代中后期,国际形势发生重大变化,苏联解体、东欧剧变,社会主义阵营倾覆。1986 年,越共六大后,当选越共总书记的阮文灵开始调整内外政策,并表示愿意在任何时间、任何地点与中国举行任何级别的谈判。[①] 1991 年 6 月,越南从柬埔寨撤军,11 月,应江泽民总书记和李鹏总理的邀请,越共中央总书记杜梅、部长会议主席武文杰率团访问中国,中越关系开始变暖,中越关系恢复正常。

在 1991 年中越关系恢复正常以来 20 多年里,两国关系得到全面发展。

第一,中越两国全面合作框架基本建立。1999 年,中越两国总书记确定了 21 世纪将按照"长期稳定,面向未来,睦邻友好,全面合作"的"十六字方针"发展两国关系。2000 年 12 月 25 日,中越两国签订了《中华人民共和国与越南社会主义共和国关于新世纪全面合作的联合声明》。2003 年 4 月,越共总书记农德孟访问中国,两国领导人一致同意进一步充实和丰富"十六字方针"的内涵,使两国人民永远做好邻居、好朋友、好同志、好伙伴。2008 年 5 月,越共总书记农德孟再次访问中国,两国领导人确定建立全面战略合作伙伴关系。

第二,历史遗留问题得到了很好的解决。中越两国三个难以解决的历史遗留问题,目前已经解决了两个,即北部湾边界划分和陆

---

① 越南共产党:《革新时期党的大会文件(第六、七、八、九次大会)》,越南国家政治出版社 2005 年版,第 104—114 页。

地边界划分问题。2000年12月25日，两国签署了《中华人民共和国和越南社会主义共和国关于两国在北部湾领海、专属经济区和大陆架的划界协定》及《中华人民共和国政府和越南社会主义共和国政府北部湾渔业合作协定》；2009年完成了两国陆地边界勘探立碑工作；2010年7月14日，《中越陆地边界勘界议定书》《中越陆地边界管理制度协定》和《中越边境口岸及其管理制度协定》正式生效。目前尚未完全解决的就是南海问题，但也取得了实质性的成果，如两国已经建立了解决海上问题磋商机制，两国多部门之间也建立了多个合作机制，2011年8月，在北京举行了中越国防部第五次防务安全磋商，9月在河内举行了第五轮双边合作指导委员会会议；2011年10月，越共总书记访华，两国签署了多项重要协议，包括《关于指导解决中越海上问题基本原则协议》和《中越经贸合作五年发展规划》等；2015年4月7日，越南共产党总书记阮富仲应中共中央总书记习近平邀请访问中国。习近平表示，两国必须妥善处理南中国海的争端，创造一个和平稳定的区域环境，并呼吁两国"求同异、管控分歧，始终把握中越关系发展正确方向"，习近平与阮富仲一致表示要控制海上分歧，并在国防、安全和执法方面实现更紧密合作。此次两国元首会晤是自2014年5月西沙群岛事件以来的首次会晤，双方会晤的重要考虑是因为中国实施21世纪海上丝绸之路战略，而越南据有十分重要的地理区位。

(三) 中越地缘经济演变过程

中越地缘经济演变与地缘政治同步，也经历了三个阶段。中越两国于1950年1月18日建交，当时新中国成立不到一年时间，遭受巨大战争创伤的中国尚未从内战中恢复，国内正值百废待兴之时，为了支持越南的抗法战争，中国向越南无偿提供了累计达几千亿元人民币的资金和几百万吨的物资。1961年越南战争爆发后，中国不仅从政治上给予越南支持，而且将大量物资无偿赠送给越南，并派出大量科技人员帮助越南发展工业，支持越南作战，最终迫使美国签订停战协议。1977—1990年，中越地缘政治关系进入对峙阶段，1979年中国对越自卫反击战开始，中越边境长期处于战备状态，为防止两国军队相互偷袭以及边民来往，在中越边境线两侧无人防守地区布满雷区，这一阶段，两国经贸基本停止。1991年，随着越共总书记杜梅、部长会议主席武文杰应邀访华，中越关系恢复正常。中越两国关系恢复正常后，两国利用地缘条件发展经贸和经济合作，取得一系列成效。中越边境开放力度加大。1992年6月，国务院批准南宁、昆明、东兴、凭祥和河口五个中越边境地区的城市（镇）实行对外开放，享受沿海开放城市的优惠政策。这些优惠政策包括投资项目审批权、商品物资进出口关税减免、经营所得税减免、固定资产投资贷款、财政补贴等。1992年9月，国务院特区办又批准在东兴、凭祥、河口设立边境经济合作区。边境经济合作区的政策更加优惠。1991年3月27日，越南颁发了两个文件，即《越南部长会议主席关于开放越中边界口岸的第98号指示》和《越南关于越中边境地区的规定》，对中越边境地区的开放、双方边民的往来、边境地区的管理等问题都做了具体规定。1992年3月25日，越南方面又颁发了《部长会议主席关于在新形势下组织和管理越中边境地区市场的第94号指示》，主要内容包括进出口贸易、边境居民的商品交换、结算与货币、边贸市场等问题，以此来加强边境地区贸易的管理。1996年9月18日，越南总理武文杰签署了《关于在芒街口岸实施部分优惠政策的第675号决定》，计划把芒街建设成为类似中国特区那样的经济区。该决定提供的优惠政策有：当地的土地使用税降低50%、新办企业营业4年内可按最低税率交纳、放宽对外国人出入境限制、财政收入50%留当地使用，等等，实施这些政策的目的是促进外来投资，大力发展贸易和旅游。中越关系恢复初期，两国的贸易以边贸为主，现在已转为以官方贸易为主，1997年中越贸易额已达到14.4亿美元，1991年仅为3223万美元[①]，2010年达到300多亿美元，2013年达到655亿美元。2015年

[①] 古小松：《90年代中越边境经济合作》，《东南亚纵横》1999年第3期。

4月，越南与欧洲经济联盟达成初步意向，共建自由贸易区，同时与俄罗斯加强了经济贸易合作，目前已经在工业领域达成17个项目的合作协议。越南与美国、欧盟、菲律宾、俄罗斯的合作，试图以某种外交手段改变目前的地缘政治格局，使中国有所顾忌。

虽然中国与越南的地缘政治经济关系在21世纪保持着良性发展，但依然存在着诸多问题与挑战。

第一，南海争议。在南海问题上，中越双方都主张对南沙、西沙群岛及其附近海域拥有主权，双方都展示了对该地区拥有主权的很多历史和法理依据，同时，双方也同意依据1982年《联合国海洋公约》和《中国东盟南海行为宣言》精神，采取和平协商方式来解决争端。截至2011年上半年，双方已经就南海问题进行了七轮磋商，今后还将继续进行，但在实践中，两国在渔业和油气勘探方面不时发生冲突。尤其是2011年6月以来，由于两国海上油气勘探船发生纠纷而导致矛盾激化，越南连续发生了11次反华游行示威，导致两国关系出现了令人担忧的紧张状态。在2011年10月发表的《中越联合声明》中，两国再次加大谈判力度，寻求双方均能接受的基本和长久的解决办法，但现实中依然困难重重。

第二，经贸问题。中越关系正常化以来，双方贸易额增长迅速，2010年的贸易额是1991年的近100倍，但给双方带来巨大利益的同时，越南对华贸易逆差却越来越大，越南对中国进口总额已经超过其对华出口额的几倍，总体外贸逆差的大部分来自中国。此外，中国对越投资的数量也较少，显然，对于一个依赖出口与外资的经济体来说，是不愿意接受的。此外，越南人还担心，过多的中国制造商品进入越南将对其国民经济产生威胁，因此，对发展两国经贸的不利的言论不时见诸媒体，中国商人在对越经贸关系中也经常遇到一些困难和阻碍。

第三，历史问题。首先，越南教科书中把中国封建王朝对越南的管辖视为侵略，宣扬中国是来自北方的侵略。其次，1979年的边界冲突，至今在越南人的心目中难以消除影响，认为这是两国之间难以磨灭的伤痕。第四，出现的新挑战。除了南海问题、经济贸易问题和历史问题，一些鼓吹民族情绪的言论，越南内部各利益集团的争斗和国外反华势力的鼓动，致使部分不明情况的越南民众产生较为强烈的反华情绪。

第三节 西南边境地区地缘政治经济演变的特点及机制

一 西南边境地区地缘政治经济演变的特点

（一）地缘政治与地缘经济相辅相成

从中国与西南老挝、越南和缅甸三国的地缘政治经济关系的演变过程来看，地缘政治与地缘经济是相辅相成的，地缘政治支配地缘经济，地缘经济反作用于地缘政治。中国与越南、老挝和缅甸三国的地缘经济关系与地缘政治关系同步发展，地缘政治关系处于较好阶段时，地缘经济随之发展；反之，则处于低迷阶段。但是，我们又不得不看到地缘经济对地缘政治的反作用，按照地缘政治学的观点，密切的地缘经济关系可以起到政治关系的"稳定器"作用。地缘经济不仅能稳定地缘政治，而且在恢复地缘政治中起到"推进器"的作用。中国与西南毗邻三国拥有良好的地缘经济条件，如对接的口岸、约定俗成的边境贸易、区域产业互补等，这些都是经济发展的重要组成部分。中华人民共和国成立至今，与老挝、越南、缅甸的地缘政治关系都有一个共同点，那就是都包括一个冷淡时期或者对峙时期，而中国与各个邻国每一次关系的复苏和恢复都是从老挝、缅甸和越南三国主动示好开始的，在老挝、缅甸和越南主动表示恢复与中国的关系背后，一个极其重要的因素就是经济发展的需要。从这一点来看，最具有典型性的就是缅甸，1962年奈温政府执政，推行"缅甸化"的闭关锁国政策，以为将华人在缅经济收归国有独立发展就可以实现缅甸富裕与强盛，事实证明，中缅冷淡期间，缅甸经济进入困难时期，奈温政府才意识到与中国地缘经济的重要性，因此，主动修复与中国的关系。随着经济全球化和区域经济一体化进程的加快，和平与发展成为当今世界的主题，国家的经济利益逐渐取代政治军事对抗成为地缘关系的主体，地缘经济对地缘政治的反作用也越来越强，地缘经济从某种程度上也影响和支配着地缘政治，也就是说，谁能为该国或区域提供更好的发展机遇，带来更大的经济效益，那么谁就有可能影响全球地缘政治格局。从这一角度来说，美国就是一个很典型的例子，第二次世界大战后，世界形成了以美苏主导的地缘政治格局，也就是所谓的"冷战"时期。"冷战"时期有两个重要特征：一个是政治立场的划分，即以美国为首的资本主义阵营与以苏联为首的社会主义阵营的对立；另一个就是美苏两个超级大国的军备竞赛，只要是分属两大阵营的国家相互对立，这一时期的地缘政治对地缘经济有绝对支配力。"冷战"结束后，美国成为世界上唯一的超级大国，军事力量的对比已经无人能与之抗衡，但随着经济全球化和区域经济一体化进程的加快，美国动用武力干涉他国内政以实现其全球地缘战略目的的行为越来越受到国际社会的反对，因此，美国开始调整以军事、政治等因素为主导的地缘政治外交，转向以贸易、金融、技术、资源为主要手段的地缘经济外交，在全球扩展。到目前为止，美国的经济制裁对他国具有较大的威慑力，而世界各国与他国的政治外交中，国家的经济利益成为一个重要的影响因素，地缘经济对地缘经济的影响力也变得越来越大。

（二）中国在老挝、缅甸和越南地缘政治经济关系中具有强大的包容性

中国与越南、老挝和缅甸三国山水相连，政治经济交往历史悠久，在几千年的政治经济往来中，形成了特殊的地缘、人缘、文缘关系，可以说是剪不断，理还乱，也正是这种特殊的地缘、人缘、文缘关系让中国对越南、缅甸和老挝三国有着特殊的感情。在世界近代史上，西方国家为了抢夺资源，把手伸向世界各地，扩张它们

的殖民地，世界版图呈现出弱肉强食的景象。位于中南半岛的越南、缅甸和老挝成为法国、美国、日本、苏联等大国争夺的目标，国家领土遭到侵犯，主权遭到践踏，人民陷入战火中。为了国家主权和民族独立，越老缅三国人民纷纷起来反抗帝国列强的侵略，在争取国家主权和民族独立的斗争中，作为有着几千年渊源以及唇齿相依地缘关系的中国伸出了援助之手，不仅从经济上给予援助，而且在政治上大力支持，在国际社会上积极为邻国呼吁，如缅甸等。在各国人民的艰苦斗争及中国的帮助下，缅甸、老挝和越南三国取得了国家主权和民族独立，也就是这一阶段，中国与越南、老挝和缅甸三国结成了兄弟加同志的深厚友谊。从 21 世纪 60 年代开始，受国内外因素的影响，越老缅三国一反常态，突然改变对中国的策略，以反对者的身份站在中国的对立面。20 世纪 60 年代初到 70 年代初是缅甸对华冷淡期，奈温政治执政初在国内实行排华政策，致使两国建立起来的"胞波"情谊受到挑战，两国关系进入短期冰冻。直到 60 年代末，奈温政府意识到与中国地缘关系的重要性，两国关系才恢复正常。与缅甸关系恢复正常后，20 世纪 70 年代中后期，受国际某些大国挑唆，越南置与中国几千年建立起来的"兄弟加同志"的关系于不顾，在中国西南边境屡屡挑衅，危及中国领土主权和人民生命财产安全，中国被迫进行自卫反击，但中国正义的对越自卫反击战争却遭到了作为越南盟友的老挝的反对，老挝坚决站到了越南一边，虽然与中国未发生军事冲突，但两国关系进入敏感阶段。中国与越老两国的对峙和敏感时期直到 20 世纪 80 年代末 90 年代初"冷战"结束后开始缓和，在越老两国积极主动表示下，中国于 20 世纪 90 年代初恢复了与越老两国的关系，但与越南因战争造成的伤疤在短时期内难以愈合。

从中华人民共和国成立以来与越南、老挝和缅甸三国的地缘政治、地缘经济演变过程中，中国体现了大国风范，对邻国具有十分强大的包容心。在缅甸排华、越南犯境、老挝反华等一系列事件出现后，中国与三国关系僵化，但中国并没有以此为借口对邻国进行打击报复，举行大规模的军事行动，乘机侵犯，达到大国扩张的目的，即使在被逼无奈的情况下与越南发生战争，但最终也是点到为止。而当面对邻国主动要求恢复政治经济关系时，中国以宽容的姿态积极做出反应，重新接纳这些曾经患难与共的邻国。中国对邻国的态度充分体现了中国"和为贵"的传统美德，同时也体现了新中国成立初期"互相尊重主权和领土完整、互不侵犯、互不干涉内政、平等互利、和平共处"的中国处理国际关系的五项基本原则，以及新时期"与邻为善、以邻为伴、睦邻、安邻、富邻"的周边外交策略的基本方针。

（三）老、缅、越与中国地缘政治经济关系具有反复性

从地缘政治经济的演变历程看，中国与西南邻国之间的地缘政治经济关系具有很强的反复性，这种反复性主要分为两个阶段：一是新中国成立到20世纪90年代初；二是20世纪90年代初至今。第一，新中国成立到20世纪90年代初地缘政治关系的反复性。中国与缅甸、越南、老挝三国在这一阶段的地缘政治经济关系经历了从兄弟加同志的盟友关系，到形同陌路甚至大打出手的对立关系，再到握手言和的合作伙伴关系。这一阶段中国与缅甸、越南、老挝三国经历了一个简单的反复周期，即合—分—合，同时，这一阶段的反复性是全局性的，即两国地缘政治关系处于完全合或是完全分的状态。第二，20世纪90年代至今地缘政治经济的反复性。中国与缅甸、越南和老挝三国的地缘政治经济关系有一个共同点，那就是基本上从20世纪90年代开始关系恢复正常。这一阶段，除老挝与中国的地缘政治经济关系保持正常以外，由于受国内外诸多因素的影响，缅甸、越南与中国的地缘政治经济关系有些许波动，出现时好时坏的现象。缅甸方面，由于国内政局动荡，国内亲美的民主联盟时常抵制执政的军方政府与中国的政治往来，由此影响两国之间的地缘经济，2011年中缅双方合作的密松电站被叫停，说是违背民意。而缅甸军方又担心中国与接壤的缅甸地方武装有往来，对中国怀有戒心，当域外大国向缅伸出手时，它又不得不伸出手去相

握，导致两国地缘关系有点暧昧不清。缅甸民主联盟主席昂山素季从原来向美国一边倒、抵制中国的态度转向寻求中国支持，2015年受邀访问中国，使昂山素季领导的民主联盟与中国的关系进一步发展，同时，昂山素季的访华必然会引起缅甸执政军方的顾虑，从而影响到中国与缅甸军方之间的关系。越南方面，中越边境战争以后，双方民族感情受到严重的伤害，越南普通民众对中国误解很深，但由于国家经济发展的需要，越方不得不与中国保持地缘经济往来，但双方的政治经济关系十分脆弱和敏感，一点小事就会引发双方政治交涉和经济纠纷。南海问题一直是中越双方十分关注且敏感的问题，2014年南海钻井平台事件引发了越南的暴力反华事件。20世纪90年代以来，虽然中国与缅甸和越南的地缘政治经济关系具有反复性，但这种反复性与第一阶段不同，属于局部性的，双方的立场都是在保持两国关系正常化的前提下去解决纠纷。

二 西南边境地区地缘政治经济演变的机制探讨

中国与西南接壤的缅甸、越南和老挝三国的地缘政治经济关系分分合合，尤其是与缅甸和越南两国的关系更是错综复杂，分析中国与缅甸、越南和老挝三国地缘政治经济关系演变的机制，对制定中国西南对外地缘政治经济战略，合理调整人口的空间布局，以及有序推进中国西南边境地区经济社会发展具有十分重要的现实意义。从新中国成立以来与缅甸、老挝和越南三国的地缘政治经济关系的演变历程来看，地缘环境、大国干预、边境与边界问题、对中国的顾虑等是影响中国与缅甸、老挝和越南三国地缘关系的重要因素。

（一）良好的地缘环境是地缘政治经济关系向良性发展的坚实基础

中国西南边境地区与缅甸、老挝和越南三国山水相连，可以说是同饮一江水，共耕一片地，地理位置上是唇齿相依的关系。从中国与缅甸、老挝和越南三国版图的历史演变看，与中国西南相邻的许多区域曾经是中国的版图，自秦汉始就有着良好的政治、经济联系，至今已几千年。国与国毗邻区域的人们虽分属不同国家，但大部分同宗同源，风俗习惯、语言相同，血脉相连，目前，西南边境地区人们与邻国的人们仍然保持着友好交往。因此，良好的地缘、人缘、亲缘、文缘关系是中国与缅甸、老挝和越南三国地缘政治经济关系的基础。

（二）中国的外交原则和周边关系准则是地缘政治经济关系向良性发展的保证

中国自19世纪到中华人民共和国成立的一百多年里，深受帝国列强的侵害，深知霸权主义、强权政治对国际社会造成的危害。从中华人民共和国成立开始，中国就一直致力于和平外交，尤其重视发展与周边邻国的睦邻友好关系。1954年6月，周恩来总理访问印度和缅甸时确立了处理两国关系和平共处五项基本原则；2002年，中共十六大首次提出了"与邻为善，以邻为伴"的新口号，并完整制定了"大国是关键、周边是首要、发展中国家是基础、多边是重要舞台"的总体外交布局，形成了"睦邻、安邻、富邻"周边外交理念，2003年9月，温家宝总理参加东亚国家领导人会议，提出"睦邻、安邻、富邻"的周边外交政策①；2013年9月、10月，习近平主席访问中亚和东南亚各国时提出"一带一路"的共同发展战略，同年，他在周边外交工作座谈会上指出中国周边外交的基本方针是坚持与邻为善、以邻为伴，坚持睦邻、安邻、富邻，突出亲、诚、惠、容的理念。以"亲诚惠容"为理念的周边外交策略成为新形势下中国周边外交的标志性方针政策。

（三）对中国的猜忌与顾虑重重是影响地缘政治经济关系的情感因素

几千年来，泱泱中华如巨人般屹立在世界的东方，常被誉为中华帝国，在几千年的历史进程中，封建王朝强盛时期的势力对外扩张现象也时常出现，缅甸、老挝和越南三国在历史上曾经是向中国朝贡的属国，以北与中国西南毗邻的地区都曾经是中国版图的一部

---

① 胡琦：《六十年来中国周边外交政策及时代特征》，《沧桑》2010年第4期。

分。因此，历史留下的印记让缅甸、老挝和越南等周边较小国家对中国存在一种天生的畏惧感。中华人民共和国成立后至今，中国与周边国家经济合作步伐不断加快，经济合作的广度与深度进一步深化，但是，从目前的情况看，特别是缅甸和越南，对中国仍然心存疑虑，中国的不断强大使它们担心中国势力南下，威胁其国家主权与领土完整。正是存在这种猜忌与顾虑，它们希望在国际舞台上寻找一股力量来牵制中国，这就给美国、日本等企图遏制中国的力量创造了良好的平台。

（四）域外大国介入是影响地缘政治经济关系的强大推力

缅甸、老挝和越南三国对中国有着特殊的地缘战略意义。随着中国在世界政治格局中的地位日益提升，美国、日本等域外势力随即把目光投向与中国西南毗邻诸国，尤其是缅甸和越南，采取各种方式和手段增强与各国的关系，淡化各国与中国的关系，以达到对中国崛起实施地缘战略围堵的目的。美国与欧盟自 20 世纪 90 年代末开始对缅甸军方执政一直持批评态度，并采取各种手段对缅甸进行强有力的经济制裁。美国方面，奥巴马上台后，再度意识到缅甸、越南的地缘战略重要性，相继提出"重返亚太"和《跨太平洋战略经济伙伴关系协定》（TPP），国务卿希拉里、总统奥巴马相继访问缅甸。除此之外，美国还支持越南、菲律宾扩大南海争端，并利用这一事件进一步增强美国在越南和菲律宾的军事存在，进一步推动南海争端升级。日本和欧盟不仅解除了对缅甸的经济制裁，而且提供了大量的援助与贷款，日本目前是越南的最大投资国。印度推行"东向"战略，印缅关系持续升温。域外大国对缅甸和越南两国的政治、经济拉拢和军事干预，直接影响了中国与缅甸和越南的地缘政治经济关系。

（五）边境与边界问题是影响地缘政治经济关系的长期因素

边境问题主要指的是缅北"民地武"问题。缅甸与中国接壤的缅北地区主要有五股主要"民地武"组织，除克钦独立军外，果敢同盟军、佤邦联合军、掸东同盟军等其余四股均为原缅共人民军分裂演变而来的。近年来，缅甸民地武势力与政府军冲突不断，2015年最为激烈，从目前的情况来看，缅甸政府想短期内一劳永逸地平定民地武装的目的难以实现。缅北民地武装组织利用与中国的地缘关系与历史、民族渊源，积极奉行与中国的友好政策，通过过境外交、散布影响中缅关系的言论、打中国牌等手段，以此利用中国的大国影响，扩大中国在缅北的影响，增加与缅政府的对抗筹码。另外，增加了缅甸政府对中国的疑虑。（注：中国一直以来坚持与缅甸政府的外交，而与缅甸三足鼎立的其他两股势力，也就是民主派、民地武势力接触极少，特别是对缅北民地武组织奉行政治上不承认、军事上不支持、组织间不交流、经济上不援助的"四不"政策。）

对于边界问题，中国与缅甸、老挝和越南三国的陆地边界都已经得到妥善解决，唯一存在的边界问题就是南海争端。南海作为沟通太平洋和印度洋，连接中国与东南亚、南亚、西亚、中东、非洲和欧洲之间的最主要的海上通道，战略意义十分重要。南海诸岛自古代以来就是中国的领土，对于越南、菲律宾对南海诸岛的争夺，中国保持了极大的容忍与克制。为了实现共同发展，1991年在印度尼西亚举行"处理南海潜在冲突"讨论会，提出"搁置争议、共同开发"，2002年中国与东盟各国签署了《南海各方行为宣言》。随着美国、日本等国介入，2009年以来，越南与菲律宾加大了对南海岛屿的抢占，并试图将其合法化，导致南海争端不断升级，直接影响与中国的地缘政治经济关系。

第四节 西南边境地区地缘政治经济发展趋势分析

中国西南边境地区地缘政治经济关系实际上就是中国与中南半岛各国的地缘政治经济关系。从当前中国与中南半岛各国的关系看，中国西南地缘政治经济关系的未来发展趋势可以分为中越关系、中缅关系以及中国与老挝、泰国和柬埔寨的关系。

第一，中国与老挝、泰国和柬埔寨的关系。老挝与中国接壤，自20世纪90年代以来至今，一直保持紧密的地缘政治经济关系，泰国和柬埔寨两国是中国长期的合作伙伴，随着中国与东盟国家区域经济合作的不断深化，中国与老挝、泰国和柬埔寨之间将保持长期稳定的地缘政治经济关系。

第二，中缅关系。缅甸与中国之间的关系是具有深厚的情谊基础的，尽管20世纪六七十年代有些误会，但并没有造成十分严重的后果，所以两国之间一直保持良好关系。中缅关系的主要障碍来自两个方面的影响：一是缅甸内部存在多股势力，犬牙交错，给中缅双方政治经济交往带来影响；二是美国、日本等国家利用其寻求"大国平衡"的心理，以政治、经济等手段进行拉拢，疏远缅甸同中国的关系。从近年中缅的关系看，域外大国的政治经济拉拢策略确实起到了很好的作用。2015年昂山素季访华，中国与缅甸民主联盟的关系得到了改善，2015年11月，民盟大选获胜，标志缅甸民主化进程步伐加快，同时表明，缅甸人民向往民主、和平与发展的愿望是不可抗拒的。随着缅甸国内局势逐步稳定，追求经济社会发展将是未来缅甸政府面临的首要任务，中国与缅甸经济合作具有十分坚实的基础，域外大国的干预与拉拢不会影响中缅关系发展的总体方向，因此，中缅政治经济关系未来很长一段时期内将保持良好的发展态势。

第三，中越关系。越南是中国西南边境地区地缘政治经济关系中最不稳定的因素，从中越关系的发展历程看，越南对中国有点像小孩子的脾气，说变就变。20世纪70年代以前，中越关系十分密切，越南在中国的帮助下实现了国家统一，取得了民族独立，赢得了抗击美国侵略战争的胜利。20世纪70年代末，越南在苏联的支持下，不顾几十年的友谊，单方面对中越边境的陆地、海洋提出主权要求，公然向中国挑衅，爆发边境冲突。中越边境冲突持续了十年，直到90年代初，也就是苏联解体后，应越方要求，双方关系恢复正常，但十年战争深深伤害了两国人民的感情。进入21世纪以后，特别是近年来，越南在美国的支持下挑起南海争端，中越关系再度面临严峻的挑战。从越南对中国关系的演变历程可以看出，越南国家虽小，但野心极大，而且只要有强大势力作为后盾就敢与中国进行对抗，侵占柬埔寨、中越边境冲突、南海争端就是有力的证明。越南是中国西南陆海通往印度洋的交通要塞，对中国而言具有十分重要的地缘战略意义，美国、日本等国绝对不可能放弃对越南的拉拢，越南与域外大国必然保持较为密切的政治经济关系，但是，在中国—东盟自由贸易区等区域合作不断深化的大背景下，越南又不可能放弃中国给其带来的巨大经济利益。因此，未来中越关系的发展趋势应该是大合作下的小冲突，也就是说，中越会在区域经济一体化的大背景下开展合作是主体方向，但是会在美国、日本的支持下继续纠缠南海问题。

综上所述，中国西南边境地区地缘政治经济环境存在许多的不确定性因素，但是，在世界和平与发展为主题趋势下，以及经济全球化和区域经济一体化大背景下，地缘经济逐渐取代地缘政治在地缘环境中居主导地位，合作、互利共赢成为各国地缘政治经济关系的首要出发点。阳茂庆、杨林等（2015）分析了1995—2013年中国与中南半岛国家的贸易格局演变过程，HM指数（贸易相互依赖度）表明，中南半岛国家贸易对中国市场依赖程度明显高于中国对其依赖程度。[①] 因此，在以地缘经济为主导的地缘关系下，中国西南边境地区地缘环境总体趋于良好。

[①] 阳茂庆、杨林等：《"一带一路"背景下中国与中南半岛贸易格局演变及面临的挑战》，《热带地理》2015年第5期。

第四章 中国西南边境地区人口空间分布格局演变

第一节 西南边境地区人口概况

2013年，西南边境地区33个县（市）总人口为941.99万，其中云南25个边境县（市）人口为679.48万，占总人口的72.1%，广西壮族自治区8个边境县（市）人口为262.51万，占总人口的27.9%。从西南边境地区人口的总体状况看，主要呈现出以下几个特征。

一 西南边境地区人口城市化率普遍偏低

2013年，广西壮族自治区的城市化率为44.81%，云南省为40.48%。由于统计口径的原因，本书对人口城市化的统计指标以非农人口在总人口中的比例大小进行衡量。西南边境地区33个县（市）非农人口在总人口中的比例为15.3%，非农人口比例超过30%的只有瑞丽市、景洪市、勐腊县、河口县、凭祥市和东兴市，最高的河口县为38.3%，还未达到云南、广西城市化率水平，非农人口比例在10%以下的有12个县（市），占整个西南边境的1/3以上，尽管非农人口与城镇人口有一定出入，但基本上可以反映出区域的城市化水平，因此，西南边境地区城市化整体水平偏低。

二 总人口性别比偏高

从整个西南边境地区的男女人口数看，男性人口比女性人口多43.12万人，总人口性别比为111，高出性别比为111的县（市）

达10个，最高的防城区达119，高的人口性别比会导致艾滋病、拐卖妇女、卖淫嫖娼等一系列的社会问题，直接影响边境地区的社会稳定和民族团结。

三 边境地区特殊人口现象突出

从目前学术界对西南边境地区人口的研究现状看，跨境婚姻、"三非人员"、跨境民族、难民问题等是西南边境地区较为突出的人口现象，这些特殊的人口现象主要集中于中缅、中越边境，成为学术界研究的热点问题，但迄今为止，并没有切实有效的解决办法。随着区域合作进程的加快，以及对上述特殊人口群体管控的随意性[①]，这些人口现象成为我国西南边境地区非传统安全的重要组成部分，也是边境地区社会治理最棘手的问题，在一定程度上影响了边境地区的社会稳定，甚至影响了边境安全。近年来，缅甸政局动荡，中国在20世纪特殊时期从边境地区流入缅甸的中国居民开始陆续返回祖国，成为边境地区又一新的人口现象，我们称之为"回流人口"，也称"归侨侨眷"。由于时代久远，一部分从缅甸回到中国的"回流人口"找不到任何证据来证明他们是原中国公民，他们不得不散居在边境地区的角落，生产无基础，生活无保障，给边境地区社会管理带来许多新的问题。

四 跨境民族众多

结合相关学者的研究，本书认为，西南边境地区跨境少数民族共有17个，即壮族、傣族、布依族、苗族、瑶族、彝族、哈尼族、景颇族、傈僳族、拉祜族、阿昌族、怒族、独龙族、佤族、德昂族、布朗族、京族。西南边境地区17个跨境少数民族及其在邻国的分布呈现出以下几个特征：一是西南边境地区跨境少数民族分布整体呈现交错分布、大杂居、小聚居的格局，所有的跨境民族虽然属于不同的国家，但分布地域基本上连成一片。二是跨境少数民族分

---

① 跨境婚姻、"三非人员"、难民这些特殊的人口群体及其后代，其中相当一部分国籍难以确认，他们往返生活在边境一线，成为无国籍的流民，相邻两国政府无法根据本国相关政策进行管理，导致人口管理失控，规模不断扩大。

布的地域广，涉及的国家多，同一个民族可以分布在与三四个国家接壤的区域，如拉祜族、哈尼族、苗族、瑶族等。三是跨境少数民族虽然地处不同的国家，有的也有不同的民族名称，但是，都同根同源，有相同或相似的风俗习惯、宗教信仰，语言相通，民族认同感较强。

第二节 西南边境人口空间分布格局演变过程

一 人口空间格局的静态描述与动态比较

根据全国第四、第五、第六次人口普查数据，本书选择人口规模、人口密度、男女性别比以及边境地区人口的地域别比率等人口指标对西南边境地区的人口进行静态描述和动态比较。

人口的地域别比率是部分地域的人口数对全部地域总人口数的比例，它是对总人口的部分地域的人口地域构造系数。人口的地域别比率反映了各个地域人口在全部地域人口中所占比重，人口地域别比率计算公式[①]：

$$p_i = \frac{P_i}{\sum P_i} \times 100\% \tag{4.1}$$

式中，p_i 为某县（市、区）人口的地域别比率；P_i 为各县（市、区）人口数；$\sum P_i$ 为西南边境地区总人口数。计算西南边境地区各区域的人口地域别比率，可以分析该区域在某一时期在整个区域的人口分布状况，也可以通过计算不同时期的人口地域别比率分析随着时间推移人口分布发生的变化情况。

（一）西南边境地区人口空间格局的静态描述

西南边境地区目前共 33 个县（市），本书分析的时间点分别为 1990 年、2000 年和 2010 年，即全国第四、第五和第六次人口普查

[①] 李仲生：《人口经济学》，清华大学出版社 2006 年版，第 170 页。

时间。由于时间跨度有20年，西南边境地区某些县（市）经历了一些行政区划上的变动，为了方便数据整理和分析，对20年来有行政区划变动的县（市）进行了处理。

1. 云南省芒市

芒市是云南省德宏傣族景颇族自治州州府所在地。1990年芒市称潞西县，1996年撤县设市，称潞西市，2010年经国务院批准成立芒市。从统一分析的角度出发，本书三个时间点均用芒市地名。

2. 云南省瑞丽市

瑞丽是中国西南最大的内陆口岸，是重要的珠宝集散中心，是首批中国优秀旅游城市之一。瑞丽还是中国17个国际陆港城市之一，也是中缅油气管道进入中国的第一站。1999年1月2日，国务院批准撤销畹町市，将其管辖的区域划归瑞丽市管辖。因此，为了统一分析，在1990年瑞丽市的数据整理中，增加畹町市的相关数据。

3. 广西壮族自治区防城区与东兴市

1990年，当时的广西壮族自治区行政区划上没有东兴市，只有防城各族自治县，1996年4月29日，经国务院批准，民政部同意，设立东兴市。为了研究需要，本书1990年的防城各族自治县数据视为含防城区和东兴市两个区域的数据，2000年、2010年单列防城区与东兴市。

1990年第四次人口普查中的人口空间格局（见表4-1）。从20世纪70年代末到80年代，中国西南边境地区由于受中国对越自卫还击战的影响，中越、中老关系较为紧张，政治经济交往基本停止，西南边境地区作为当时战争的前沿，地区的经济社会发展，以及人口的发展与布局都是处于一种非自然状态，80年代中后期，中越关系开始缓解，90年代初恢复正常关系。1990年，西南边境地区人口规模为761.9万人，占云南和广西两省区人口的比重为9.62%，人口分布极不均衡，贡山县总人口仅为3.34万，而腾冲县、靖西县分别为52.96万、54.51万，10万以下的县（市）有7

个，整个人口分布状态呈高低交错的空间格局；1990年，西南边境地区人口性别比为108，略高于正常值，我们视为性别比基本正常，只有防城各族自治县人口性别比严重失调，达116；1990年，西南边境地区人口密集区（大于100人/平方公里）有7个县（市），其中5个在广西，人口稀少区（1—25人/平方公里）有2个，其余23个县（市）为人口中等区（26—100人/平方公里）。

表4-1　　　　1990年（第四次人口普查）人口分布

	县（市）	人口规模（万）	地域别比率（%）	性别比	人口密度（人/平方公里）
云南省	贡山县	3.34	0.44	106	7
	福贡县	8.45	1.11	102	30
	泸水县	14.64	1.92	107	50
	腾冲县	52.96	6.95	104	91
	龙陵县	24.51	3.22	105	85
	陇川县	14.90	1.96	101	77
	盈江县	23.54	3.09	100	53
	瑞丽市	9.83	1.29	108	96
	芒市	29.60	3.89	102	99
	镇康县	14.32	1.88	105	54
	耿马县	22.31	2.93	106	58
	沧源县	14.90	1.96	106	58
	西盟县	7.99	1.05	104	58
	澜沧县	45.08	5.92	106	51
	孟连县	10.27	1.35	106	53
	江城县	8.94	1.17	106	26
	勐海县	27.90	3.66	103	51
	景洪市	33.85	4.44	106	48
	勐腊县	17.89	2.35	108	25
	绿春县	18.06	2.37	104	57
	金平县	29.81	3.91	103	81

续表

县（市）		人口规模（万）	地域别比率（%）	性别比	人口密度（人/平方公里）
广西壮族自治区	河口县	7.36	0.97	107	56
	马关县	33.70	4.42	106	122
	麻栗坡县	25.30	3.32	107	106
	富宁县	36.05	4.73	105	66
	那坡县	19.10	2.51	106	86
	靖西县	54.51	7.16	108	164
	龙州县	25.38	3.33	103	110
	宁明县	36.18	4.75	105	98
	大新县	34.01	4.46	102	124
	凭祥市	8.88	1.17	104	137
	防城县	48.34	6.35	116	163
西南边境地区		761.90	100	108	69

资料来源：《云南省1990年人口普查资料》和《广西壮族自治区1990年人口普查资料》。

表4-2　　　　2000年（第五次人口普查）人口分布

县（市）		人口规模（万）	地域别比率（%）	性别比	人口密度（人/平方公里）
云南省	贡山县	3.48	0.42	119	8
	福贡县	8.81	1.05	109	31
	泸水县	17.20	2.05	133	59
	腾冲县	59.39	7.09	108	102
	龙陵县	26.01	3.10	112	90
	陇川县	17.00	2.03	105	88
	盈江县	26.90	3.21	104	61
	瑞丽市	15.52	1.85	107	152
	芒市	33.74	4.03	104	113
	镇康县	18.23	2.18	121	69
	耿马县	31.32	3.74	124	82

续表

	县（市）	人口规模（万）	地域别比率（%）	性别比	人口密度（人/平方公里）
云南省	沧源县	20.26	2.24	130	80
	西盟县	8.66	1.03	114	62
	澜沧县	46.40	5.54	113	53
	孟连县	20.86	2.49	169	107
	江城县	10.02	1.20	113	29
	勐海县	31.41	3.75	107	57
	景洪市	44.37	5.30	107	62
	勐腊县	23.57	2.81	110	33
	绿春县	20.13	2.40	110	64
	金平县	31.62	3.77	112	86
广西壮族自治区	河口县	9.55	1.14	113	73
	马关县	35.00	4.18	113	127
	麻栗坡县	26.80	3.20	115	112
	富宁县	38.29	4.57	110	70
	那坡县	17.36	2.07	106	78
	靖西县	48.37	5.77	107	145
	龙州县	26.01	3.10	107	112
	宁明县	35.20	4.20	113	95
	大新县	32.16	3.84	106	117
	凭祥市	10.91	1.30	115	168
	防城区	32.26	3.85	124	133
	东兴市	11.04	1.31	119	201
西南边境地区		837.85	100	111	76

资料来源：《云南省2000年人口普查资料》《广西壮族自治区2000年人口普查资料》。

表4-3　　　　　2010年（第六次人口普查）人口分布

	县（市）	人口规模（万）	地域别比率（%）	性别比	人口密度（人/平方公里）
云南省	贡山县	3.79	0.43	112	8
	福贡县	9.86	1.12	105	35
	泸水县	18.48	2.10	115	63
	腾冲县	64.48	7.34	108	110
	龙陵县	27.73	3.16	112	96
	陇川县	18.16	2.07	103	94
	盈江县	30.52	3.47	108	69
	瑞丽市	18.06	2.06	107	177
	芒市	38.99	4.44	105	131
	镇康县	17.64	2.01	116	67
	耿马县	29.63	3.37	106	77
	沧源县	17.91	2.04	109	71
	西盟县	9.13	1.04	107	66
	澜沧县	49.19	5.60	111	56
	孟连县	13.55	1.54	105	69
	江城县	12.16	1.38	110	35
	勐海县	33.19	3.78	106	60
	景洪市	51.99	5.92	107	73
	勐腊县	28.17	3.21	108	40
	绿春县	22.22	2.53	110	70
	金平县	35.62	4.05	111	97
广西壮族自治区	河口县	10.46	1.19	112	80
	马关县	36.75	4.18	109	133
	麻栗坡县	27.80	3.16	109	116
	富宁县	40.75	4.64	105	75
	那坡县	15.37	1.75	106	69
	靖西县	49.85	5.67	108	150
	龙州县	22.18	2.52	102	96
	宁明县	33.71	3.84	111	91

续表

县（市）		人口规模（万）	地域别比率（%）	性别比	人口密度（人/平方公里）
广西壮族自治区	大新县	29.66	3.37	104	108
	凭祥市	11.21	1.28	115	173
	防城区	36.29	4.13	118	150
	东兴市	14.47	1.65	118	264
西南边境地区		878.97	100	108	80

资料来源：《云南省 2010 年人口普查资料》和《广西壮族自治区 2010 年人口普查资料》。

2000 年，西南边境地区人口空间格局（见表 4-2）。2000 年，西南边境地区人口规模为 837.85 万人，占西南边境省、区人口总量的 9.6%，人口分布不均衡，10 万人以下的县（市）有 4 个，30 万人以上的县（市）有 13 个，人口最少的是贡山县，只有 3.48 万人，人口最多的为腾冲县，为 59.39 万人，是西南边境地区人口最多的地区。2000 年人口性别比明显上升，整个西南地区的人口性别比达到了 111，性别严重失调，人口性别比超过 120 的县（市）有 6 个，最严重的是泸水县、沧源县和孟连县，都在 130 以上，其中孟连县的人口性别比高达 169，人口性别比在 107 以下的只有 5 个县（市）。2000 年，西南边境地区人口密集区有 12 个县（市），人口稀少区有 1 个，其余 20 个县（市）为人口中等区，人口密度超过 120 人/平方公里的县（市）有瑞丽、马关、靖西、凭祥、防城区、东兴市，其中东兴市人口密度高达 201 人/平方公里，贡山县人口密度最小，仅为 8 人/平方公里。

2010 年西南边境地区人口空间格局（见表 4-3）。2010 年，西南边境地区人口规模为 878.97 万，占西南边境省、区人口总量的 9.56%，人口布局两极分化突出，但总体趋向均衡，10 万人口以下的县（市）有 3 个，10 万—40 万人口的县（市）有 26 个，40 万人以上的县（市）有 4 个。人口性别比为 108，人口性别比 107 及以下的县（市）有13个，108及以上的县（市）有20个，人口性别比偏高，人口性别比最高的区域为中越边境。人口密度100人/平方公里的县（市）10个，人口稀少区1个，为贡山县，其余22个县（市）为人口中等区，人口密度最大的为东兴市，达264人/平方公里，人口密度大的区域主要集中于中越边境，中缅、中老边境地区大部分县（市）为人口中等区。

（二）西南边境地区人口空间格局的动态比较

运用1990年、2000年和2010年三次人口普查数据进行比较，在人口规模、人口密度、人口性别比和边境地区人口占边境省（区）总人口的比例方面呈现出以下变化。

第一，人口规模（见图4-1）。从三次人口普查的人口规模看，西南边境地区人口规模不断增长，1990年、2000年和2010年三次人口普查分别为761.9万人、837.85万人、878.97万人。2000年比1990年增加75.95万人，除了广西大新、宁明、靖西、那坡4个县，以及东兴、防城由于行政区划变动不好比较外，其余县（市）人口都处于正增长状态，增长速度最快的是云南省的景洪市、孟连县、耿马县和瑞丽市，分别比上一次人口普查增加10.52万人、10.59万人、9.01万人和5.69万人，增长率分别为31.08%、103.12%、40.39%和57.88%，年均增长率都在3个百分点以上，孟连县年均增长率达到10.3个百分点。2010年比2000年增加41.12万人，增速减缓，8个县人口出现负增长，主要是大新县、宁明县、龙州县、那坡县、孟连县、沧源县、耿马县和镇康县，其中孟连县2010年比2000年减少了7.3万人，负增长35.04%，其次是龙州和沧源，分别负增长14.73%、11.60%。除上述8个县外，其余25个县（市）人口增长都呈缓慢增长的态势，相对增长较高的县（市）是腾冲县、芒市、景洪市和防城区，其中景洪市2010年比2000年增加7.62万人，增长17.17%。

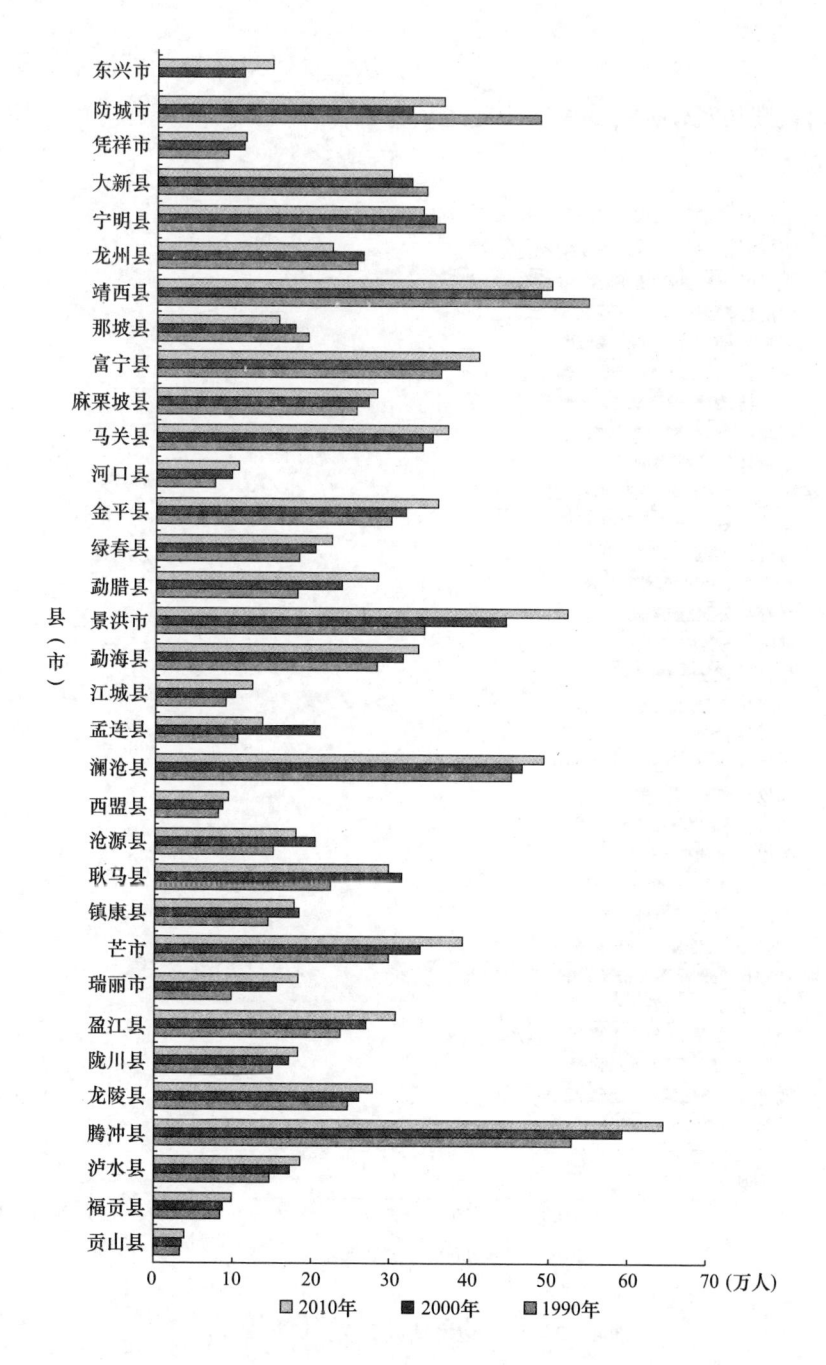

图 4-1 西南边境地区三次人口普查
人口规模对比（1990 年、2000 年、2010 年）

第二，人口密度（见图4-2）。从三次人口普查的情况看，人口密度相对较大的集中在中越边境地区，特别是广西与越南接壤县

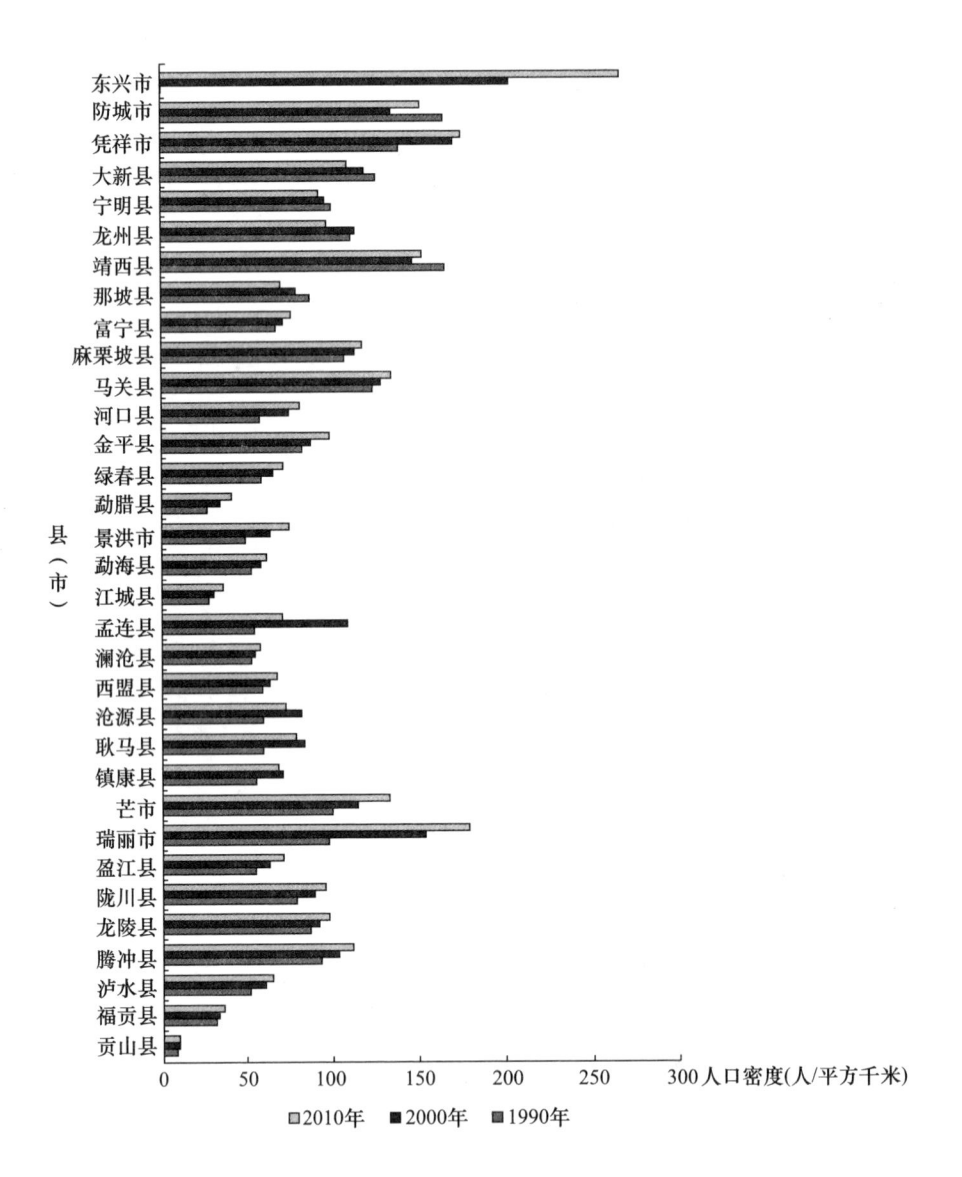

图4-2 西南边境地区三次人口普查人口密度对比（1990年、2000年、2010年）

(市），平均达到118.88人/平方千米，云南边境地区人口密度较高的是瑞丽、芒市，人口密度增长较高的是东兴、凭祥、瑞丽、芒市，东兴市第五次人口普查人口密度为201人/平方千米，第六次人口普查达到了264人/平方千米，凭祥市第四次人口普查为137人/平方千米，第五次人口普查达到168人/平方千米，瑞丽和芒市第四次人口普查还不到100人/平方千米，但第五、第六次人口普查时，分别达到了152人/平方千米、113人/平方千米和177人/平方千米、131人/平方千米。人口密度起伏最大的是孟连县，第四次人口普查为53人/平方千米，第五次人口普查迅猛增加到107人/平方千米，而到第六次人口普查，骤然下降到了69人/平方千米。除上述县（市）外，其他县（市）人口密度在1990年、2000年、2010年虽有起有伏，但变化幅度不大。

第三，人口性别比（见图4-3）。西南边境地区30年来人口性别比总体较为平稳，起伏不大，除第四次人口普查人口性别比为105外，第五、第六次人口普查人口性别比分别为110、107，均偏高，第五次人口普查人口性别比高于第四、第六次，人口性别比起伏较大的有孟连县、沧源县、耿马县、泸水县等，其中孟连县最为明显，第五次人口普查人口性别比为169，而第四、第六次分别为106、105。

第四，人口比重（见图4-4）。这里的人口比重指的是人口地域别比率。整体上看，西南边境地区人口规模20年来虽然在不断增长，但在西南边境省、区总人口中的比重都不大，1990年、2000年、2010年分别为9.62%、9.6%、9.56%，广西壮族自治区边境8县（市）分别为5.36%、4.75%、4.62%，云南边境25县（市）分别为14.48%、14.74%、14.49%，边境地区人口比重变化幅度不大。人口比重在所在省、区超过1%以上的县（市）只有4个，分别是腾冲县、澜沧县、景洪市、靖西县，靖西县人口比重下降较快，2000年比1990年下降了0.21个百分点，而景洪市人口比重则不断上升，1990年为0.92%，2000年、2010年则上升到1.05%、1.13%。

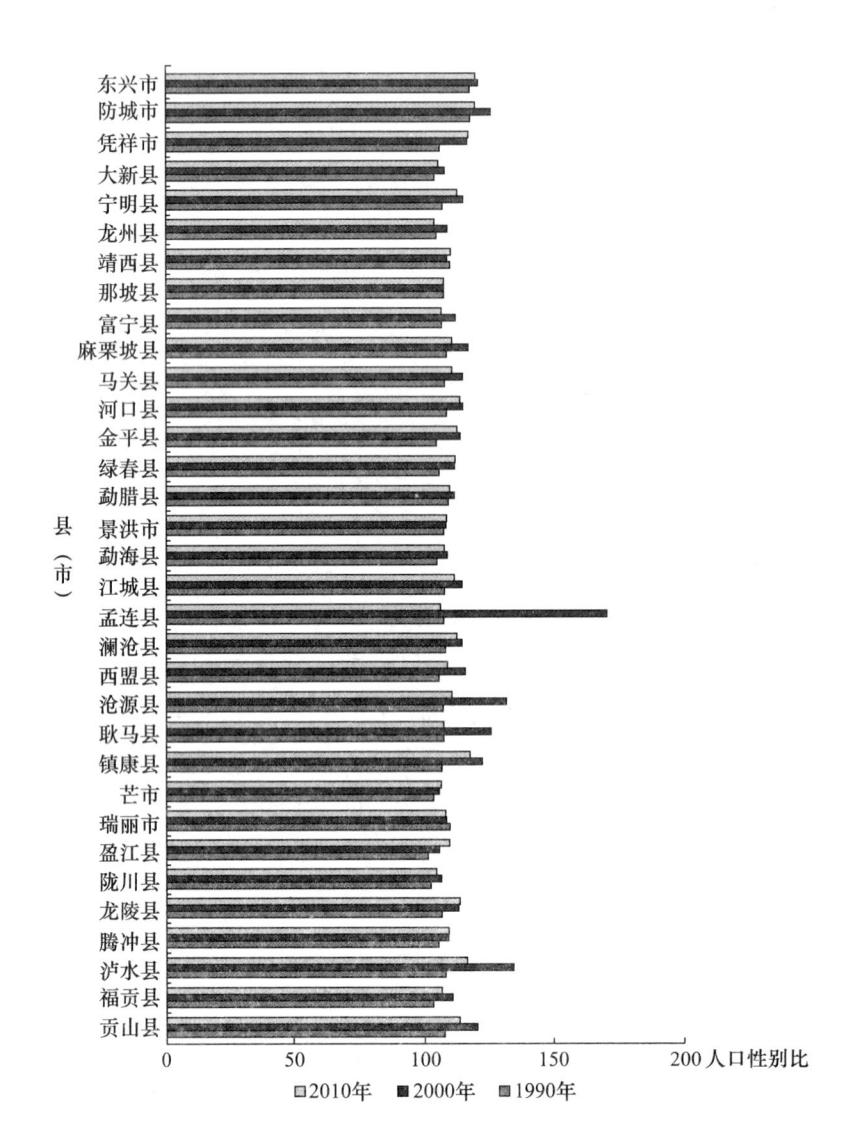

图 4-3 西南边境地区三次人口普查人口性别比对比（1990 年、2000 年、2010 年）

第四章 中国西南边境地区人口空间分布格局演变 | 119

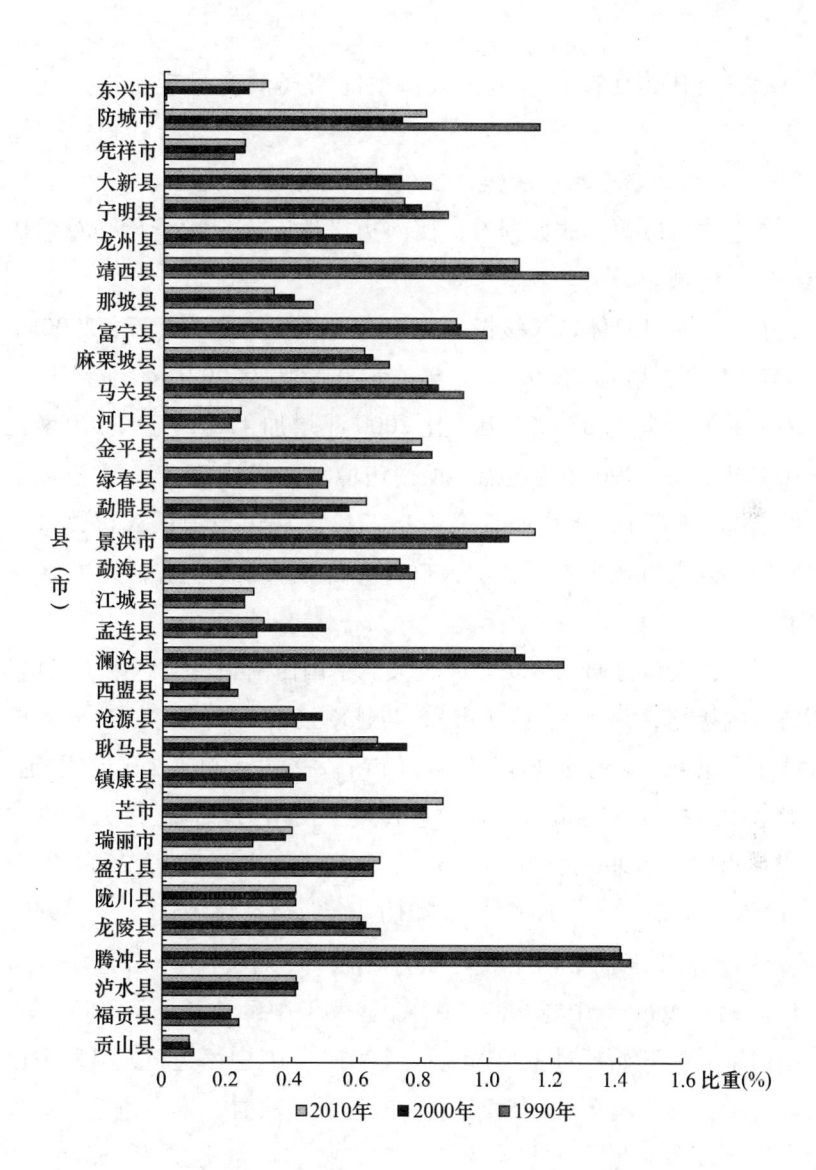

图 4-4 西南边境地区人口占边境省（区）
比重对比（1990 年、2000 年、2010 年）

二 人口空间格局的基本特征

通过对西南边境地区 1990 年、2000 年和 2010 年三次人口普查的人口规模、人口密度、人口性别比以及人口地域别比率的静态描述与动态对比,西南边境地区人口空间格局演变呈现出以下几个特征。

（一）人口数量增长缓慢,区域人口增长差异大

从三次人口普查的数据看,西南边境地区人口数量增长总体比较缓慢,区域差异大。

第一,人口总体增长缓慢。1990年总人口为761.9万,2000年为837.85万,增加75.95万,年均增长率为0.997%,不到1%;2010年人口数量为878.97万,比2000年增加41.12万,年均增长率0.49%;以1990年为基点,西南边境地区经过20年,人口数量增加了117.07万,年均增长率为0.77%。从边境地区人口数量占边境省、区人口比重看,三次人口普查都在9.6%左右,处于10%以下。

第二,人口分布的区域差异较大。中国西南边境与越南、老挝、缅甸三国接壤,共33个县（市）,与越南接壤14个县（市）,老挝接壤2个县[①],缅甸接壤17个县（市）。三次人口普查中,中越、中老、中缅接壤县（市）人口数量在整个西南边境地区总人口中的比重分别为:1990年为49.43%、3.52%、47.05%,2000年为44.72%、4.01%、51.27%,2010年为43.95%、4.59%、51.46%,除中老接壤两个县不太好比较外,中越和中缅边境人口变化较大,1990年中越边境人口数量大于中缅边境;到2000年,中缅边境人口开始超过中越边境;到2010年,中缅边境人口所占比重超过了中越边境7.51个百分点。从省级层面看,云南边境人口数量一直呈现不断增长的状态,三次人口普查人数分别为535.5万、624.54万、666.23万,而广西则处于不断下降的趋势,三次人口普查分别为226.4万、213.31万、212.74万。从县级层面看,人口数量持续增长较快的县（市）主要有腾冲、芒市、景洪等,1990—2010年,三个县（市）分别增加了11.52万、9.39万、

---

① 云南省江城县分别与老挝和越南接壤,本书把江城列为与老挝接壤的县。

18.14 万，年增长率为 1.09%、1.59%、2.68%，而部分县（市）增长十分缓慢，有些甚至出现负增长，如贡山县、那坡县、宁明县、大新县等，贡山县 1990 年人口为 3.34 万，到 2010 年为 3.79 万，增加了 0.45 万，年增长率为 0.67%，那坡县、宁明县、大新县人口持续下降，2010 年，分别比 1990 年下降了 3.73 万、2.47 万、4.35 万。

（二）人口密度整体无明显变化，但逐渐出现人口集聚现象

通过对三次人口普查人口密度的计算和对比分析，西南边境地区各县（市）人口密度虽然有升有降，但总体上无明显变化，主要体现在以下三个方面：

第一，人口密集区主要在中越边境。1990 年，人口密度超过 100 人/平方千米的县（市）共 7 个，全部集中于中越边境，中缅、中老边境人口密度均在 100 人/平方千米以下；2000 年，人口密度超过 100 人/平方千米的县（市）共 12 个，其中中越边境占了 8 个；2010 年，人口密度超过 100 人/平方千米的县（市）共 10 个，其中中越边境占 7 个。

第二，人口稀少区主要在自然环境恶劣地区。三次人口普查中，一直保持人口稀少区的是云南省贡山县，勐腊县 1990 年人口密度为 25 人/平方千米，但到 2000 年、2010 年，人口密度达到了 33 人/平方千米、40 人/平方千米。贡山县地处滇藏交界处，地形地貌以高山峡谷为主，生存环境恶劣，人口稀少，人口增长缓慢。

第三，人口中等区集中于中缅、中老边境。除贡山县外，1990 年，中缅、中老边境人口密度都在 100 人/平方千米以下，属于人口中等区；到 2000 年，腾冲县、瑞丽市、芒市、孟连县人口密度上升，进入人口密集区，但人口中等区的县（市）有 24 个；2010 年，中缅、中老边境达到人口密集区的只有腾冲县、瑞丽市和芒市，人口中等区的有 25 个。因此，通过以上分析，西南边境地区人口密度总体上变化不大。

从人口密度的变化看，我们可以看到，经过 20 年的发展，西南

边境地区人口逐渐开始出现人口集聚现象,并越来越明显,1990年,人口密度最高的是广西防城各族自治县、凭祥市、大新县、靖西县、龙州县,以及云南省的马关县、麻栗坡县;2000年,西南边境地区县(市)人口密度出现了新的变化,云南腾冲县、瑞丽市、芒市、孟连县人口密度上升,进入人口密集区;在2000年的基础上,2010年,除龙州县、孟连县、宁明县、大新县外,上述其他县(市)人口密度在不断增长,形成了人口密度增长较快的几个核心区,如瑞芒(瑞丽、芒市)人口核心区、河马麻(河口、马关、麻栗坡)人口核心区、凭防东(凭祥、防城、东兴)人口核心区。

(三)人口分布不均衡,口岸、经济发展较好区域人口集中明显

西南边境地区人口区域差异大,分布不均衡。从整个边境地区看,广西边境地区人口分布较为均衡,除那坡、东兴、凭祥,其他县(市)人口都在20万以上,而云南边境地区则呈现出高低起伏较大的现象,如滇东南中越边境、滇南西双版纳边境人口集中,滇西北人口较少,20万以上人口的县(市)与10万人口以下的县(市)交叉分布。另一个不均衡表现在人口密度与人口规模不均衡。从西南边境地区三次人口普查的人口规模图和人口密度分布图可以看出普遍存在以下现象,即人口规模与人口密度在区域上的表现存在不一致性。腾冲县1990年人口数量为52.96万,在32个县(市)中位居第二,但人口密度不到100人/平方千米,2000年、2010年人口持续增长,分别达到59.39万、64.48万,在33个县(市)中位居第一,但人口密度却排在第12位、第9位。景洪市1990年、2000年、2010年三次人口普查人口总数分别为33.85万、44.37万、51.99万,在边境县(市)中分别位于第八、第四、第二,人口数量持续增加,人口密度却不大,分别在48人/平方千米、62人/平方千米、73人/平方千米,在33个边境县(市)中排在第28位、第25位、第19位。瑞丽市、凭祥市、东兴市,人口规模不大,但人口密度却排在前列。瑞丽市三次人口普查人口总数为9.83

万、15.52万、18.06万，人口密度为96.4人/平方千米、152人/平方千米、177人/平方千米；凭祥市三次人口普查人口总数分别为8.88万、10.91万、11.21万，人口密度为137人/平方千米、168人/平方千米、173人/平方千米；东兴市2000年、2010年人口总数为11.04万、14.47万，人口密度为201人/平方千米、264人/平方千米。

西南边境地区人口分布的另一个重要特征就是人口逐渐向口岸和经济发展较快的区域聚集。以1990年人口普查数为基点进行时间序列分析，人口增长较快的有腾冲县、瑞丽市、芒市、景洪市、河口县、凭祥市、防城区、东兴市。我们不难发现，上述县（市）在西南边境地区中都是经济发展较好的区域，而且都拥有国家级的口岸。因此，根据人口迁移与流动的相关理论可以判定，西南边境地区人口逐渐向经济发展较好和拥有口岸的区域聚集趋势明显。

第三节 西南边境民族人口空间格局演变

一 西南边境地区民族人口基本概况

本书在第二章中对西南边境地区的民族进行了分析，并在国内研究现状的基础上，认为西南边境地区跨境少数民族有17个，并对跨境少数民族的分布、特征进行了论述。西南边境地区17个跨境少数民族中，云南省均有分布，广西的跨境少数民族主要为壮族、京族、苗族、瑶族等。由于云南省边境地区民族人口在整个西南边境地区具有典型性和代表性，以及数据收集的限制，本书以云南省为例对西南边境地区的民族人口进行分析。西南边境地区民族众多，其中有17个少数民族跨境而居，与接壤邻国的民族同宗同源，同语同俗，几百年前甚至几十年前是一家。目前，在中越、中老、中缅边境线两侧没有高山大河阻隔的地方，两国边民阡陌交通，鸡犬相闻，田间地头一起耕作，佳节喜庆共同庆贺，往来频繁，关系密切。在经济全球化和区域经济一体化的背景下，边境地区人民在很大程度上成为国与国之间地缘政治经济关系沟通的桥梁和纽带。同时，在当今国际政治格局复杂多变的形势下，一些敌视中国的域外国家利用西南边境地区山高水远，民族众多，信仰各异的现状，支持邪教等各股邪恶势力在我边境地区活动，企图搞民族分裂等影响中国民族团结和国家主权的不法活动。因此，深入研究西南边境地区民族人口的空间格局，对民族团结和国家安全具有十分重要的意义。

从1990年、2000年和2010年的人口普查情况看，云南省1990年列入普查的民族共52个，2000年和2010年列入普查的民族共56个，增加了保安族、裕固族、鄂温克族和门巴族。三次人口普查中，1990年，云南边境地区共有民族45个，维吾尔族、达斡尔族、塔吉克族、乌孜别克族、俄罗斯族、塔塔族、鄂伦春族等民族在边境地区没有发现；2000年，云南边境地区共有民族52个，乌孜别克族、鄂伦春族、保安族、珞巴族在边境地区没有分布；2010年，云南边境地区共有民族53个，俄罗斯族、鄂伦春族和珞巴族在边境地区没有分布。由于民族众多，而且有的民族在边境地区的人口数极少，有的只有几十人甚至几人，如塔塔尔族、赫哲族、撒拉族、毛南族、仫佬族、乌孜别克族、保安族、裕固族、鄂温克族、门巴族等，不可能全部纳入研究范围，因此，本书对西南边境地区民族人口空间格局的研究主要是选择西南边境地区17个跨境少数民族作为研究对象。对西南边境地区民族人口的研究选择人口数量、人口性别比、占当地县（市）少数民族人口比重、占全省本民族人口比重四个指标进行分析。

二 民族人口空间格局的静态描述与动态比较

（一）西南边境地区少数民族人口空间格局的静态描述

1990年西南边境地区民族人口空间格局（见表4-4）。1990年，西南边境地区人口总量为5355074人，其中，汉族2165452人，少数民族人口占总人口的59.6%，在17个跨境少数民族当中，人口规模在20万以上的有傈僳族、傣族、佤族、拉祜族、哈尼族、彝族、

表4-4　　云南省17个跨境少数民族人口状况（1990年）

民族	人口数量（人）	人口性别比	占全省本民族人口比重（%）	占边境地区少数民族人口比重（%）
独龙族	5209	96	94.04	0.16
怒族	23996	102	89.98	0.75
傈僳族	203875	102	36.63	6.39
傣族	806866	98	79.52	25.30
佤族	309005	103	88.86	9.69
景颇族	116374	96	98.28	3.65
布朗族	43696	103	53.37	1.37
拉祜族	314691	103	77.07	9.87
德昂族	13497	100	87.66	0.42
布依族	8743	115	25.64	0.27
哈尼族	486479	103	38.94	15.25
彝族	208075	110	5.12	6.52
阿昌族	14526	99	52.59	0.46
壮族	297206	105	29.40	9.32
苗族	228049	103	25.46	7.15
瑶族	136803	103	79.20	4.29
京族	73	121	25.00	0.002

资料来源：《云南省1990年人口普查资料》。

苗族和壮族，傣族人口最多，占整个边境地区少数民族人口的25%以上，在边境地区少数民族人口中占有较大比例的有傣族、佤族、拉祜族、哈尼族、壮族，分别为25.30%、9.69%、9.87%、15.25%、9.32%。从17个跨境少数民族在全省本民族人口中的比重看，在边境地区25个县（市）分布人口比重超过50%的有10个，傈僳族、布依族、哈尼族、壮族、苗族、京族人口在边境地区的分布均超过全省本民族人口的25%。对于占全省129个县中不足20%的边境地区来说，除彝族外，边境地区是其他16个跨境少数民族的聚居区域。1990年，边境地区17个跨境少数民族的人口性别比除布依族、彝族、京族外，其他14个少数民族都在107以下，而且独龙族、傣族、景颇族、阿昌族在 100 以下，呈现出女多男少的现象。从区域分布看，独龙族、怒族、傈僳族主要分布在怒江州贡山、福贡和泸水三县，傣族主要分布在德宏、西双版纳，佤族集中分布在临沧、普洱，景颇族主要分布在德宏州，布朗族主要分布在西双版纳，拉祜族主要分布在普洱，德昂族主要分布在德宏，布依族主要分布在红河、文山，哈尼族和彝族主要分布在普洱、西双版纳和红河，阿昌族主要分布在德宏州的陇川县，壮族、苗族、瑶族、京族主要分布在红河、文山。

2000 年，西南边境地区民族人口空间格局（见表 4-5）。2000 年，西南边境地区人口总量为 6245166 人，其中少数民族人口为

表 4-5　云南省 17 个跨境少数民族人口状况（2000 年）

民族	人口数量（人）	人口性别比	占全省本民族人口比重（%）	占边境地区少数民族人口比重（%）
独龙族	5466	100	92.90	0.15
怒族	24679	109	88.97	0.69
傈僳族	218523	108	35.84	6.10
傣族	753874	99	66.01	21.06
佤族	337044	109	88.00	9.41
景颇族	126549	99	97.19	3.54
布朗族	48565	106	53.73	1.36
拉祜族	343047	108	76.64	9.58
德昂族	15517	104	87.16	0.43
布依族	10445	123	19.10	0.29
哈尼族	556012	109	39.02	15.53
彝族	265107	117	5.63	7.40
阿昌族	17651	102	52.66	0.49
壮族	320670	109	28.03	8.96
苗族	257235	111	24.65	7.19
瑶族	149333	110	78.35	4.17
京族	188	44	37.01	0.01

资料来源：《云南省 2000 年人口普查资料》。

3580380 人，占人口总数的 57.33%。人口规模超过 20 万的跨境少数民族有 7 个，人口在全省本民族人口中的比重超过 25% 的 15 个，其中独龙族、怒族、佤族、景颇族、德昂族在 80% 以上，人口在边境地区少数民族人口中的比例在 9% 以上的少数民族有 4 个，分别为傣族、佤族、拉祜族和哈尼族。2000 年，边境地区 17 个跨境少数民族人口性别比超过 107 的有 10 个，100 以下的 3 个，分别为傣族、景颇族和京族，人口性别比最高的是布依族、彝族、苗族，都在 110 以上，分别为 123、117、111。人口分布上呈现大聚居格局。

2010 年，西南边境地区民族人口空间格局（见表 4-6）。2010 年，根据第六次人口普查资料，边境地区人口总量达到了 6662287 人，少数民族人口 3876995 人，占人口总数的 58.19%。人口超过 20 万的跨境少数民族有 8 个，分别是傈僳族、傣族、佤族、拉祜族、哈尼族、彝族、壮族和苗族，人口最多的傣族达到了 80 多万人。跨境少数民族人口在全省本民族中的比重超过 25% 的有 14 个，独龙族、怒族、佤族、景颇族、德昂族在边境地区的人口比重均超过了 80%。跨境少数民族人口在边境地区少数民族人口中占有较大比重的是傣族、哈尼族，分别为 20.82%、16.01%。人口性别比总体不高，超过 107 的只有 3 个，布依族、彝族和苗族，人口性别比分别为 118、113 和 109。

表 4-6　云南省 17 个跨境少数民族人口状况（2010 年）

民族	人口数量（人）	人口性别比	占全省本民族人口比重（%）	占边境地区少数民族人口比重（%）
独龙族	5756	96	90.60	0.15
怒族	27977	105	87.92	0.72
傈僳族	249922	104	37.40	6.45
傣族	807205	97	66.01	20.82
佤族	351727	105	87.75	9.07

续表

民族	人口数量（人）	人口性别比	占全省本民族人口比重（%）	占边境地区少数民族人口比重（%）
景颇族	137038	96	95.86	3.53
布朗族	62186	105	53.35	1.60
拉祜族	362280	105	76.27	9.34
德昂族	17487	97	86.63	0.45
布依族	11106	118	18.89	0.29
哈尼族	620872	107	38.10	16.01
彝族	270330	113	5.36	6.97
阿昌族	21504	97	56.50	0.56
壮族	336921	104	27.72	8.69
苗族	212210	109	17.64	5.47
瑶族	170868	106	77.70	4.41
京族	309	38	35.19	0.01

资料来源：《云南省2010年人口普查资料》。

（二）西南边境地区少数民族人口空间格局的动态比较

根据全国第四、第五、第六次人口普查数据，选择人口规模、人口性别比、边境地区跨境少数民族占全省本民族人口比重、边境地区跨境少数民族占边境地区少数民族人口比重四个指标进行比较。

第一，跨境少数民族人口规模（见图4-5）。从三次人口普查的情况看，西南边境地区17个跨境少数民族人口总体上呈现持续增长的趋势，1990年为321.71万，2000年为344.99万，2010年为366.57万，2000年比1990年增加23.28万，2010年比2000年增加21.58万，两次增加的人数差距不大，2000年略高于2010年。从各跨境少数民族的情况看，17个少数民族当中，除傣族、苗族外，其他15个跨境少数民族人口均处于持续增长状态，傣族1990

年人口为 80.69 万，2000 年人口下降至 75.39 万，到 2010 年又上升到 80.72 万，呈现两边高、中间低的人口发展格局。苗族则刚好相反，1990 年、2000 年、2010 年人口规模分别为 22.81 万、25.72 万、21.22 万，人口发展出现两边低、中间高的格局。在 17 个跨境少数民族中，人口规模增长较快的是哈尼族，1990 年人口为 48.65 万，2010 年为 62.09 万，20 年增加了 13.44 万。

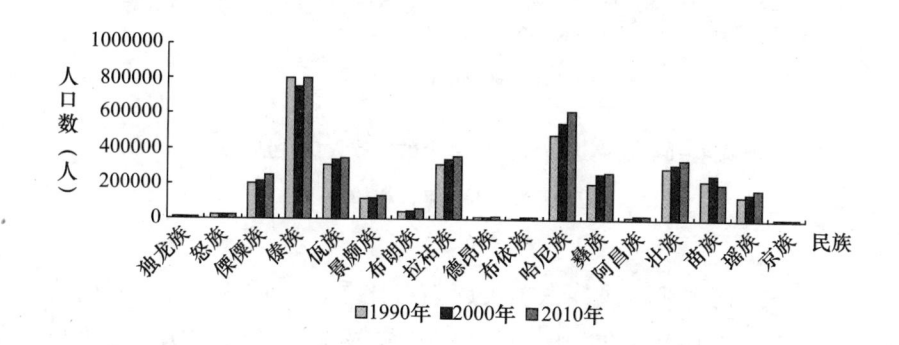

图 4-5 西南边境地区跨境少数民族人口规模对比
（1990 年、2000 年、2010 年）

第二，跨境少数民族人口性别比（见图 4-6）。西南边境地区三次人口普查人口性别比为 108、111 和 108，总体上看，17 个跨境少数民族的人口性别比都低于整体水平，分别为 103、104 和 100，人口性别比的变化轨迹与整个区域基本保持一致，即第五次人口普查的人口性别比高于第四、第六次人口普查。从各跨境少数民族来看，除京族外，其他 16 个民族人口性别比都呈现两边低、中间高的格局，即第五次人口普查时人口性别比普遍上升。1990 年和 2010 年两次人口普查相比，人口性别比上升较为明显的有怒族、傈僳族、佤族、布朗族、拉祜族、布依族、哈尼族、彝族、苗族、瑶族等，人口性别比下降的民族有傣族、德昂族、阿昌族、壮族、京族，保持不变的是独龙族和景颇族。

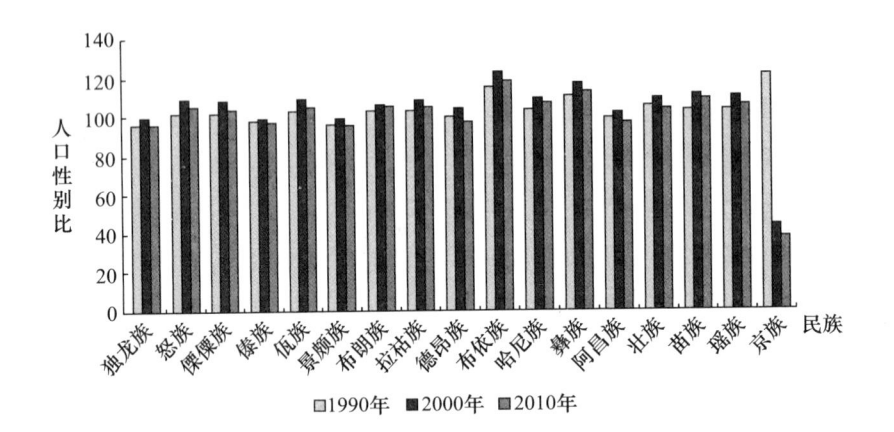

图 4-6 西南边境地区跨境少数民族人口性别比对比
（1990 年、2000 年、2010 年）

第三，跨境少数民族占本民族人口比重（见图 4-7）。西南边境地区是个多民族聚集的区域，特别是云南省，2010 年第六次人口普查数据显示，全国 56 个民族在云南省都有分布，边境地区 25 个县（市）就分布着 53 个民族。从 17 个跨境少数民族三次人口普查在本省本民族中所占的比重看，1990 年人口比重在 25% 以上的跨境少数民族有 16 个，50% 以上的有 10 个；2000 年人口比重在 25% 以上的跨境少数民族有 14 个，50% 以上的有 10 个；2010 年人口比重在 25% 以上的跨境少数民族有 14 个，50% 以上的有 10 个。独龙族、怒族、傣族、佤族、景颇族、布朗族、拉祜族、德昂族、阿昌族、瑶族 10 个跨境少数民族，三次人口普查在本省本民族人口比重都在 50% 以上。在本民族人口比重中变化相对较大的有傣族、布依族、阿昌族、苗族、京族，1990 年傣族占比为 79.52%，2000 年、2010 年为 66.01%，下降了 13.51 个百分点；布依族、苗族三次人口普查在本民族人口中的比重持续下降，1990 年为 25.64%、25.46%，2000 年、2010 年为 19.10%、24.65% 和 18.89%、17.64%；阿昌族 1990 年比重为 52.59%，2000 年略有下降，2010 年上升到 56.50%，京族在云南省所有跨境少数民族中人口最少，虽然对边境地区产生的影响有限,但增长的人口数可以反映人口的变化情况。

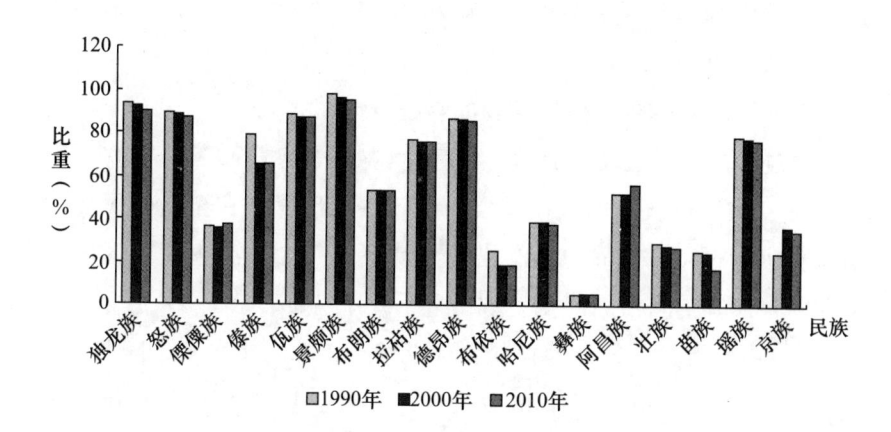

图 4-7 西南边境地区跨境少数民族本民族人口比重对比
(1990 年、2000 年、2010 年)

第四,跨境少数民族边境地区少数民族人口比重(见图 4-8)。从三次人口普查跨境少数民族在边境地区少数民族人口中所占的比重来看,傈僳族、傣族、佤族、拉祜族、哈尼族、彝族、壮族比重较大,傣族在边境地区是人口最多的跨境少数民族,比重保持在 20% 以上。总体上看,跨境少数民族人口比重都呈下降趋势,只有

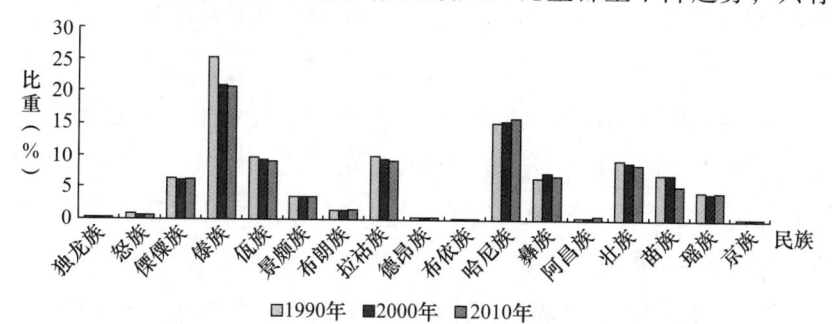

图 4-8 西南边境地区跨境少数民族边境少数民族人口比重对比(1990 年、2000 年、2010 年)

哈尼族人口比重呈持续增加态势，1990年哈尼族占边境地区人口比重为15.25%，2000年、2010年分别为15.53%、16.01%。人口比重下降较大的是傣族，1990年为25.30%，2000年、2010年分别为21.6%、20.82%。

三　民族人口空间格局演变的特征

通过对云南省边境地区17个跨境少数民族1990年、2000年、2010年三次人口普查的人口规模、人口性别比以及在全省本民族中和边境地区的人口比重的静态描述与动态对比，西南边境地区跨境少数民族人口空间格局演变呈现出以下几个特征。

（一）跨境少数民族人口数量缓慢增长，人口比重呈下降趋势

第一，从三次人口普查的数据看，云南省17个跨境少数民族人口规模呈缓慢增长的趋势，1990年人口总数为321.72万，2000年为344.99万，2010年为366.57万，20年增加了44.85万，年均增长2.24万，增长十分缓慢。增长较快的民族有哈尼族、彝族、京族，哈尼族20年增加了13.44万，年均增长率为1.4%。彝族1990年人口为20.8万，2000年增加到26.51万，年均增长率为2.75%。京族人口增长最快，1990年为73人，2000年、2010年分别达到了188人、309人，但人口基数太小，对整个边境人口影响不大，只能作为判断人口增长趋势的指标。人口起伏较大的是傣族和苗族，傣族1990年人口总数为80.69万，2000年降到75.39万，10年减少了5万多，而到了2010年又增加到了80.72万，如果不计2000年人数，1990—2010年，20年来，傣族人口只增加了0.03万；苗族人口变动与傣族刚好相反，1990年苗族人口为22.81万，2000年上升到25.72万，2010年下降到21.22万，如果不计2000年人数，苗族20年来人口减少了1.59万人。

第二，跨境少数民族人口比重呈下降趋势。尽管17个少数民族人口20年来不断增长，但在本民族人口和边境地区人口中的比重却总体上呈下降趋势。首先是跨境少数民族人口在全省本民族中的比重的变化。从1990年、2000年、2010年的比重看，除傈僳族、彝

族、阿昌族、京族外，其他 14 个民族比重都持续下降，下降幅度较大的是傣族和布依族，1990 年分别为 79.52%、25.64%，2010 年分别为 66.01%、18.89%，分别下降了 13.51 个、6.75 个百分点。其次是跨境少数民族人口在边境地区人口中的比重变化。1990 年、2000 年、2010 年，17 个跨境少数民族总人口分别为 321.72 万、344.99 万、366.57 万，占边境地区人口的比重分别为 60.08%、55.24%、55.02%，比重呈逐年下降趋势。从具体的民族来看，人口比重处于上升的有 9 个，下降的有 8 个，上升的民族中人口较少民族居多，比重增加较小，1990—2010 年，增加的比重都没有超过 1 个百分点，而比重下降的民族大多都是人口较多民族，下降的比重较大，例如傣族，1990 年为 25.3%，到 2010 年为 20.82%，下降了 4.48 个百分点，还有苗族，从 1990 的 7.15% 下降到 2010 年的 5.47%，下降了 1.68 个百分点。

（二）跨境少数民族人口性别比整体偏低，部分少数民族男少女多

从三次人口普查的情况看，西南边境地区跨境少数民族人口还呈现出一个十分明显的特征，那就是人口性别比普遍偏低，有些少数民族还出现男少女多的现象，这在整个中国人口性别比普遍偏高的情况下是一种特殊现象，十分难得。首先，从整体上看，整个西南边境地区 1990 年、2000 年、2010 年三次人口普查的人口性别比分别为 105、110、107，而跨境少数民族的人口性别比为 103、104、100，均低于 107 的临界值。其次，从各民族的人口性别比看，1990 年高于 107 的有 3 个民族，2000 年有 10 个民族，2010 年有 4 个民族，一直保持较高人口性别比的是布依族、彝族，三次人口普查分别为 115、123、118 和 110、117、113，除布依族和彝族外，其他跨境少数民族人口性别比除 2000 年普遍升高外，基本上处于较低水平。独龙族、傣族、景颇族、阿昌族三次人口普查人口性别比都在 100 以下，还有京族，1990 年为 121 的性别比，但到了 2000 年、2010 年，人口性别比为 44、38，说明女性人口不断增多。上述

独龙族、傣族、景颇族、阿昌族、京族5个民族中，独龙族、傣族、景颇族、阿昌族4个民族人口在本民族人口比重都在50%以上，1990年分别为94.4%、79.52%、98.28%、52.59%，2000年分别为92.9%、66.01%、97.19%、52.66%，2010年分别为90.6%、66.01%、56.5%，独龙族、景颇族比重稍有下降，但都保持在90%以上，傣族下降最多，但也在60%以上，阿昌族人口比重却呈上升趋势。因此，边境地区4个民族在本民族中占主体，也就是说，在整个边境地区以至上述4个民族中，人口性别比呈现出男少女多现象，这对于如何优化日益严重的人口性别比来说，具有十分重要的人口学意义。

（三）人口分布呈现典型的"大杂居、小聚居"，人口较少民族聚集的地域性强，人口规模越大的民族分布地域越广

从边境地区民族的人口分布看，呈现出"大杂居、小聚居"的格局，越是人口较少民族，人口的空间集聚性越强，而人口规模越大的民族地域分布越广，而且人口分布相对均衡。上述人口空间格局特征，在1990年、2000年、2010年三次人口普查中，除了人口数量有些许增减外，基本上保持不变。

第一，边境地区民族人口分布呈现"大杂居、小聚居"的基本格局。边境地区各县（市）的民族构成是多元化的，每个县（市）至少都有20个民族以上，以人口最少的贡山县为例，1990年有23个民族、2000年有31个民族、2010年有30个民族，各县（市）的跨境少数民族都在10个以上，形成"大杂居"的分布格局；同时，各跨境少数民族在边境地区又相对集中，形成"小聚居"的分布格局，具体分布情况是：独龙族、怒族、傈僳族主要分布在怒江州的贡山、福贡、泸水三县，傣族主要分布在德宏州和西双版纳州各边境县（市），佤族主要分布在临沧和普洱，景颇族、德昂族、阿昌族主要分布在德宏州，布朗族主要分布在西双版纳州，拉祜族主要分布在普洱市，布依族、哈尼族、彝族主要分布在红河州，壮族、苗族、瑶族、京族主要分布在文山州和红河州。

第二，人口较少民族空间集聚强，人口规模大的民族人口地域分布广，人口分布相对均衡。从三次人口普查中跨境少数民族人口的空间分布看，人口较少民族的空间集聚强。三次人口普查17个跨境少数民族人口在边境地区总人口中低于5%的有9个，分别为独龙族、怒族、景颇族、布朗族、德昂族、布依族、阿昌族、瑶族、京族，而在1%以下的有5个，分别为独龙族、怒族、德昂族、布依族、京族。这些人口较少民族分布十分集中，虽然其他县（市）有零散分布，但占的比重很小，有的县（市）没有分布，如独龙族集中分布在贡山，怒族集中分布在福贡，景颇族集中分布在陇川、盈江、芒市，德昂族集中分布在芒市，布依族集中分布在马关，阿昌族集中分布在陇川，瑶族集中分布在金平、河口、马关、富宁，京族集中在河口。而人口规模较大的民族人口分布地域较广，分布相对均衡，如占边境地区人口总数20%以上的傣族，人口在整个边境地区均有分布，大部分分布在西双版纳、临沧、德宏、普洱各县（市），除景洪、勐海、芒市等少数几个县（市）外，其他县（市）人口数量相对均衡，类似的民族还有彝族、壮族、苗族等。

第五章　中国西南边境地区流动人口空间格局演变

第一节　流动人口基本概况

一　流动人口

(一) 流动人口的概念

关于流动人口，往往与人口流动、人口迁移、人口移动几个概念混淆在一起，在目前的研究中，对于流动人口的概念还没有一个统一的定义，学术界不同的学者从各自不同的角度进行了阐述。段成荣（1998、1999）对不同的流动人口概念进行了梳理归纳，并对人口流动、流动人口、人口迁移、迁移人口进行了区分和界定，他把上述概念分为两组，并认为，人口迁移产生迁移人口，在人口迁移和迁移人口方面，由于户口变动有明确的标志，因此其概念比较明确，一旦一个人办理户口迁移手续，这个人的位置移动就纳入了人口迁移的范畴，那么这个人就属于迁移人口；而人口流动与流动人口则比较复杂，不同的学者研究的角度不一样，给出的定义也不一样，国家人口普查对流动人口的统计口径也随不同的时期发生变化，因此，他认为，人口流动是人们超过一定时间长度、跨越一定空间范围的、没有相应户口变动的空间位移过程，而发生这种人口

流动过程的人口即为流动人口。①②③ 全国第六次人口普查提供了流动人口统计的两个口径:

第一,以乡镇街道为边界,把流动人口定义为居住地与户口登记地所在乡镇街道不一致且离开户口登记地半年以上的"人户分离"人口,也就是指跨乡镇街道流动的人口。

第二,在第一口径流动人口中减去"市辖区内人户分离人口",就是说在市辖区范围内跨乡镇街道流动、改变常住地且无户口登记变更的行为不被视为人口流动。④ 人口移动是指人口在地理空间上的位置变动,包括为经济、娱乐等目的而暂时离开居住地的人口位置变动和以寻求新居住地为目的的非暂时性人口移动。因此,从上述分析中我们可以这样理解,人口移动包括人口流动和人口迁移;反之,移动人口则包括流动人口和迁移人口,用"时""空"两个最基本的判断标准来区分的话,时间上暂时并未改变户籍(居住地)的为人口流动和流动人口,时间上永久并改变户籍(居住地)的为人口迁移和迁移人口。

根据上述对流动人口的研究,本书认为,流动人口有广义和狭义之分。广义的流动人口指超过一定时间长度、跨越一定空间范围的"人户分离"的人口;狭义的流动人口则采用第六次人口普查第一统计口径对流动人口的界定,即居住地与户口登记地所在乡镇街道不一致且离开户口登记地半年以上的"人户分离"人口,也就是指跨乡镇街道流动的人口。

(二)中国流动人口现状

2015年11月11日,国家卫生计生委举行例行新闻发布会,发

---

① 段成荣:《流动人口的概念与度量问题》,《南京人口管理干部学院学报》1998年第14卷第3期。
② 段成荣:《关于当前人口流动和人口流动研究的几个问题》,《人口研究》1999年第22卷第2期。
③ 段成荣、孙玉晶:《我国流动人口统计口径的历史变动》,《人口研究》2006年第30卷第4期。
④ 张展新、杨思思:《流动人口研究中的概念、数据及议题综述》,《中国人口科学》2013年第6期。

布《中国流动人口发展报告（2015）》，该报告显示，"十二五"时期，我国流动人口年均增长约800万，2014年年末达到2.53亿人，根据预测，到2020年，我国流动人口将增长到2.91亿，"十三五"时期，人口将向沿江、沿海、铁路沿线地区聚集。随着流动人口的不断增多，对流动人口的各项政策服务也变得日益完善，医疗卫生等公共服务在流动人口当中的覆盖范围进一步扩大，2014年，83%的流动人口接受了孕产妇保健和儿童保健基本公共服务并至少参加1种基本医疗保险，比2011年上升15个百分点。根据《报告》显示，中国流动人口呈现出以下几个特点：

第一，流动人口中流动儿童和流动老人规模不断增长，流动人口中劳动年龄人口比重不断下降。2014年，15—59岁劳动年龄人口约占流动人口总量的78%，较2010年下降2个百分点。流动人口的平均年龄不断上升，45岁以上的流动人口占全部流动人口的比重由2010年的9.7%上升到2014年的12.9%。

第二，流动人口由个体流动逐渐转向家庭流动。流动人口最初是劳动力的流动，接着是夫妻两个带着孩子流动，再往后是老人跟着流动。调查表明，近九成的已婚新生代流动人口是夫妻双方一起流动，与配偶、子女共同流动的约占60%，越来越多的流动家庭开始携带老人流动。

第三，流动人口的居留稳定性增强，融入城市的愿望强烈。2014年，流动人口在现居住地居住的平均时间超过3年，在现居住地居住3年及以上的占55%，居住5年及以上的占37%，半数以上流动人口有今后在现居住地长期居留的意愿，打算在现居住地继续居住5年及以上的占56%。

二 西南边境地区流动人口概况

（一）西南边境地区流动人口研究范围界定

由于边境地区人口现象的特殊性，本书对流动人口的研究范围如下：

（1）外来人口。包括：①居住在本乡、镇、街道，离开户口登记地半年以上；②人住本县、市不满一年，离开户口登记地一年以上；①、②项合并为一项，即居住本县、市，离开户口登记地半年以上人口。

（2）户口待定人口，即居住在本乡、镇、街道，户口待定。按照人口普查对户口待定人口的说明，户口待定人口指在任何地方都没有登记户口的人口，我们称为无法确定身份的人口，从边境地区人口的复杂性来看，本书假定户口待定人口包括"三非人员"（非法入境、非法居留和非法就业）、难民、未落户超生子女、跨境婚姻群体、回流人口等。

（3）外出人口，即户籍在研究区域，离开户籍登记地半年以上人口。

（4）国外工作或学习人口，即原住在本乡、镇、街道，现在国外工作学习人口。

本书将上述流动人口分为流入人口与流出人口，流入人口包括外来人口和户口待定人口，流出人口包括外出人口和国外工作或学习人口。

（二）西南边境地区流动人口概况

西南边境地区是中国西南最边缘的区域，这里古时候被称为蛮夷之地，也就是少数民族集聚的地区，给人的印象就是蛮、少、边、穷、战，"蛮"指的是文化教育程度普遍偏低，思想观念落后，固守传统的生产生活方式；"少"指的是少数民族众多；"边"指的是沿边地带；"穷"指的是经济发展水平落后；"战"指的是战争频发之地。因此，西南边境地区长期以来都是被边缘化的区域。直到20世纪90年代，中国与越南和老挝关系恢复正常后，中国与东南亚各国的政治经济交往变得频繁起来，特别是2000年以后，受经济全球化和区域经济一体化的影响，中国与东南亚国家的区域经济合作不断深化，大湄公河次区域合作、中国—东盟自由贸易区、两廊一圈成果丰硕，西南边境地区逐渐从边缘区域迈向对外开放前沿。由于西南边境地区特殊的地理区位，受国内外政治经济环境的影响，流动人口逐渐增多，并表现出西南边境地区特有的流动人口特征。

第一，西南边境地区流出人口多，流入人口少。据 2010 年第六次人口普查数据，云南和广西两省流出人口 170.35 万，流入人口 76.93 万（其中省内流入 56.14 万人，省外流入 20.79 万人），总流动人口量为 247.28 万，占两省人口总量的 47.93%。边境地区 33 个县（市）外出人口 123.19 万，外来人口 108.66 万，外出人口明显高于外来人口。

第二，西南边境地区流动人口群体呈现多元化特征。从西南边境地区流动人口的群体看，无论是流出还是流入，流动人口群体与沿海及经济发达地区相比呈现出多元化的特征。沿海及经济发达地区流动人口主要是以经济人口为主，而西南边境地区则不同，除经济人口外，还有以探亲、通勤、避难为目的的特殊流动人口群体，如跨境民族流动人口、战争难民、跨境婚姻人口等，增加了西南边境地区流动人口的复杂性。

第三，西南边境地区流动人口国际化明显。边境地区流动人口一个显著的特征就是国际性，西南边境与缅甸、老挝、越南接壤区域，除怒江贡山、福贡和泸水三个边境县有高山大河阻隔外，其余县（市）两国接壤处边民往来十分方便。一方面，边民通过贸易、探亲、旅游等形式在边境地区频繁流动；另一方面，随着国际经济合作不断加强，东南亚、南亚及世界各国以贸易、旅游为目的人口经常在边境地区活动。因此，西南边境地区流动人口的国际性很强。

第四，西南边境地区流动人口涉及国家安全。自 20 世纪 90 年代中国与西南邻国恢复正常关系后，西南边境地区传统安全逐渐减弱，而非传统安全不断增强并占据主导地位。从目前中国西南边境地区所面临的非传统安全类型来看，如跨境犯罪、毒品走私、艾滋病、非法移民、民族分裂主义等，大部分由流动人口引起，同时，由于边境地区的特殊性，国际流动人口中的传统安全的威胁也时刻存在。

第二节 流动人口空间格局的静态描述与动态比较

一 西南边境地区流动人口空间格局的静态描述

1990年西南边境地区流动人口空间格局（见表5-1）。由于第四次人口普查对流动人口统计数据不足，在1990年西南边境地区流动人口空间格局的静态描述中，我们将居住本县、市，离开户口登记地半年以上人口作为外来人口分析，并将流动人口以外的迁入人口做简要描述。

表5-1　　　　1990年西南边境地区流动人口情况　　　　单位：人

	县（市）	迁入人口	户口待定人口	居住本县、市，离开户口登记地半年以上人口	在国外工作学习人口
云南省	贡山县	1034	5	724	0
	福贡县	1265	169	717	0
	泸水县	6001	69	2717	0
	腾冲县	5228	531	1453	0
	龙陵县	2634	212	743	0
	陇川县	4184	259	2851	0
	盈江县	5321	763	3763	4
	瑞丽市	8955	473	7661	0
	芒市	10943	699	5407	1
	镇康县	2148	44	915	0
	耿马县	7841	944	9014	3
	沧源县	3859	526	2569	0
	西盟县	2864	383	1722	0
	澜沧县	4977	159	3444	0
	孟连县	6224	236	4114	0
	江城县	2547	92	2317	0

续表

县（市）		迁入人口	户口待定人口	居住本县、市，离开户口登记地半年以上人口	在国外工作学习人口
云南省	勐海县	8972	649	8065	5
	景洪市	26593	4066	28613	7
	勐腊县	15180	1914	18085	1
	绿春县	1102	22	390	0
	金平县	2736	83	1691	0
	河口县	4582	674	5012	0
	马关县	3163	113	1859	0
	麻栗坡县	2734	95	1616	0
	富宁县	3102	45	2208	0
广西壮族自治区	那坡县	1781	178	1129	1
	靖西县	2093	627	1355	0
	龙州县	3672	1186	2610	1
	宁明县	3360	658	2826	0
	大新县	3299	148	1747	2
	凭祥市	3673	156	3208	5
	防城各族自治县	10905	4526	7202	10
西南边境地区		172972	20704	137747	40

资料来源：《云南省1990年人口普查资料》和《广西壮族自治区1990年人口普查资料》。

1990年，中国与越南和老挝关系恢复正常，西南边境地区除与缅甸接壤区域外，中越、中老边境地区开始进入战后重建时期。从1990年人口普查的数据来看，西南边境地区流动人口的统计不足，主要集中于流入人口和迁入人口的统计，因此，这一时期，本书把迁移人口也纳入流动人口进行分析。

第一，迁入人口。1990年，西南边境地区迁入人口为172972人，其中，中缅边境迁入109043人，占63.04%，中越边境46202

人，占 26.71%，中老边境 17727 人，占 10.25%。1990 年中缅、中越、中老边境地区人口在整个边境地区总人口中的比重分别为 47.04%、49.44%、3.52%，中缅边境地区不到 50% 的人口，迁入人口却占了 60% 以上，可见，1990 年的迁移人口主要集中在中缅边境地区，一个重要的原因就是中国与缅甸在 20 世纪 70 年代就恢复了正常的政治经济关系。从具体的县（市）来看，迁入人口超过万人以上的有 4 个，分别是芒市、景洪市、勐腊县、防城各族自治县，其中景洪市的迁入人口达到了 26593 人，是西南边境地区迁入人口最多的县（市）；迁入人口在 5000 人以上的有 7 个，分别是泸水县、腾冲县、盈江县、瑞丽市、耿马县、孟连县、勐海县，全部集中在中缅边境。

第二，流入人口。本书流入人口是指居住在本县（市）、离开户口登记地半年以上人口，以及户口待定人口，即户口不在本县（市）的人口。1990 年，居住在西南边境地区，户口在外地的人口数为 137747 人，西双版纳州景洪市、勐腊县、勐海县共 54763 人，占 39.76%，5000 人以上的有瑞丽市、芒市、耿马县、河口县、防城各族自治县。居住在本县、市，户口在外地的人口基本上都是外县、市或外省、市、区流入边境地区的。1990 年，西南边境地区户口待定人口 20704 人，此类人口数较多的县、市有：耿马县 944 人、景洪市 4066 人、勐腊县 1914 人、龙州县 1186 人、防城各族自治县 4526 人。本书把户口待定人口归入流入人口进行分析，数量过多的待定人口会给当地社会治安、生产生活资源等带来影响。

第三，在国外工作或学习人口。从整个西南边境地区看，1990 年在国外工作或学习的人口数量很少，仅为 40 人，只有 11 个县（市）有此类情况，相对较多的区域为西双版纳州的景洪市、勐海县，防城各族自治县，南宁地区的凭祥市等。西南边境地区与邻国接壤，而在国外工作或学习的人口少，这跟当时中越刚刚恢复正常关系以及当地经济社会对外开放程度不够关系密切。

2000 年，西南边境地区流动人口空间格局（见表 5-2）。2000

年，西南边境地区流动人口的分析指标选择分为流出人口和流入人口两大部分。一是流出人口，包括外出半年以上人口、在国外工作或学习人口两个指标；二是流入人口，包括外来人口、居住本县（市）户口待定人口两个指标。由于云南省、广西壮族自治区第五次人口普查统计口径上存在差异，广西壮族自治区外出半年以上人口、户口待定人口、在国外工作或学习人口、外来人口均只统计到地级市、区，缺少县（市、区）一级数据，因此，为了统一数据，广西壮族自治区边境地区8个县（市、区）上述几个指标的数据采取以下公式计算获得。其计算公式如下：

表5-2　　　　　　2000年西南边境地区流动人口情况　　　　　单位：人

	县（市）	外出半年以上	国外学习或工作	外来人口	其中：省内	省外	户口待定
云南省	贡山县	794	0	2727	1336	1044	174
	福贡县	1328	2	2367	1219	598	124
	泸水县	2837	17294	11272	5308	3849	951
	腾冲县	13379	241	19981	3788	8216	1877
	龙陵县	7793	3134	6636	2154	1137	969
	陇川县	5046	20	12770	6191	2001	248
	盈江县	9058	14	23076	8734	4991	1891
	瑞丽市	4421	11318	39824	19531	14774	2138
	芒市	11738	244	28517	11648	5372	293
	镇康县	1244	11946	14426	7702	4149	445
	耿马县	4710	44013	25446	11592	8231	2189
	沧源县	2359	38086	10797	3431	3502	2053
	西盟县	1515	995	6066	2265	2003	689
	澜沧县	17141	10	25005	5352	8106	1130
	孟连县	3530	85185	16746	10075	4643	1057
	江城县	5128	46	19206	9214	2092	1732
	勐海县	8003	3	26543	15862	7984	978

续表

县（市）		外出半年以上	国外学习或工作	外来人口	其中：省内	省外	户口待定
云南省	景洪市	12542	53	98416	56950	30540	4615
	勐腊县	7381	7	49548	31863	12234	3976
	绿春县	3738	29	3423	627	862	95
	金平县	6630	2	11201	2024	2574	216
	河口县	2023	4	21317	11558	6854	1754
	马关县	5369	0	10068	1703	2545	2380
	麻栗坡县	4569	0	6283	1164	2209	1150
	富宁县	9616	0	7533	1631	4295	161
广西壮族自治区	那坡县	20299	1	8955	3850	1348	236
	靖西县	56572	3	24957	10729	3756	657
	龙州县	42956	6	9669	2773	930	439
	宁明县	58125	9	13084	3752	1258	595
	大新县	53110	8	11955	3429	1150	543
	凭祥市	18020	3	4056	1163	390	184
	防城区	46327	19	34156	10679	4433	6356
	东兴市	15854	6	11689	3655	1517	2175
西南边境地区		463155	212701	617715	272952	159587	44470

资料来源：《云南省 2000 年人口普查资料》和《广西壮族自治区 2000 年人口普查资料》。

$$P_n = \frac{C_{1p}}{C_{2p}} T_n \tag{5.1}$$

式中，P_n 表示广西边境县（市、区）所求统计指标人数，C_{1p} 表示边境地区县（市、区）总人口，C_{2p} 表示边境地区市（区）总人口，T_n 表示所求统计指标市（区）总人口。

2000 年，西南边境地区流动人口大规模增长，流动人口总数达到 133.8 万，其中流出人口 67.59 万，占 50.52%，流入人口 66.22

万，占49.48%，流出人口略高于流入人口。

第一，流出人口。流出人口包括外出半年以上人口和国外学习或工作人口。2000年，西南边境地区外出半年以上人口463155人，其中广西边境地区8县（市）311263人，占67.21%，云南边境地区25个县（市）占32.79%，广西靖西县、宁明县、大新县在5万人以上，最低的凭祥市、东兴市都在1万人以上，云南外出半年以上人口在1万人以上的有4个县（市），分别是腾冲县、芒市、澜沧县、景洪市，最多的是澜沧县，为17141人，跟广西边境地区相差巨大。外出半年以上人口主要是指离开本县、市，外出在国内务工、经商、学习人口，其中以外出务工人口为主体，数据显示，云南边境地区外出人口明显低于广西边境地区。从国外学习或工作的人口的区域分布状况看，2000年西南边境地区共有212701人，其中广西边境地区仅有55人，基本上都在云南边境地区。从接壤的邻国看，中越边境地区90人，中老边境地区53人，中缅边境地区212558人，主要集中在中缅边境地区，中老、中越边境地区国外务工或学习的人口极少。从具体的区域看，西南边境地区国外务工或学习的人口主要集中在临沧市、普洱市、德宏州、怒江州，其中临沧市镇康县、耿马县、沧源县三个县共94045人，占44.21%；其次是普洱市孟连县，一个县有85185人在国外工作或学习，占整个西南边境地区国外务工或学习人口的40%，占该县总人口的40.84%，也就是说，孟连县有近一半的人口在国外务工或学习；再有就是泸水县、瑞丽市，国外务工或学习人口分别为17294人、11318人。

第二，流入人口。流入人口包括外来人口和户口待定人口，2000年西南边境地区流入人口66.22万，其中外来人口61.77万，户口待定人口4.45万。从外来人口看，省内27.30万人（省内其他县、市），占44.20%，省外15.96万人，占25.84%，省内流入人口明显多于省外流入人口；中越边境地区178346人，占28.87%，中缅边境地区370615人，占60%，中老边境地区68754

人，占11.13%。可以看出，外来人口主要集中于中缅边境地区，但是中老边境地区的外来人口也相对集中，两个县的外来人口占了整个边境地区外来人口的11%以上，特别是勐腊县，外来人口高达49548人。从外来人口在各县、市的分布看，有通商口岸的县、市外来人口相对较多，且大体呈现出口岸越大人口越多的分布格局，如瑞丽市、芒市、景洪市、勐腊县、靖西县、防城区等县、市比腾冲县、陇川县、麻栗坡县等县、市的外来人口多。2000年，西南边境地区户口待定人口44470人，其中中越边境地区16941人，占38.1%，中缅边境地区21821人，占49.07%，中老边境地区5708人，占12.83%，户口待定人口主要还是集中在中缅边境地区。从县（市）区域看，户口待定人口主要集中分布在以下几个区域：保山市腾冲县；德宏州盈江县、瑞丽市；临沧市耿马县、沧源县；普洱市澜沧县、孟连县、江城县；西双版纳州景洪市、勐腊县；红河州河口县；文山州马关县、麻栗坡县；防城港市防城区、东兴市。

2010年，西南边境地区流动人口空间格局（见表5-3）。2010年，西南边境地区流动人口总量达到251.17万人，其中，流出人口125.86万，流入人口125.81万，流出人口略高于流入人口。

表5-3　　　　　2010年西南边境地区流动人口情况　　　　单位：人

县（市）		外出半年以上	国外学习或工作	外来人口	其中：省内	省外	户口待定
云南省	贡山县	2201	4	4424	2303	1294	276
	福贡县	11358	2394	4370	2019	1097	3329
	泸水县	13874	323	19240	8452	3786	7207
	腾冲县	47418	634	37262	10842	10835	2116
	龙陵县	35110	1388	19873	6069	4270	7979
	陇川县	22972	755	18476	8268	2493	4122
	盈江县	34667	1526	47803	18948	8968	10717
	瑞丽市	15898	542	66951	36081	23255	6850

续表

	县（市）	外出半年以上	国外学习或工作	外来人口	其中：省内	省外	户口待定
云南省	芒市	51074	1678	67742	30712	10334	11099
	镇康县	13042	2061	14972	4853	2813	2940
	耿马县	18361	405	30734	15579	8543	5574
	沧源县	15904	1418	18481	7830	4100	4033
	西盟县	12165	449	7168	2449	1366	2812
	澜沧县	42929	2595	38429	9230	8183	3594
	孟连县	15891	2048	23486	14426	4884	3495
	江城县	15948	104	28768	15617	3159	2385
	勐海县	30271	5010	40705	22570	10190	5853
	景洪市	43390	806	171303	100645	44469	8665
	勐腊县	32091	463	83339	56648	16742	6548
	绿春县	18642	158	7766	2139	1898	1864
	金平县	43952	221	19326	3886	4128	6993
	河口县	13441	32	26195	14460	7523	2164
	马关县	34957	164	30967	5295	5455	4372
	麻栗坡县	27595	15	14738	2827	3196	5670
	富宁县	61830	24	30719	3561	7660	6485
广西壮族自治区	那坡县	54267	22	8883	1893	1764	1172
	靖西县	140848	32	29551	4078	5295	10732
	龙州县	65963	319	23214	6242	2264	1953
	宁明县	96213	208	20276	5509	1618	9719
	大新县	85432	241	20956	4695	1815	2335
	凭祥市	25243	225	30792	16097	8248	2040
	防城区	75847	282	43759	13343	4912	13487
	东兴市	13172	125	35965	20788	7238	2872
西南边境地区		1231966	26671	1086633	478354	233795	171452

资料来源：《云南省2010年人口普查资料》和《广西壮族自治区2010年人口普查资料》。

第一，流出人口。2010年西南边境地区流出人口125.86万，其中外出半年以上人口123.19万，国外工作或学习人口2.67万。首先是外出半年以上人口。从外出半年以上人口在各邻国接壤段的分布看，中越边境地区75.74万人，占60.18%，中老边境地区4.8万人，占3.81%，中缅边境地区45.32万人，占36.01%，中越边境地区外出人口较多；从中国西南边境地区省、区的分布看，广西边境地区8县（市）外出人口55.70万，占44.26%，云南边境地区25个县（市）外出人口占55.74%，无论是从人口总量还是从县（市）数量比例分析，广西边境地区外出人口高于云南边境地区。外出人口在5万以上的县（市）有8个，云南有2个，广西有6个，分别是芒市、富宁县、那坡县、靖西县、龙州县、宁明县、大新县、防城区，其中靖西县、宁明县、大新县外出人口分别达到了14.09万、9.62万、8.54万。其次是国外工作或学习人口。2010年中国西南边境地区国外工作或学习人口26671人，中缅边境地区24036人，中老边境地区567人，中越边境地区2068人，国外工作或学习人口基本上集中于中缅边境地区。在国外工作或学习人口较多的县（市）有福贡县、龙陵县、盈江县、芒市、镇康县、沧源县、澜沧县、孟连县、勐海县，其中勐海县国外工作或学习人口最多，达到了5000人以上。

第二，流入人口。2010年西南边境地区流入人口125.81万，其中外来人口108.66万，户口待定人口17.15万。从外来人口看，省内47.84万人，省外23.38万人，省内外来人口是省外的两倍；中老边境地区11.21万人，占10.32%，中越边境地区34.31万人，占31.58%，中缅边境地区63.14万人，占58.1%，中缅边境地区是外来人口较为集中的区域；从外来人口在西南边境地区各县（市）的分布看，除贡山县、福贡县、西盟县、绿春县、那坡县等少数几个县在1万人以下，以及景洪市、勐腊县、瑞丽市、芒市等在6万人以上外，其他县（市）的外来人口都在1万—5万人，且3万人左右的县（市）居多，外来人口最多的是景洪市，高达17.13

万人,勐腊县、瑞丽市、芒市分别为 8.33 万人、6.70 万人、6.77 万人。西南边境地区外来人口的分布除少数县(市)出现典型的两极差外,整体上逐渐倾向均衡。从户口待定人口来看,中越边境地区有 71858 人,中老边境地区 8933 人,中缅边境地区 90661 人,主要集中在中缅边境地区,超过 1 万人以上的县(市、区)有 4 个,分别为盈江县、芒市、靖西县、防城区;其次是泸水县、龙陵县、景洪市、宁明县,分别为 7207 人、7979 人、8665 人、9719 人。从 2010 年西南边境地区流动人口各指标看,除国外工作或学习人口分布区域差异较大外,其他流入、流出人口在边境地区的布局越来越呈现出均衡趋势。

二 西南边境地区流动人口空间格局的动态比较

根据第四、第五、第六次人口普查对西南边境地区流动人口的统计数据,由于 1990 年的统计指标与 2000 年、2010 年的统计指标存在差异,因此,为了尽可能地对西南边境地区三次人口普查中的流动人口进行动态比较,选择以下指标进行比较:(1)外来人口。2000 年、2010 年有外来人口统计,1990 年以居住本县(市、区),离开户口登记地半年以上人口作为外来人口数。(2)外出半年以上人口。1990 年无数据,只对 2000 年、2010 年进行比较。(3)户口待定人口。(4)国外工作或学习人口。

(一)外来人口

图 5-1 显示,从三次人口普查对外来人口的统计数据看,西南边境地区外来人口整体增长迅速。1990 年为 13.78 万,2000 年为 61.77 万,2010 年为 108.66 万,2000 年比 1990 年增加了 47.99 万,2010 年比 2000 年增加了 46.89 万人,1990—2010 年的 20 年间共增加外来人口 94.88 万,1990—2000 年增长最为迅速,增长率为 348.26%。从外来人口在中缅、中老、中越边境地区的分布情况看,1990 年分别为 8.45 万、2.04 万、3.29 万,2000 年分别为 37.06 万、6.88 万、17.84 万,2010 年分别为 63.14 万、11.21 万、34.31 万。外来人口主要集聚在中缅边境地区,从 1990 年以后,中

缅、中老、中越边境流入人口均快速增长，其中变化最大的中越边境地区，1990年中越13个县（市、区）外来人口为3.29万，仅比中老2个县多1万余人，到2000年、2010年，中越边境地区外来人口增长十分迅速，与中老边境地区外来人口的差距也越来越大，同时在西南边境地区外来人口总数中的比例也不断上升，中缅边境地区虽然在一直保持着外来人口最多的区域，但在外来人口总数中的比重随着中老、中越边境外来人口的逐年增多而逐渐降低。从西南边境地区各县（市、区）的外来人口分布情况看，1990年各县（市、区）外来人口普遍较少，在1万人以上的只有景洪市和勐腊县，5000人以上的有瑞丽市、芒市、耿马县、勐海县、河口县、防城区；2000年，西南边境地区外来人口剧增，超过2万人的有11个县（市、区），其中4万人以上的有2个，景洪市和勐腊县分别达到了9.84万人和4.95万人；2010年，西南边境地区外来人口超过2万人的县（市、区）有21个，其中4万人以上的有6个，分别是盈江县、瑞丽市、芒市、景洪市、勐腊县、防城区，6万人以上的有4个，全部集中在中缅边境地区，景洪市外来人口最多，达到了17.13万人。

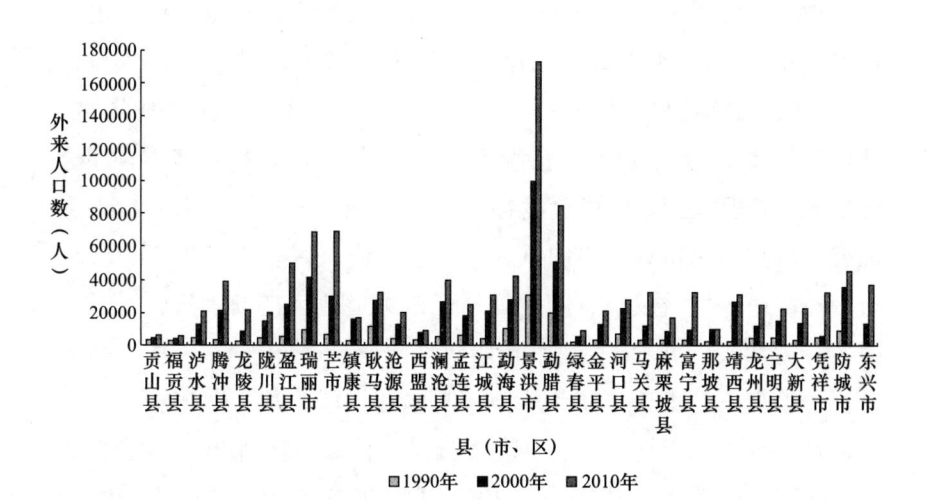

图5-1　西南边境地区外来人口对比（1990年、2000年和2010年）

(二) 外出人口

图 5-2 显示，由于 1990 年第四次人口普查中没有外出人口统计指标，与 2000 年、2010 年统计口径不一致，这里只对第五次、第六次人口普查中西南边境地区的外出人口进行比较。2000 年，西南边境地区外出人口为 46.32 万，占西南边境总人口的 5.5%，2010 年为 123.20 万，占总人口的 14.01%，2010 年比 2000 年增加 76.88 万人。从图 5-2 中可以看出，西南边境外出人口最多的是在中越边境，其中广西边境外出人口最多。2000 年中缅、中老、中越边境地区外出人口分别为 10.74 万、1.25 万、34.32 万，2010 年分别为 45.32 万、4.8 万、75.74 万，2010 年比 2000 年分别增加 34.58 万、3.55 万、41.42 万，分别增长 321.97%、284%、120.69%。可以看出，2000 年、2010 年中越边境都是外出人口最多的区域，但从两次人口普查外出人口的增长状况看，中缅、中老边境地区远远高于中越边境。2000 年，西南边境地区外出半年以上人口 46.32 万，其中广西边境地区 8 县（市）31.13 万，占 67.21%，云南边境地区 25 个县（市）只占 32.79%，外出人口主要集中在广西边境。到 2010 年，广西边境地区 8 县（市）外出人口 55.70 万，占 44.26%，云南边境地区 25 个县（市）外出人口占 55.74%，云南边境地区外出人口在比重上超过了广西边境地区。从西南边境各县（市）的情况看，2000 年，云南边境各县（市）外出人口普遍较少，广西边境各县（市）相对较多，外出人口最多的有靖西县、龙州县、宁明县、大新县、防城区。而到了 2010 年，云南边境地区外出人口急剧增加，广西边境地区持续增长，增长迅速的有腾冲县、龙陵县、陇川县、盈江县、芒市、澜沧县、勐海县、景洪市、勐腊县、金平县、麻栗坡县、马关县、富宁县、那坡县、靖西县、龙州县、宁明县、大新县、防城区。外出人口最多的是靖西县、宁明县和大新县，2010 年分别达到了 14.09 万、9.62 万、8.54 万。

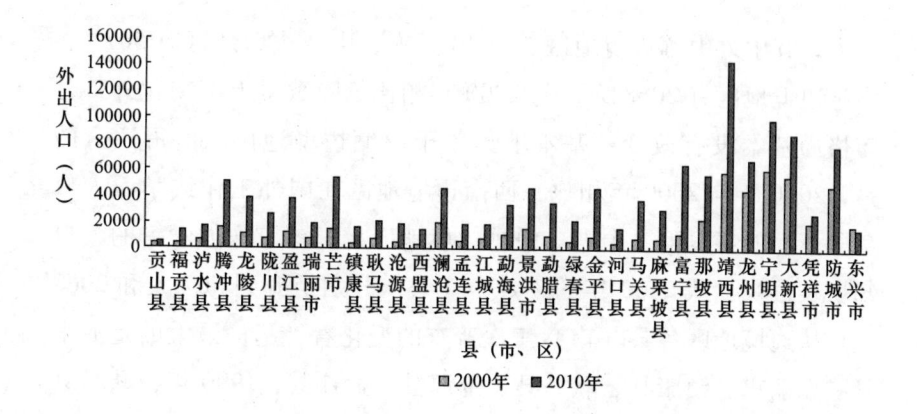

图 5-2 西南边境地区外出人口对比图（2000 年和 2010 年）

（三）国外工作或学习人口

图 5-3 显示，中国西南与缅甸、老挝和越南接壤，与南亚、东南亚各国政治、经济、文化交流频繁，按照人口流动的一般规律，西南边境地区在国外工作或学习人口的主要流向为东南亚、南亚国家，并且以接壤的缅甸、老挝和越南三国为主。从图 5-3 可以看出，西南边境地区国外工作或学习人口三次人口普查变化较大，1990 年，国外工作或学习人口仅为 40 人，32 个县（市）中只有 11 个有国外务工或学习的现象；2000 年，国外工作或学习人口增至 21.27 万人，除贡山县、马关县、麻栗坡县、富宁县外，其余 29 个县（市）都有国外工作和学习的人口；2010 年，国外工作学习人口从 2000 年的 20 多万人降到 2.67 万人，西南边境 33 个县（市）都有在国外工作或学习的人口。从各接壤的边境段看，1990 年 40 人中，中缅边境的景洪市、勐海县共 12 人，中越边境的凭祥市、防城各族自治县共 15 人，中老边境勐腊县有 1 人；与 1990 年相比，2000 年西南边境在国外工作或学习人口急剧增加，从人口的分布情况看，中越边境地区有 90 人，中老边境地区有 53 人，中缅边境地区有 212558 人，形成国外工作或学习人口基本集中在中缅边境地区一边独大的格局；2010 年，国外工作或学习人口急剧下降到 2.67

万人，其中，中缅边境地区有 2.40 万人，中老边境地区有 567 人，中越边境地区有 2068 人，与 2000 年相比，除数量上有变化外，分布格局基本没有改变，基本上集中于中缅边境地区。值得注意的是，2010 年与 2000 年相比，西南边境地区在国外工作或学习人口急剧下降的情况下，中老、中越边境地区在国外工作或学习的人口却增长很快，从 2000 年的不足 100 人，分别上升到 567 人和 2068 人。从边境地区各县（市）三次普查的变化看，起伏最大的是泸水县、瑞丽市、镇康县、耿马县、沧源县、孟连县，1990 年，耿马县国外工作或学习只有 3 人，其余为空白，而到了 2000 年，上述各县（市）都在 1 万人以上，耿马县、沧源县、孟连县高达 4.4 万人、3.81 万人、8.52 万人，到 2010 年，又降至几百人或几千人。

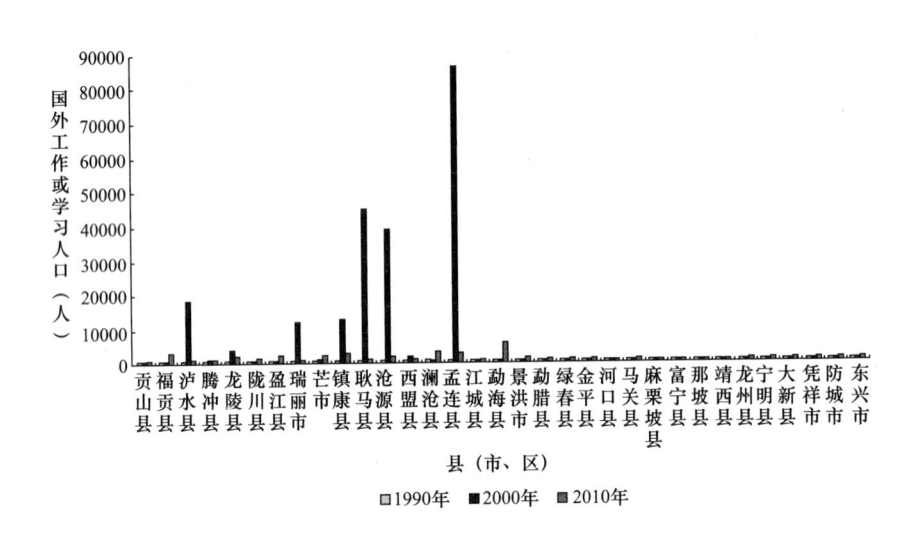

图 5-3　西南边境地区国外工作或学习人口对比
（1990 年、2000 年和 2010 年）

（四）户口待定人口

户口待定人口在边境地区拥有复杂的人口结构，对于边境地区这一特殊的区域来说具有十分重要的影响。从图 5-4 来看，1990—2010 年，

第五章 中国西南边境地区流动人口空间格局演变 | 155

图 5-4 西南边境地区户口待定人口对比（1990年、2000年和2010年）

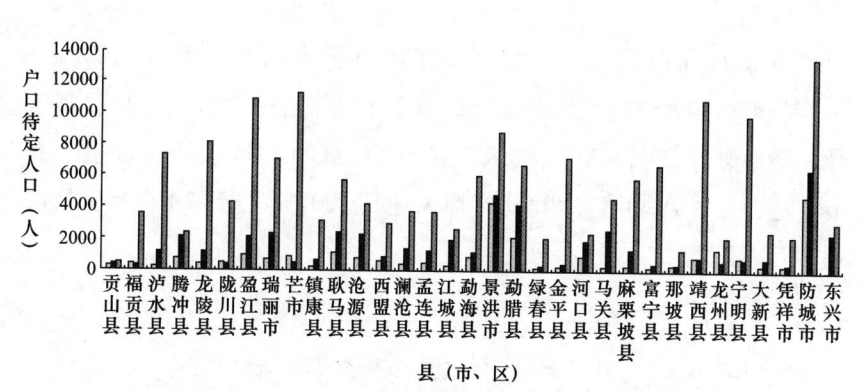

中国西南边境地区户口待定人口不断增多，1990年为2.07万，2000年为4.45万，2010年为17.15万，1990—2010年20年增加了15万余人，特别是在2000年以后的十年间，边境地区户口待定人口数增长迅速。从不同的边境段看，1990年，西南边境地区户口待定人口总数较少，主要集中分布在中缅、中老边境的西双版纳州景洪市、勐腊县，以及中越边境的防城区；2000年，边境地区户口待定人口增加了一倍多，人口分布上也开始出现新的变化，除西双版纳、防城港两个主要区域外，德宏、临沧、普洱、红河的部分县（市）的户口待定人口增加明显，中缅边境户口待定人口高于中越、中老边境地区；2010年，西南边境地区户口待定人口数急剧增长，在整个边境地区的分布也发生了明显的变化，从各边境段看，集中分布于以下几个区域：中缅边境泸水县、龙陵县、德宏州边境县（市）、耿马县、勐海县、景洪市，中老边境的勐腊县，中越边境的金平县、麻栗坡县、富宁县、靖西县、宁明县、防城区。通过三次人口普查数据的对比，2000年与1990年相比，虽然人口数增加了一倍，但从整个边境地区来看变化不大，到2010年，边境地区户口待定人口达到了17万多人，是2000年的近4倍，边境各县（市）增长差异巨大，2010年与1990年、2000年相比，户口待定人口数

起伏最大的有福贡县、泸水县、龙陵县、陇川县、盈江县、瑞丽市、芒市、镇康县、耿马县、勐海县、金平县、麻栗坡县、富宁县、靖西县、宁明县、防城区等县（市、区），特别是盈江县、芒市、靖西县，1990年、2000年均未达到1000人，到2010年都增长到1万人以上。

第三节 流动人口空间格局演变的特征

通过对西南边境地区1990年、2000年和2010年三次人口普查外来人口、外出人口、国外工作或学习人口、户口待定人口等人口流动的静态描述与动态对比，西南边境地区流动人口空间格局演变呈现出以下几个特征。

一 流动人口数量总体持续增长，部分流动人口指标起伏较大

从三次人口普查流动人口的统计数据变化的情况看，西南边境地区流动人口呈现总体持续增长、部分流动人口指标起伏较大的特征。

（一）流动人口数量总体持续增长

按照本书界定的流动人口指标，1990年，人口总量为33.15万，2000年为133.8万，2010年为251.67万，从1990年起到2010年，流动人口的数量持续增长。从流入人口看，1990年为33.15万，2000年为66.22万，2010年为125.81万，每一阶段基本上是成倍增长；从流出人口看，1990年无外出人口统计数据，流出人口只有国外工作或学习人口一项，仅为40人，由于西南边境地区经济社会发展相对滞后，又值改革开放初期，基本上可以推断当时西南边境地区外出人口是比较少的；2000年，流出人口总数达到了67.59万，其中国外工作或学习的人口就达到了21.27万；2010年，流出人口为125.86万，比2000年增加了一倍多。

第五章 中国西南边境地区流动人口空间格局演变

（二）部分流动人口指标起伏较大

从数据上看，无论是流入人口还是流出人口，西南边境地区流动人口总体上是持续较快发展的，但是也存在某些流动人口指标在不同时间出现较大波动的情况，比如国外工作或学习人口等。1990年，西南边境地区国外工作或学习的人口仅为40人，21个县（市、区）为空白，到2000年，国外工作或学习的人口飞速上升，高达21.27万人，主要集中于中缅边境的怒江、德宏、临沧、普洱，1990年人数为零的泸水县、瑞丽市、镇康县、孟连县、沧源县等都达到了1万人以上，孟连县达8万多人，占全县总人口的40%以上。到2010年，西南边境地区国外工作或学习的人口急剧下降到2.67万，比2000年少了18万余人，泸水县、瑞丽市、镇康县、耿马县、孟连县、沧源县等都降到了2000人左右，泸水县、瑞丽市、耿马县降到了1000人以下，此种奇怪的人口现象值得关注。

二 由外来人口为主向外出人口为主转变，外来人口以省内流动为主

外来人口和外出人口是流动人口的主体，西南边境地区从1990年到2010年，外来人口和外出人口的演变呈现出由以外来人口为主向外出人口为主转变，外来人口以省内流动为主的特征。

（一）外来人口为主向外出人口为主转变

1990年，西南边境地区流入人口33.15万，其中，迁入人口17.30万，居住本县、市，离开户口登记地半年以上人口13.78万人，户口待定人口2.07万。外来人口主要指的是不含户口迁移的人口，即指居住在本县、市，离开户口登记地半年以上人口，以及部分户口待定人口。由于受战后重建、经济社会发展等各方面因素的制约，外出人口相对较少，有统计数据的只有国外工作或学习人口40人，因此，在这一阶段西南边境地区主要以外来人口为主。2000年，西南边境外来人口61.77万，外出人口46.32万，外来人口仍占主体。但如果从流入流出两个指标分析的话，2000年流入人口66.22万（含外来人口和户口待定人口），流出人口67.59万（含

外出半年以上人口和国外工作或学习人口），流出人口略高于流入人口。总体来说，在2000年，西南边境地区仍以外来人口为主，外出人口快速增加，与外来人口差距越来越小，流出人口已经超过流入人口。2010年，西南边境地区外来人口108.66万，外出人口123.2万，流入人口为125.81万，流出人口为125.86万，外出人口超过外来人口14.54万，以外出人口为主的流动人口格局已经形成。1990—2010年，西南边境地区流动人口经历了以外来人口为主向外出人口为主的转变。

（二）外来人口以省内流动为主

从2000年、2010年的统计数据看，西南边境地区外来人口以省内流动为主。2000年，西南边境地区外来人口为61.77万，其中省内27.3万，占44.2%，省外15.96万，占25.84%；2010年，西南边境地区外来人口108.66万，其中省内47.84万，占44.03%，省外23.38万，占21.52%，外来人口以省内流动为主。

三 流动人口空间分布不均衡，区域差异大

西南边境地区地理区位特殊，既是与缅甸、越南、老挝等邻国的接壤之地，又是全国少数民族最多的聚集地，还是国际毒品进入中国的主要通道，流动人口结构复杂，民族、宗教、毒品、艾滋病、跨国犯罪等都与流动人口有关。从三次人口普查对流动人口的统计数据看，西南边境地区流动人口分布不均衡，区域差异较大。主要表现在以下三个方面：

（一）不同国家的边境流动人口分布不均衡，区域差异大

中国西南边境有三段边境，即中缅边境、中老边境、中越边境，三段边境流动人口差异较大。外来人口主要集中分布于中缅边境的德宏州、西双版纳州，中老边境和中越边境相对较少；外出人口主要集中分布于中越边境，中缅、中老边境外出人口相对较少；国外工作或学习人口基本上在中缅边境，特别是2000年，西南边境地区国外工作或学习人口21.27万，其中，中缅边境21.26万，

占 99.95%。

（二）不同省份边境地区流动人口分布不均衡，区域差异大

按本书对西南边境地区的界定，边境省份主要指云南省和广西壮族自治区，云南省分别与缅甸、老挝、越南接壤，广西壮族自治区只与越南接壤，因此，流动人口在边境省区的分布也表现出较大的差异性。首先是外出人口的省份差异，2000 年，西南边境地区外出半年以上人口 46.32 万，其中广西 8 县（市、区）31.13 万人，占 67.21%，西南边境外出人口超过 2 万以上的 6 个县（市、区）全部在广西；2010 年广西 8 县（市、区）外出人口 55.70 万，占 44.26%，西南边境外出人口 5 万以上 8 个县（市、区）中，6 个在广西边境。云南边境地区占整个西南边境 2/3 以上，无论是从人口总量还是从县（市）数量比例分析，外出人口主要集中在广西边境地区。其次是国外工作或学习人口的差异，从三次人口普查的情况看，1990 年这一类型的人口不多，两省、区差异小，到 2000 年，国外工作或学习的人口剧增，整个西南边境达到了 21 万多人，而广西在国外工作和学习的人口仅有 55 人，集中分布在云南省；2010 年，尽管国外工作或学习人口急剧回落，但从统计数据上看，仍然是云南省占绝大多数。

（三）不同县域流动人口分布不均衡，区域差异大

流动人口除在不同边境地区和边境省区存在较大的差异外，不同的县（市）差异也较大。外来人口方面，瑞丽、芒市、景洪、勐腊等都保持着较大的人口基数和较快的增长速度，2010 年上述各县（市）外来人口都在 6 万以上，而贡山、福贡、西盟、绿春、那坡等县（市）外来人口较少，三次人口普查数据都没有超过万人；外出人口方面，靖西、龙州、宁明、大新、防城区人口数量多，2010 年都在 6 万以上，特别是靖西县，外出人口超过了 14 万，而贡山、福贡、泸水、镇康、西盟、河口、东兴等外出人口都在 2 万以下；户口待定人口方面，泸水、盈江、瑞丽、耿马、勐腊、景洪、防城区等保持较高水平，贡山、那坡、龙州等人数较少；国外工作或学

习人口方面，1990年此类人口较少，除景洪、勐海、凭祥、防城等少数几个县（市、区）稍多几人外，没有什么差距；2000年，西南边境地区国外工作或学习的人口高达21万多，在边境各县（市、区）的分布也就表现出极大的差异性，如泸水县、孟连县、镇康县、瑞丽市、耿马县、沧源县等都在1万人以上，孟连县达到8万以上，而贡山、福贡、勐海、勐腊、河口、金平、靖西、龙州、宁明、大新等16个县（市、区）却在10人以下。

第四节 对西南边境地区人口空间格局演变的总体评价

本书以1990年、2000年、2010年为时点，从人口规模、人口性别、人口密度等方面分别对中国西南边境地区总人口、民族人口、流动人口的空间格局进行了静态的描述，并分析了1990—2010年20年间的变化特征。从对人口空间格局的分析来看，中国西南边境地区在人口分布上存在一些不合理性。

（一）人口规模总体偏小，人口的集聚程度低，区域对人口的吸引力不足

经过分析，1990—2010年，西南边境地区人口规模的增长速度缓慢，人口的空间格局总体上变化不大，人口总量在西南边境省、区中的比重较小。人口虽然有集聚趋势，但总体上程度较低，极少数区域人口集中明显。从全国来看，东部地区是我国人口最集中的区域，又是经济最发达的区域，充分表明了人口集聚与经济发展之间关系的一致性。区域人口与经济协调发展问题，可以简化为人口分布与经济发展的空间一致性问题，是区域经济持续增长的重要内

容，也是制约和影响区域经济可持续发展的关键因素。① 从西南边境地区来看，人口空间格局的变化过程也能说明这一趋势，如1990—2010年，人口密度变得越大的区域经济发展水平越高，如瑞丽市、芒市、腾冲县、景洪市、河口县、凭祥市、防城区、东兴市等。而其他区域人口密度小或增加缓慢的区域，经济发展也相对较低。但是，西南边境地区与其他区域相比，无论是经济发展环境、经济总量，还是人们的生活水平，都还有较大差距，因此，西南边境地区对人口的聚集力明显不足。

（二）户口待定人口持续增加，对边境地区人口安全带来巨大的挑战

1990—2010年，西南边境地区户口待定人口数持续增加，并广泛分布于西南边境各个区域。按照本书对户口待定人口的界定，户口待定人口包括：因战争等原因长期居住于中国边境地区的邻国难民；"三非人员"；未办理手续的跨境婚姻人群及其子女；原流往缅甸、越南等国的边民，近年来再回到边境居住而身份得不到确认的人口等。户口待定人口中这些特殊人群数量的持续增加，成为居住在西南边境的一个庞大群体，由于身份问题暂时得不到解决，很多方面得不到社会认同，享受不了国民待遇，人口素质普遍较低，给西南边境地区人口安全带来威胁。同时，由于特殊人群的一些非法行为，给边境地区的社会安全也带来影响。

（三）外出人口超过外来人口且差距进一步扩大，影响边境地区经济社会发展和守土固边

从对西南边境地区流动人口空间格局的分析来看，西南边境地区经历了以外来人口为主向以外出人口为主的转变，流出地由以广西边境为主向云南边境持续增加转变。目前西南边境地区外出人口已远远超过外来人口，而且外出人口有进一步增加的趋势。外出人

---

① 封志明、刘晓娜：《中国人口分布与经济发展空间一致性研究》，《人口与经济》2013年第2期。

口比重的不断上升，对边境地区的经济发展和守土固边带来不同程度的影响。第一，外出人口增加导致的经济社会问题。外出人口以青壮年、年轻女性、文化程度较高的群体为主。青壮年人口流出，留在家里的都是老、弱、病、残、幼、妇等群体，生产力相对较弱，社会负担重；高素质人力资源的外流导致生产能力下降；年轻女性大量流出导致人口性别比例失调。第二，外出人口增加导致的守土固边问题。边境地区人口大量外出，边境线一侧村寨人口减少，人口密度下降，守土固边能力减弱。

第六章 中国西南边境地区人口空间格局演变机理

第一节 人口空间格局演变机制研究

人口空间格局是人口过程在地理空间上的表现形式，人口本身的变化以及人口的迁移与流动是影响人口空间格局变化的主要因素，导致人口本身变化以及人口迁移与流动的影响因素又是多方面的。洪堡、李特尔、拉采尔等学者在19世纪论述了人口数量、分布与自然环境之间的关系，指出了地形、气候等自然环境因素对人口布局的影响。在人口迁移与流动机制方面，19世纪末，拉文斯坦提出了人口迁移的规律，伯格认为在人口自由流动的情况下，流入地使移民生活条件改善的因素就成为拉力，而流出地不利的社会经济条件就成为推力，人口迁移就是在这两方面力量的作用下完成的，这就是著名的推—拉理论。随着城市化进程的加快，农村人口大量涌入城市，改变着人口的分布格局，1954年刘易斯认为工业将成为吸纳农业剩余劳动力的部门，吸引农村存在着的大量剩余劳动力逐渐涌入城市，从而改变人口的分布格局，称为刘易斯模型。1969年，托达罗提出了新的人口流动模型，认为城乡预期收入差异是人口向城市流动的驱动因素。张善余（2012）指出，人口的地域分布主要受社会经济因素，特别是社会生产方式、生产力发展水平，以及生产布局特点的影响，同时又离不开一定的自然环境基础，以及历史因素的影响，这些因素通过影响人口再生产和人口迁移而不断改变着人口的分布面貌。①韩惠、刘勇（2000）认为，经济发展对人口分布有决定性影响，人口分布的分散还是集中取决于经济发展，特别是生产力水平和生产力分布的变化。②吕晨、樊杰等（2009）通过研究指出，自然环境是影响人口空间格局的长期因素，经济因素是人口空间格局短期变动的主要原因③；李雨停、丁四保（2009）提出地理成本是影响人口分布的重要因素之一。④姚华松、许学强等（2010）指出，城市发展格局的变化和制度层面是引起广州流动人口空间格局变化的原因。⑤王春兰（2008）指出，政府行政手段、市场经济体制改革与市场机制、人口迁移是城市人口空间格局变化的机制。⑥

综上所述，通过对研究现状的梳理，不难发现，目前对人口空间格局机制和影响因素的研究主要集中于城乡和大城市，机制和影响因素主要是自然环境、经济社会发展水平、历史因素、国家宏观政策等，而对边境地区人口空间格局演变机理的研究尚未发现。

西南边境地区，1990—2010年人口空间格局发生了一定的变化，这是边境地区人口过程发生变化以后在空间上的表现形式，由于西南边境地区特殊的地理区位和复杂的人口结构，影响边境地区人口过程变化的引致因素除自然环境、经济发展水平、政治、历史因素和国家宏观政策外，还包括国际因素、文化因素、地缘因素等。

---

① 张善余：《人口地理学概论》，华东师范大学出版社2013年版，第208页。
② 韩惠、刘勇：《中国人口分布的空间格局及其成因探讨》，《兰州大学学报》2000年第4期。
③ 吕晨、樊杰等：《基于ESDA的中国人口空间格局及影响因素研究》，《经济地理》2009年第11期。
④ 李雨停、丁四保等：《地理成本与人口空间分布格局研究》，《中国人口·资源与环境》2009年第19卷第5期。
⑤ 姚华松、许学强等：《广州流动人口空间分布变化特征及原因分析》，《经济地理》2010年第1期。
⑥ 王春兰：《大城市人口空间演变的政治社会学分析——以上海市为例》，博士学位论文，华东师范大学，2008年。

第二节 西南边境地区人口空间格局演变的引致因素

一 人口空间格局演变的自然环境引致因素

自然环境是人类赖以生存的基础，是各种自然要素的组合体，包括地形地貌、水体气候、土地森林等。人类对自然环境的依赖随着生产力的发展而不断发生着变化，生产力越低下，人类对自然环境的依赖越强，生产力的不断发展增强了人类对自然环境的改造能力，对自然环境的依赖也相对减弱，但是，无论生产力如何发展，都不可能离开自然环境这个基础。人类的发展史证明，人类本能地会选择那些气候温暖湿润、水土充足、地势低平、动植物多的地方作为自己的居住地。自然环境良好的区域，人口较多；自然环境恶劣的区域，则人口稀少，目前仍是如此。世界人口主要集中于四大区域，即亚洲东部、南亚、欧洲、北美洲东部，这些区域基本上位于北半球的中纬度地区，一般都具有温暖湿润、地势低平、多沿河、近海等特点，发展生产力条件优越，四大区域合计占全球陆地面积的 1/7，却集中了全球 2/3 的人口。[①] 中国人口地理学家胡焕庸把从云南腾冲到黑龙江黑河一线作为中国人口地理分界线，东南半壁人口稠密，西北半壁人口稀少，东南地势低平，多盆地平原，河流纵横，土地肥沃，气候宜人，而西北地形复杂，多高原山地和沙漠，海拔高，气候寒冷，土地稀缺。

中国西南边境地区东起东兴市，西至瑞丽市，南起勐腊县，北至贡山县，为一狭长地带，北纬 21°09′—28°23′ 与东经 97°31′—

[①] 李玉江、张果：《人口地理学》，科学出版社 2010 年版，第 141 页。

108°15′①。从中国西南边境地区人口空间格局的情况看，受自然环境作用比较明显。由于地形、气候、水、土等自然环境在人口空间格局演变中是比较稳定的因素，因此，我们分析自然环境静止状态对人口空间格局的影响。

（一）地形

从中国地形图上可以清楚地看到，中国西南边境地区地势西北高，东南低，分别在一、二、三级阶梯上，由西北向东南逐级递减，与中国地形基本一致，将地形与行政区域相结合可以把西南边境地区划分为三段：第一段为怒江段，含贡山、福贡、泸水三县；第二段为腾冲—富宁段，共22个县（市）；第三段为广西边境段，含8个县（市、区）。地形主要通过海拔来影响人们的生产生活，从而改变着人口的分布格局，一般来说，人口分布随着海拔的不断升高而逐渐变得稀少。从中国西南边境地区的人口分布看，受地形因素影响比较明显，统计数据显示，位于我国地形第一阶梯的怒江段，高山峡谷纵横，海拔较高，怒江州内海拔超过4000米的山就有40多座，自然条件恶劣，因此，人口数量相对较少，人口密度小。特别是贡山县，国土面积达4506平方千米，在整个西南地区国土面积中居第七位，但人口数量却是最少的，人口的增长速度也十分缓慢，从1990—2010年只增加了不到5000人，人口密度三次人口普查计算都未超过10人/平方千米；腾冲—富宁段在云贵高原上，属于第二阶梯，地形以高原、山地为主，有少量盆地、丘陵，除了腾冲、瑞丽、芒市、马关、麻栗坡以外，其他县（市、区）人口密度在100人以下，属于人口中等区，而马关、麻栗坡两县靠近第三阶梯，海拔较低；广西边境段属于第三阶梯，地形以丘陵为主，海拔较低，广西边境段8个县，除那坡、宁明两个县外，其余6个县人口密度都在100人以上，属于人口稠密区，广西边境段在整个西南

---

① 本书西南边境地区经纬度确定：勐腊县最南端、贡山县最北端为纬度范围，瑞丽市最西端、东兴市最东端为经度范围。

边境地区中是人口最稠密的区域。

（二）气候

气候对人口分布的影响主要是通过气温、光照、降水等要素影响农业生产类型的产量，进而影响人口的分布。西南边境地区复杂的地形特征形成了特殊的气候特点，从北向南分别有寒温带、温带、暖温带、北亚热带、中亚热带、南亚热带、北亚热带、热带 8 个气候类型，并且呈立体分布。既有低热河谷，又有高寒山区，既有干旱少雨的河谷、盆地，又有湿润多雨的平原丘陵，干湿季节分明，但大部分以热带和亚热带季风气候为主，气温较高，热量丰富，雨量充沛。西南边境地区大部分年均气温在 14—24℃，降水量在 1000—1500 毫米，怒江北部高寒山区年均气温较低，在 10℃ 左右，广西边境各县（市、区）年均温度在 20—24℃。受高原季风、西南季风、东亚季风的影响，西南边境大部分地区降水比较丰富。从西南边境地区的人口分布情况看，怒江边境人口受气候影响明显，怒江边境海拔高，地形复杂，有北部冷，中部温暖，南部炎热的特点，整个区域内垂直上具有寒、温、热等各种气候类型，复杂的气候导致怒江边境由南向北人口逐渐变得稀少，贡山县人口最少，福贡县人口较多，泸水县人口最多；西南边境地区其他区域大部分属热带、亚热带气候，人口分布相对密集。总体上看，人口分布受气候影响明显。

（三）水资源

水资源是指天然降水、地表水和地下水，本书所述水资源指的是地表水，也就是地表径流。水资源是人类生存和发展的最基本的自然资源之一，人口人分布与水资源的关系十分密切，离开水源，人类的最基本的生活、生产活动都无法进行。因此，水资源丰富的区域一般都分布着较多的人口，如非洲的尼罗河，南亚的印度河，欧洲的莱茵河，中国的黄河、长江等，当然，除天然河流外，近湖、近海区域人口也较多。世界上大大小小的人口稠密区都分布在天然水体附近，这是人口分布的一条普遍规律（张善余，2013）。

本书以西南边境几条主要的国际河流为例来说明水资源对人口分布的影响。西南边境地区河流众多，主要为国际性河流，分属伊洛瓦底江、怒江、澜沧江、元江、左江等水系，广西边境的防城港还面临海洋。流经西南边境地区的主要国际性河流有：(1) 大盈江、龙川江，在缅甸汇入伊洛瓦底江；(2) 怒江，流出境外称萨尔温江；(3) 澜沧江，流出境外称湄公河；(4) 元江、把边江（李仙江）、盘龙江都属红河水系，经越南注入北部湾；(5) 水口河、平而河源自越南，入境后在龙州会合，称为左江。本书以2010年的人口数为例，选择上述主要的国际性河流经及临海的西南边境地区县（市、区）进行分析（见表6-1）。西南边境国际河流流经及临海的县（市、区）共19个，怒江边境虽有大江贯穿而过，但因受地形影响人口较少以外，其他县（市、区）从人口总量或人口密度上基本上都是人口较为稠密的区域，如腾冲县、瑞丽市、芒市、麻栗坡县、凭祥市、防城区、东兴市等是西南边境人口最稠密的区域。

表6-1　　　　　　　西南边境地区水系与人口分布情况

	县（市）	主要国际性河流	人口总数（万）	人口密度（人/平方千米）
	贡山县	怒江	3.79	8
	福贡县	怒江	9.86	35
	泸水县	怒江	18.48	63
	腾冲县	龙川江	64.48	110
	龙陵县	龙川江	27.73	96
云南省	陇川县		18.16	94
	盈江县	大盈江	30.52	69
	瑞丽市	大盈江	18.06	177
	芒市	龙川江、怒江	38.99	131
	镇康县		17.64	67
	耿马县		29.63	77
	沧源县		17.91	71
	西盟县		9.13	66

续表

县（市）		主要国际性河流	人口总数（万）	人口密度（人/平方千米）
云南省	澜沧县		49.19	56
	孟连县		13.55	69
	江城县	把边江（李仙江）	12.16	35
	勐海县	澜沧江	33.19	60
	景洪市	澜沧江	51.99	73
	勐腊县	澜沧江	28.17	40
	绿春县		22.22	70
	金平县	把边江（李仙江）	35.62	97
	河口县	元江	10.46	80
	马关县		36.75	133
	麻栗坡县	盘龙江	27.80	116
	富宁县		40.75	75
广西壮族自治区	那坡县		15.37	69
	靖西县		49.85	150
	龙州县	左江	22.18	96
	宁明县		33.71	91
	大新县		29.66	108
	凭祥市	左江	11.21	173
	防城区	临海	36.29	150
	东兴市	临海	14.47	264

资料来源：《云南省 2010 年人口普查资料》和《广西壮族自治区 2010 年人口普查资料》，根据各河流概况整理。

（四）土地资源

土地指的是地球表层，由气候、地貌、岩石、土壤、植被和水文等自然要素的综合体，对人类来说，土地的基本特征是具有生产能力和固定的空间位置，是人类生存、生产、生活的主要空间场所，是社会最基本、最重要的生产资料与劳动对象之一。土地资源指对人类目前或可预见未来有用的土地，可分为耕地、林地、草地、建设用地、未利用地和裸地,以及各类用地的后备资源等(赵济、陈传康,1999)。张善余、李玉江等在其人口地理学的著作中都提到了土壤对人口分布的影响,并分析了不同类型土壤,如冲积土、黑钙土、棕色森林土等宜农土壤以及盐碱土、沼泽土、灰化土等不宜农土壤区域人口的分布状况。本书分析的土地资源指的是西南边境地区拥有的耕地状况。为了真实地反映土地资源与人口分布之间的关系,减少西南边境改革开放以后各种因素对人口分布的影响,选择西南边境相对静止的1990年数据,对西南边境各县(市、区)耕地与人口状况之间的关系进行分析,见表6-2。

表6-2　　西南边境地区1990年耕地与人口分布情况

县(市、区)	耕地(万亩)	人口总数(万)	县(市、区)	耕地(万亩)	人口总数(万)
贡山县	6.39	3.34	勐海县	64	27.90
福贡县	9.61	8.45	景洪市	55.54	33.85
泸水县	19.91	14.64	勐腊县	39.09	17.89
腾冲县	62.49	52.96	绿春县	18.60	18.06
龙陵县	36.54	24.51	金平县	38.58	29.81
陇川县	33.67	14.90	河口县	6.18	7.36
盈江县	44.99	23.54	马关县	45.98	33.70
瑞丽市	19.24	9.83	麻栗坡县	29.01	25.30
芒市	51.30	29.60	富宁县	36.29	36.05
镇康县	32.33	14.32	那坡县	25.54	19.10
耿马县	46.75	22.31	靖西县	79.82	54.51
沧源县	44.91	14.90	龙州县	59.39	25.38
西盟县	28.08	7.99	宁明县	72.82	36.18
澜沧县	122.46	45.08	大新县	72.28	34.01
孟连县	38.08	10.27	凭祥市	11.31	8.88
江城县	16.99	8.94	防城各族自治县	67.48	48.34

资料来源:《云南省1990年人口普查资料》《广西壮族自治区1990年人口普查资料》《云南统计年鉴》(1991)和《广西统计年鉴》(1991)。

总体上看，西南边境地区土地资源对人口分布的作用十分明显，耕地资源丰富的县（市），人口总量相对较多，如腾冲县、勐海县、景洪市、芒市、澜沧县、马关县、靖西县、龙州县、宁明县、大新县、防城各族自治县等；耕地资源相对匮乏的区域人口总量也相对较少，如贡山县、福贡县、泸水县、瑞丽市、江城县、河口县、凭祥市等。同时，少数县（市）也存在耕面积多而人口少的情况，如勐腊县、陇川县、盈江县、耿马县、沧源县、孟连县等，但数据显示，上述各县在 2000 年、2010 年人口持续增长，这跟各县土地资源丰富是密切相关的。

二 人口空间格局演变的经济发展引致因素

人口发展过程与生产力发展水平是紧密联系的，许多人口学家在他们的人口学著作中重点论述了人口发展与生产力发展之间的关系。如果说自然环境是人口发展的基础，那么生产力发展就是人口发展的动力。经济发展水平是衡量生产力水平的基本指标，人口空间格局是人口过程的空间表现形式，自然环境给人口空间布局一个相对静止的状态，而经济发展水平使这种静态变为动态，使人口空间格局随着经济发展不断得到改变。事实证明，随着经济的发展，全球的人口空间格局在不断地发生着变化。西南边境地区人口总体增长缓慢。1990—2010 年，人口空间格局总体变化不大，但逐渐出现人口集聚现象。本书从经济发展水平、生产力布局和产业结构三个方面分析经济发展对人口空间格局演变的影响。

（一）经济发展水平

一般来说，经济发展水平越高的区域对人口就越有吸引力，经济发展水平越高，意味着能提供更多的就业创业机会，带来更高的经济收入，从而改善人们的生活水平。因此，导致人口自然增长率提高，或者吸引人口从经济欠发达地区向经济发达地区迁移和流动。国内外学者在研究人口空间格局变化机制时都指出，经济发展水平是最重要的动力。我国学者利用人均 GDP 代表地区经济发展水平，将其与人口密度做相关分析，所得相关系数达 0.43（P 值小于

0.01），发现经济发达地区人口密度高，经济落后地区人口密度低[①]。我们以 1990 年、2000 年、2010 年西南边境地区各县（市、区）的人均 GDP 与相应的人口密度进行对比，分析经济发展水平对人口空间格局的影响，见表 6-3。1990 年，西南边境地区整体经济水平发展普遍偏低，人均 GDP 在 1000 元以上的只有 6 个县（市、区），受自然环境的影响，人口密度较高的主要集中在中越边境。2000 年，西南边境地区各县（市、区）经济发展水平明显提高，除那坡县、靖西县、宁明县、大新县人口密度有所下降外，其他 29 个县（市、区）人口密度都普遍上升，其中瑞丽、芒市、孟连、凭祥人口密度上升最快。2010 年，西南边境地区各县（市、区）经济仍然保持较快的增长速度，镇康县、耿马县、沧源县、孟连县、那坡县、龙州县、宁明县、大新县人口密度下降外，其他 25 个县（市、区）人口密度上升。

从表 6-3 看，1990—2010 年，西南边境地区所有县（市、区）经济发展水平均处于快速增长状态。经济发展水平与人口密度之间的关系主要有以下几种现象：（1）经济发展与人口密度同向增长，即随着经济发展水平提高，人口密度也不断增加，共有 24 个县（市、区），占 72.7%；（2）经济发展与人口密度反向增长，即经济发展水平提高，而人口密度却持续下降，这种现象有 3 个县，分别是那坡县、宁明县、大新县，占 9.1%；（3）经济发展与人口密度无规律变化，即经济发展水平提高，但人口密度受其他因素影响波动较大，此类现象有 6 个县，分别为镇康县、耿马县、沧源县、孟连县、靖西县、龙州县等，占 18.2%。总体上看，西南边境地区经济发展水平对人口空间格局变化的影响力是较大的。

---

① 李玉江、张果：《人口地理学》，科学出版社 2010 年版，第 135 页。

第六章 中国西南边境地区人口空间格局演变机理

表 6-3　　　西南边境地区经济发展水平与人口分布

县（市、区）	1990 年 人均 GDP	1990 年 人口密度	2000 年 人均 GDP	2000 年 人口密度	2010 年 人均 GDP	2010 年 人口密度
贡山县	471	7	2817	8	10489	8
福贡县	326	30	1576	31	5600	35
泸水县	486	50	2537	59	10891	63
腾冲县	619	91	2917	102	10976	110
龙陵县	530	85	2712	90	9978	96
陇川县	1059	77	3125	88	9568	94
盈江县	854	53	3120	61	13321	69
瑞丽市	1334	96	7352	152	16375	177
芒市	926	99	3883	113	11458	131
镇康县	404	54	2161	69	9578	67
耿马县	853	58	3479	82	11022	77
沧源县	668	58	2401	80	7448	71
西盟县	341	58	1144	62	4922	66
澜沧县	396	51	1224	53	5381	56
孟连县	642	53	2042	107	7908	69
江城县	521	26	2573	29	10479	35
勐海县	867	51	3010	57	11667	60
景洪市	1281	48	6765	62	17579	73
勐腊县	1280	25	5713	33	14474	40
绿春县	258	57	979	64	4987	70
金平县	259	81	1231	86	5614	97
河口县	1078	56	4972	73	17767	80
马关县	347	122	1926	127	9838	133
麻栗坡县	522	106	2254	112	9176	116
富宁县	398	66	1974	70	8289	75
那坡县	489	86	1542	78	6816	69
靖西县	465	164	2129	145	14089	150
龙州县	799	110	3871	112	18843	96
宁明县	889	98	3788	95	15475	91

续表

县（市、区）	1990年 人均GDP	1990年 人口密度	2000年 人均GDP	2000年 人口密度	2010年 人均GDP	2010年 人口密度
大新县	846	124	2699	117	17818	108
凭祥市	1244	137	9320	168	21886	173
防城区	876	163	7994	133	19903	150
东兴市			11926	201	32061	264

资料来源：根据《云南省1990年人口普查资料》《广西壮族自治区1990年人口普查资料》《云南省2000年人口普查资料》《广西壮族自治区2000年人口普查资料》《云南省2010年人口普查资料》《广西壮族自治区2010年人口普查资料》《云南统计年鉴》（1991）、《广西统计年鉴》（1991）、《云南统计年鉴》（2001）、《广西统计年鉴》（2001）、《云南统计年鉴》（2011）和《广西统计年鉴》（2011）数据计算整理。

（二）生产力布局

生产力布局对人口空间格局的作用指国家通过政府宏观调整经济布局，制定相关政策使人口在区域之间通过人口迁移和流动等方式发生空间上的变动，并很快改变一个区域的人口空间格局。我国自秦朝以来就有许多通过调整生产力布局和制定经济政策改变国家人口空间格局的例子。公元前214年、前215年，秦始皇征服和收复南方百越和北方河套地区，为了巩固发展这些地区，分别迁移50万人、3万人；西汉时期，为了改变关中人口稀少的现状，汉高祖刘邦向关中移民30万人；明朝朱元璋为了充实北京，从山西等地移民；清初，四川遭遇天灾人祸，人口稀少，康熙年间，清政府采取鼓励移民入川的政策，湖南、湖北、江西等十几个省的移民涌入四川，产生了"湖广填四川"的谚语。[1] 中华人民共和国成立以后，区域经济发展格局经历了多次调整，同时也伴随着人口和迁移与流动，改变着中国人口的空间格局。新中国成立初期，为了协调沿海

---

[1] 李传永、李恬：《中国历史上的人口迁移》，《四川师范大学学报》1997年第5期。

和内地、汉族和少数民族、大型企业和中小型企业之间的关系，在发展国民经济中，国家从财力、物力、人力上支援内地、开发边疆，推进西部地区经济发展。"一五"期间（1953—1957年），国家将一些大型企业建在内地，并抽调了大批东部沿海城市的干部、技术人员到相应的企业工作，将他们的家属迁往内地，同时，又动员许多复员转业军人和城市知识青年到东北、西北、内蒙古等地开办许多国营农牧场等；20世纪60年代，中苏关系恶化，从国防和战备需要出发，中国调整了生产力布局，重点加强"三线"地区建设，开辟西部工业基地，将东部工业有计划地向西部转移，这一时期持续了16年，约400万人迁移到西南、西北地区。上述两个时期，国家调整生产力布局，不仅促进了西部地区的经济发展，也在一定程度上改变了中国的人口空间格局。20世纪80年代开始，中国进入改革开放的新时期，国家实行东部沿海地区优先发展的战略，在东部沿海先后设立了5个经济特区、14个沿海港口城市、5个沿海经济开放区。在政策上给予大力支持，国家的大项目也多布置在东南沿海地区，中国经济布局的重点开始向东部倾斜，资金、技术、人员等各类要素开始向东南沿海集中。珠三角、长三角区域成为中国人口的主要聚集地，直到目前，东部沿海仍是中国人口流动的主要目的地。由于改革开放带来了区域经济差距不断扩大，中国开始关注区域协调发展，2000年以后，中国统筹区域协调发展，相继推出西部大开发、中部崛起、振兴东北老工业基地等战略，并加强与周边国家的区域经济合作，加大了沿边对外开放力度。中国区域人口再分布出现了人口由"东南沿海单向集中"转向"多向集中"、中西部地区劳动力吸纳效应显现[1]，人口密度西北、西南大部分地区快速增加。[2]

---

　　[1]　王春兰、杨上广：《中国区域发展与人口再分布新态势》，《地域研究与开发》2014年第33卷第1期。
　　[2]　王露、封志明等：《2000—2010年中国不同地区人口密度变化及其影响因素》，《地理学报》2014年第12期。

西南边境地区位于中国西南边陲，地形地貌复杂，山多地少，少数民族聚集，长期以来都是国家政治经济文化发展辐射的末梢，经济落后，人烟稀少。新中国成立以后，国家高度重视落后地区和民族地区发展。20世纪90年代以前，从国家"一五"计划到"三线"建设，西南边境地区经济社会得到了不同程度的发展，东部、中部地区省份的一大批技术人员、工人、知识青年等为了响应国家建设西部和边疆的号召迁移到了西南边境，使西南边境地区的人口增加。1990年以后，中国与西南邻国关系恢复正常，西南边境地区开始进入正常发展时期，和平与发展成为世界主题，经济全球化、区域经济一体化趋势席卷全球。在统筹区域发展的背景下，中国大力实施西部大开发战略，加速推进西南国际经济合作。1990年到2010年，国家积极推进与西南边境地区紧密相关的区域合作主要是大湄公河次区域合作和中国—东盟自由贸易区建设。随着大湄公河次区域合作和中国—东盟自由贸易区合作的不断深入，作为中国与东南亚国家中介区域的西南边境地区在经济快速发展的同时，人口空间格局是否也受到影响呢？本书选择国家一类口岸所在的县（市、区）来分析1990—2010年国家生产力布局对西南边境地区人口空间格局演变的影响，见表6-4。

表6-4　　　　1990—2010西南边境地区一类口岸所在县（市、区）人口状况

县（市、区）	1990年 人口密度（人/平方千米）	2000年 人口密度（人/平方千米）	2000年 外来人口（人）	2010年 人口密度（人/平方千米）	2010年 外来人口（人）
腾冲县	91	102	19981	110	37262
瑞丽市	96	152	39824	177	66951
耿马县	58	82	25446	77	30734
江城县	26	29	19206	35	28768
勐海县	51	57	26543	60	40705
景洪市	48	62	98416	73	171303

续表

县（市、区）	1990年 人口密度（人/平方千米）	2000年 人口密度（人/平方千米）	2000年 外来人口（人）	2010年 人口密度（人/平方千米）	2010年 外来人口（人）
勐腊县	25	33	49548	40	83339
金平县	81	86	11201	97	19326
河口县	56	73	21317	80	26195
麻栗坡县	106	112	6283	116	14738
靖西县	164	145	24957	150	29551
龙州县	110	112	9669	96	23214
宁明县	98	95	13084	91	20276
凭祥市	137	168	4056	173	30792
防城区	163	133	34156	150	43759
东兴市		201	11689	264	35965

资料来源：《云南省1990年人口普查资料》《广西壮族自治区1990年人口普查资料》《云南省2000年人口普查资料》《广西壮族自治区2000年人口普查资料》《云南省2010年人口普查资料》和《广西壮族自治区2010年人口普查资料》。

国家一类口岸所在县（市、区）为国家西部大开发和对外开放战略重点建设区域，上述区域的人口空间格局变化基本上能反映国家经济战略变化对人口的影响。从表6-4来看，第一，1990—2010年，西南边境地区人口密度总体上升，大部分较为缓慢，其中增长较快的为瑞丽市、景洪市、凭祥市、防城区、东兴市，靖西、龙州、宁明县有下降趋势。人口密度总体上升，但较为缓慢，且波动性较大，说明区域对人口的拉力还不足，部分地区推力大于拉力。第二，外来人口快速增加，特别是腾冲县、瑞丽市、勐海县、景洪市、勐腊县、龙州县、凭祥市、防城区、东兴市等。外来人口增多，按照人口流动的一般规律，说明西南边境地区对人口的吸引力逐渐增强。总体来看，1990—2010年，在国家西部大开发和对外开放的作用下，人口逐渐向西南边境地区聚集，但规模较小，对人口的吸引力仍然不足。

(三) 产业结构

较早从产业结构角度分析人口分布的是法国学者列凡塞尔。19世纪80年代初，他从人口统计方面提出了经济发展程度和人口数量之间的如下对比关系公式：人口密度每平方千米0.02—0.03人为渔猎时期，每平方千米0.5—2.7人为畜牧业时期，每平方千米40人以上为耕作时期，每平方千米达160人为工业时期，如果人口密度更大则为商业时期。我国学者利用GIS软件对我国县域人口密度采用分位法进行五级分类（GIS人口密度五级分类：>622，338—622，172—338，75—172，<75）[1]，并与对应的县域产业结构进行分类统计，研究表明，人口密度大于600人/平方千米的县域，平均第一产业比重低于10%，人口密度小于75人/平方千米的县域，平均第一产业比重高于20%，随着第二、第三产业比重的逐步上升，区域人口密度也随之提高，区域产业结构层次越高，吸纳的人口也越多。[2] 我们分别计算西南边境地区1990年、2000年、2010年的产业结构构成，并与人口密度进行对比，分析产业结构对人口空间格局演变的影响，见表6-5。

从表6-5来看，用目前学者对全国各县域产业结构与人口空间分布关系规律的研究成果来解释西南边境地区产业结构对人口空间格局的影响，总体上看，西南边境地区产业结构对人口分布的影响基本上是符合规律的，但又表现出其独特性。

第一，产业结构层次高，人口密度高。从表6-5看，从1990—2010年，西南边境地区人口密度整体上是持续增加的，而产业结构也表现出由较低层次向较高层次的转变，比如第二产业比例整体上逐年提高，第三产业从2000年到2010年比重不断上升，产业结构对人口空间格局的影响总体上符合产业层次越高，人口密度

---

[1] 吕晨：《人口的迁移与流动——人口空间集疏的机理研究》，中山大学出版社2014年版，第45—46页。

[2] 吕晨、樊杰、孙威：《基于ESDA的中国人口空间格局及影响因素研究》，《经济地理》2009年第29卷第11期。

越高的规律,特别是广西边境地区表现最为显著。

第二,产业结构层次高,人口密度低。这是西南边境地区人口分布与目前产业结构与人口分布规律表现出来的不一样的特征。1990年,西南边境地区经济总体落后,32个县、市中有26个人口密度都在100人以下,除广西边境7个县(市、区)外,云南边境25个县(市)中24个第三产业比重都在50%以上,贡山县、江城县、勐腊县人口密度分别只有7人、26人、25人。这种产业结构与人口分布不能不说是西南边境地区人口分布的奇特现象,值得进一步深入研究。

表6-5　　　　　西南边境地区产业结构与人口分布

县（市、区）	1990年 产业结构	1990年 人口密度	2000年 产业结构	2000年 人口密度	2010年 产业结构	2010年 人口密度
贡山县	24:6:70	7	43:22:35	8	21:40:39	8
福贡县	35:7:58	30	51:21:28	31	19:39:42	35
泸水县	36:13:51	50	26:26:48	59	13:33:54	63
腾冲县	22:16:62	91	39:19:42	102	25:33:42	110
龙陵县	28:15:57	85	48:19:33	90	34:38:28	96
陇川县	23:17:60	77	46:31:23	88	39:28:33	94
盈江县	24:17:59	53	43:24:33	61	27:50:23	69
瑞丽市	17:13:70	96	24:22:54	152	20:20:60	177
芒市	19:22:59	99	28:26:46	113	25:31:44	131
镇康县	38:8:54	54	53:19:28	69	27:40:33	67
耿马县	23:12:65	58	49:26:25	82	43:25:32	77
沧源县	18:10:82	58	49:21:30	80	28:31:41	71
西盟县	28:13:59	58	32:20:48	62	30:20:50	66
澜沧县	22:14:64	51	51:12:37	53	32:31:37	56
孟连县	22:9:69	53	42:25:33	107	38:22:40	69

续表

县 （市、区）	1990 年 产业结构	1990 年 人口密度	2000 年 产业结构	2000 年 人口密度	2010 年 产业结构	2010 年 人口密度
江城县	24：14：62	26	51：16：34	29	29：46：25	35
勐海县	25：14：61	51	51：14：35	57	23：39：38	60
景洪市	37：9：54	48	32：16：52	62	25：32：43	73
勐腊县	42：5：53	25	50：15：35	33	41：21：38	40
绿春县	37：7：56	57	46：9：45	64	32：36：32	70
金平县	48：7：45	81	55：19：26	86	25：47：28	97
河口县	32：7：61	56	24：14：62	73	26：20：54	80
马关县	32：14：54	122	40：27：33	127	22：45：33	133
麻栗坡县	26：9：65	106	43：21：36	112	23：42：35	116
富宁县	35：10：55	66	49：23：28	70	25：35：40	75
那坡县	75：12；13	86	53：12：35	78	38：19：43	69
靖西县	77：14：9	164	57：15：28	145	13：65：22	150
龙州县	55：34：11	110	47：20：33	112	33：33：34	96
宁明县	55：33：12	98	35：15：50	95	38：37：25	91
大新县	56：40：4	124	46：30：24	117	26：49：25	108
凭祥市	44：18：38	137	10：7：83	168	14：27：59	173
防城区	78：20：2	163	32：27：51	133	23：44：33	150
东兴市	78：20：2	163	27：16：57	201	18：37：45	264

资料来源：《云南省 1990 年人口普查资料》《广西壮族自治区 1990 年人口普查资料》《云南省 2000 年人口普查资料》《广西壮族自治区 2000 年人口普查资料》《云南省 2010 年人口普查资料》《广西壮族自治区 2010 年人口普查资料》《云南统计年鉴》（1991）、《广西统计年鉴》（1991）、《云南统计年鉴》（2001）、《广西统计年鉴》（2001）、《云南统计年鉴》（2011）和《广西统计年鉴》（2011）。

三 人口空间格局演变的历史、社会和政治引致因素

人口的空间格局演变除受自然环境因素和经济发展因素的影响

外，还同时受到历史、社会、政治等因素的影响。首先，人是历史的产物，人口分布受历史因素影响。从人类开始出现，为了对抗各种威胁，他们很自然地聚在一起，过着一种群居生活，在悠久的历史长河中，固守着一片区域繁衍生息，形成人口的原始分布格局。由于长期生活在一个地方，人们对当地的地形、气候、水土等自然环境有了很强的适应性，并利用这些自然环境形成其相应的生产生活方式，如北方喜吃面食、南方喜吃米饭，北方以旱地为主、南方以水田为主，平原丘陵耕作、高原草原游牧、大河深山渔猎等。人口在一个区域聚集的历史越长，就越不愿意离开祖祖辈辈生活的地方，也就是人们常说的"故土难离"。因此，任何一个地区的人口空间格局状态总会不同程度地存在着历史的烙印。其次，人又具有很强的社会属性，人口的空间分布同样受到社会的影响。影响人口空间格局变化最重要的社会因素是人口政策。美国西迁运动时期的移民政策导致人口大量向西部迁移，从而改变美国人口布局；中国历史上的移民戍边和屯垦政策，以及中华人民共和国成立初期宽松的人口政策使中国人口快速增长，就曾经一度改变中国的人口空间格局；新中国与苏联等国对少数民族实行特殊的人口政策，使少数民族地区的人口迅速增加。因此，人口政策是调节人口分布的一种重要社会制度，是影响人口空间格局最直接有效的社会因素。鼓励与控制人口生育的政策，在人口增长率提高与降低的情况下可以直接影响人口的数量，使区域人口密度、分布发生变化。最后，人口是一个国家力量的重要组成部分，人口的空间格局又受政治因素的影响。人口都是以一个集群的概念存在于以国家为单位的政治地理单元中，人口的空间布局常常受到比如战争、政治动乱等政治因素的影响。如公元307—312年的"永嘉之乱"，黄河流域人口为了躲避战乱，大规模迁往长江流域的江苏、湖北、安徽等地，总数达90余万；唐朝末年的"安史之乱"，中原地区人口被迫迁往长江流域和珠江流域，人口总数达100余万；北宋末年的"靖康之乱"，黄河流域的人口大批迁往长江流域的湖北、浙江、江苏、四川等地，达 500 余万；19 世纪 60 年代鼓励移民实边，以山东、山西、河南、河北等省为主的人口大量涌向东北，历史上称为"闯关东"，人口总数达 4000 多万，后留在东北的就有 700 多万；还有清末光绪年间由于连年自然灾害，山西、陕西、河北等省大批人口涌向长城以北的新疆、内蒙古等地，史称"走西口"，改变了当时的人口空间格局。清末民初，军阀割据，列强侵略。

西南边境地区地理区位特殊，少数民族众多，从中华人民共和国成立至今与西南某些邻国关系一直十分微妙，如 20 世纪 60 年代的中缅关系，70 年代末至 90 年代初的中越、中老关系等。因此，西南边境地区的人口空间格局演变受历史、社会、政治等因素的影响较大。

(一) 历史因素

西南边境地区历史因素对人口空间格局演变的影响主要有两个方面。

第一，西南边境在悠久历史长河中形成的人口分布格局。西南边境地区虽然地理位置偏远，但人类历史十分久远，云南元谋人是中国最早的人类之一，距今约 170 万年，足以说明在西南这片土地上早就有人类存在。西南边境地区分布着 50 多个少数民族，特有的民族就有 20 多个，这些少数民族就像一颗颗璀璨的明珠，散落在西南边境的各个区域，形成西南边境民族人口大杂居、小聚居的分布格局。西南边境地区少数民族目前的分布格局是在长期的历史进程中形成的。西南边境地区少数民族由北向南大致可分为三段。北段贡山—泸水段，以氐羌族群为主，如怒族、独龙族、傈僳族、基诺族、景颇族、阿昌族、拉祜族等；中段腾冲—孟连段，以百濮族群为主，如德昂族（濮龙）、佤族（濮饶）、布朗族（濮曼）等；南段勐海—东兴段，以百越族群和苗瑶族系为主，如傣族、壮族、布依族、侗族、水族、苗族、瑶族、仡佬族、黎族等。远在新石器时代，氐羌的先民便已分布在滇西北澜沧江、怒江流域，他们沿河流由北向南迁移，与中段百濮族系的民族融合杂居；中段百濮族系的民族为世居民族，汉晋时期，佤族、德昂族、布朗族的先民被称为濮、闽濮、躶濮等，主要分布于今云南保山及其西南地区，战国至西汉，滇西南有哀牢国，到东汉设永昌郡，历史资料表明，哀牢国与永昌郡均为古濮人世居，保山坝是哀牢王国的发祥地和都邑所在地，为现在的保山市[①]；南段居住着众多民族，有氐羌族群南下的彝族、拉祜族、基诺族、哈尼族，有百濮族群南下的布朗族、佤族，有百越族群的傣族和苗瑶族系的苗族、瑶族，以傣族为世居和主要居住民族，保留着百越族群的文化特征。特别是中国20世纪90年代加大沿边开放以来，西南边境地区人口的集聚进一步增强，各民族的融合进一步加深，你中有我、我中有你，形成西南边境地区现在的人口空间格局。

第二，疆域变动。中国西南边境地区与西南接壤邻国在历史上有过多次疆域的变迁，古时候缅北、越北与中国接壤的地区都是中国的疆土，后经历过朝代更迭，边界也发生了变化，而生活在这一区域的人口，却因为疆域变动，虽属同一民族，但分属两个国家，我们称为跨境民族，形成了中国西南边境地区特有的跨境民族人口分布格局。西南边境跨境民族与邻国民族的关系在第二章里已做过分析和列举。

（二）社会因素

人口政策是影响西南边境地区人口空间格局的最主要的社会因素，人口政策通过影响人口的自然增长改变区域人口规模，从而改变人口在空间上的格局。我国自20世纪70年代开始实行计划生育政策，到80年代，计划生育成为我国的一项基本国策。一直以来，我国对少数民族都实行宽松于汉族的人口政策，比如在计划生育的核心问题，即家族生育孩子数量的限制上，规定汉族夫妇一般只能生育一个孩子，特殊情况下可照顾再生育一个孩子，而少数民族

[①] 周大鸣：《泛珠三角区域合作与发展研究报告》，2007年。

(1000万人口以下的）的夫妇一般可以生育两个孩子，边境和人口较少的少数民族的夫妇可以有间隔地生育三个孩子，西藏自治区的少数民族农牧民和部分民族地区少数民族的夫妇不受生育数量的限制（湛中乐、周旺生，2005）。西南边境地区在计划生育条例中也分别对少数民族计划生育进行了单独规定，如云南德宏州制定的《关于执行〈云南省计划生育条例〉的暂行规定》中规定：夫妻双方为傣族、景颇族、阿昌族、傈僳族、德昂族等本地少数民族的非农业人口，有实际困难的，经批准可以有计划地安排生育第二个孩子；农业人口一对夫妇可以有计划地安排生育两个孩子，有特殊困难的可以有计划地安排生育第三个孩子。中国实行差别的人口政策，使少数民族人口保持持续上升的态势，西南边境地区人口增长较快的少数民族有佤族、布朗族、布依族、哈尼族、阿昌族等。

（三）政治因素

影响中国西南边境地区人口空间格局演变的政治因素主要有两个方面。

第一，战争。对于中国西南边境地区来说，由战争引起的人口空间格局变化主要来自战争形成的难民群体在空间上的迁移流动。首先，越南难民。20世纪70年代末80年代初，中越关系恶化，中国为了维护国家主权和领土完整，在万般无奈的情况下发动了对越自卫还击战，从而引发了中越边境大量的难民潮。越南难民潮形成的主要原因是中国与越南国家关系恶化后，越南政府采取抵制华人的策略，强迫越南籍的华人回迁，同时把部分边境少数民族驱逐进入中国边境。据统计，1978—1980年，先后有大约28万越南难民从广西壮族自治区和云南省涌入我国境内，中国政府采取了社会融合的独特方式，将这些越南难民安置到广西、广东、江西、云南、福建、海南等省196个华侨农场或国营单位（甘开鹏，2012）。作为与越南接壤的云南省、广西壮族自治区，自然成为越南难民安置的主要区域，由于越南难民通常是被作为外国人来对待的，因此，

第六章　中国西南边境地区人口空间格局演变机理

他们往往不会受到我国计划生育政策的约束，并且难民缺乏计划生育的观念，近年来，难民的数量快速增长，已经严重影响到了该地区的正常发展。[1] 以河口县为例，1978 年越南难民进入河口县境内时，人口仅有约 3000 人，在不到 30 年的时间里，人口增加到 5828 人，人口自然增长率高达 95%，每年新生人口大约在 230 人，年平均增长达 4%，预计 2010 年难民数量将达到 1 万人。[2] 其次，缅甸难民。战乱是缅甸难民大量涌现的直接原因，缅甸自 1948 年独立后，国内战事持续不断，1988 年军人集团上台后采取的高压政策引发了百万难民逃往中国、泰国、马来西亚、印度、孟加拉国等国避难。据统计，2013 年缅甸难民总数为 134 万人，其中国内有 85 万人，流落在国外的共有 49 万人，居世界第十三位。[3] 近年来，缅甸内战一直不断，大量难民从缅甸边境涌入中国西南边境云南省边境一线，2009 年 8 月 8 日，缅甸政府军与缅北果敢特区发生冲突，短期内涌入我国境内的难民就达 3.7 万余人[4]；2011 年 6 月 9 日以来，缅甸政府军与少数民族武装克钦独立军打破长达 17 年的停战协议，不断发生武装冲突，缅北战事一直持续至今，截至 2014 年 2 月 22 日，"克钦战事"已造成近 10 万名难民。[5] 从西南边境地区人口空间格局演变历程看，1990—2010 年，西南边境地区户口待定人口不断增加，2010 年达到了 17 万多人，其中相当一部分人口为难民。大量难民的存在，不仅对西南边境地区的社会、经济等方面带来影响，而且随着难民数量的增加，改变着西南边境地区的人口空间

---

[1] 汪昱廷、李勇：《对云南红河州越南难民处置安排的法律意见》，《法制与社会》2011 年第 4 期。

[2] 吴喜、梁晋云：《难民问题是影响中国边境地区社会稳定的诱因——云南河口县难民问题调研报告》，《云南警官学院学报》2010 年第 1 期。

[3] The UN Refugee Agency：http：//www.unhcr.org/cgi‑bin/texis/vtx/page? page = 49e4877d6&submit = GO.

[4] 王研、杨跃萍等：《缅甸果敢地区局势趋于平稳我国妥善处置涌入境内边民》，《人民日报》2009 年 8 月 31 日第 4 版。

[5] 范承刚、邵世伟：《"到中国去"中缅边境线上的十万克钦难民》，南方周末网：http：//www.infzm.com/content/85250，最后访问时间：2014 年 11 月 14 日。

格局。

  第二，政治运动。新中国成立初期，由于西南边境地区民族关系复杂、社会发育程度低，在一些国民党反动派潜伏人员的挑唆下，于1957年在怒江福贡县发生了国民党特务发展"云南反共人民游击队"，联合其他反动组织企图推翻人民政府的事件，西南边境地区政治社会关系变得十分紧张。为了维护新中国政权，1958年，中共中央决定在少数民族地区开展整风运动，一场全国性的运动蔓延到全国各少数民族地区。经过整风运动，少数民族地区的政治社会环境得到了根本改善，但是随着整风运动扩大化，许多少数民族的群众也无辜受到牵连，甚至为此而丧命。因而，一部分人选择外逃以躲避这场运动。西南边境以怒江、临沧边境外逃人数最多，据记载，1958年，仅福贡县人口外流就达2968人。[1] 流往缅甸的人口主要流至缅甸掸邦第一、第二特区生活，经过长时间的生活，这部分人口有的与当地农民结婚、生子、定居，取得了缅甸国籍，大部分却未能取得缅甸国籍。近年来，由于中国边境优惠政策越来越好，加上缅甸内战频发，原来外流到缅甸的边民陆续回到家乡，我们把他们称为回流人口，又叫归侨侨眷，但由于时间太长，原户籍资料很多已被注销，身份已难以确定，成为户口待定人口。调研统计数据显示，怒江全州共有"归侨侨眷"19605人，四县均有分布，其中福贡县最多，有13695人，泸水县2745人，兰坪县2700人，贡山县465人，主要集中在福贡县上帕镇、架科底乡、鹿马登乡以及泸水县的片马和洛本卓乡，上帕镇中又以木古甲村最多，达190人。[2] 无论是外流还是回流，这些人口都在一定的时期改变着西南边境地区的人口空间格局。

---

  [1] 曹维盟：《中缅边界少数民族无国籍人口问题研究——以建国初期云南省福贡县外流边民群体为中心》，《八桂侨刊》2013年第3期。
  [2] 《云南上万人1958年逃往缅甸27年后返回失去国籍》，凤凰网资讯：http：//news.ifeng.com/mainland/detail_ 2012_ 10/29/18630904_ 0. shtml。

四 人口空间格局演变的文化引致因素

文化是一个十分宽泛的概念，有物质文化、精神文化、制度文化等，本书分析文化因素对人口空间格局变化的影响主要指的是少数民族婚育习俗和西南边境地区人口的文化程度状况。文化因素对人口空间格局变化的作用主要从两方面进行分析：第一，影响人口的自然增长来改变人口的空间格局。通过文化程度高低影响生育观念，民族风俗影响生育行为等方面作用于人口的自然增长，从而改变人口的空间格局。第二，影响人口的迁移流动来改变人口的空间格局。文化程度高低影响人口的迁移流动，一般来说，文化程度高的人口外出就业容易、待遇高，文化程度低的人口外出就业困难，待遇相对差。如果一个区域文化程度普遍较高，那么该地域外出工作的人口多；反之则少。因此，区域的文化程度高低会影响这个区域的外出人口的数量，从而改变区域的人口空间格局。西南边境地区是一个十分复杂的区域，少数民族众多，社会发展程度不一，居住在云南边境地区崇山峻岭、山川峡谷、深山密林中的许多少数民族，比如独龙族、怒族、傈僳族、景颇族、布朗族、德昂族等，社会发展程度相对较低，而居住在坝区丘陵的傣族、壮族、苗族、瑶族、哈尼族等社会发展程度相对较高。本书从文化程度和民族习俗两个方面来分析文化因素对西南边境地区人口空间格局演变的影响。

（一）文化程度

从西南边境地区各县（市、区）人口文化程度及外出人口的统计数据看，双方存在正相关关系，即文化程度越高，外出人口越多，文化程度越低，外出人口越少，外出人口随着文化程度的提高而不断增加。将文化程度分为：①本科及以上（本科、研究生）；②小学及以上（小学、初中、高中、中专、大专）；③文盲半文盲三个层次，分别计算三个文化层次的人口数占当年6岁以上人口数的比重，并列举当年各区域外出人口数进行对比分析（见表6-6）。

表6-6　　　　　　　西南边境地区文化程度与人口分布

县(市)	1990年 本科及以上(%)	1990年 小学及以上(%)	1990年 文盲半文盲(%)	2000年 本科及以上(%)	2000年 小学及以上(%)	2000年 文盲半文盲(%)	2000年 外出人口(人)	2010年 本科及以上(%)	2010年 小学及以上(%)	2010年 文盲半文盲(%)	2010年 外出人口(人)
贡山县	0.1	46	54	0.13	67	33	794	1.64	84	15	2201
福贡县	0.1	37	63	0.11	51	49	1328	1.01	79	20	11358
泸水县	0.2	43	57	0.38	68	32	2837	2.42	77	21	13874
腾冲县	0.1	79	21	0.20	91	9	13379	1.44	95	4	47418
龙陵县	0.1	66	34	0.12	81	19	7793	1.39	91	8	35110
陇川县	0.1	61	39	0.12	80	20	5046	1.31	88	11	22972
盈江县	0.1	61	39	0.11	85	15	9058	1.19	91	8	34667
瑞丽市	0.3	67	32	0.50	85	15	4421	2.10	89	9	15898
芒市	0.4	64	36	0.57	80	19	11738	2.75	87	10	51074
镇康县	0.03	44	56	0.09	75	25	1244	0.89	80	19	13042
耿马县	0.1	44	57	0.11	79	21	4710	0.89	89	10	18361
沧源县	0.1	53	47	0.09	79	21	2359	0.91	85	14	15904
西盟县	0.1	43	57	0.07	67	33	1515	1.12	85	14	12165
澜沧县	0.03	33	66	0.08	61	39	17141	0.69	86	13	42929
孟连县	0.1	43	57	0.17	79	21	3530	1.03	80	19	15891
江城县	0.03	66	34	0.10	81	19	5128	1.53	88	11	15948
勐海县	0.1	17	45	0.12	77	23	8003	0.85	86	14	30271
景洪市	0.3	68	32	0.53	83	17	12542	2.22	86	12	43390
勐腊县	0.1	66	34	0.16	78	21	7381	1.30	84	15	32091
绿春县	0.04	31	69	0.05	47	44	3738	0.78	83	17	18642
金平县	0.02	31	69	0.08	53	47	6630	0.64	74	26	43952
河口县	0.11	66	34	0.24	80	20	2023	1.62	84	14	13441
马关县	0.03	65	35	0.07	83	17	5369	0.85	93	7	34957
麻栗坡县	0.02	63	37	0.07	82	18	4569	1.06	95	4	27595

续表

县(市)	1990年 本科及以上(%)	1990年 小学及以上(%)	1990年 文盲半文盲(%)	2000年 本科及以上(%)	2000年 小学及以上(%)	2000年 文盲半文盲(%)	2000年 外出人口(人)	2010年 本科及以上(%)	2010年 小学及以上(%)	2010年 文盲半文盲(%)	2010年 外出人口(人)
富宁县	0.03	55	45	0.05	78	22	9616	0.78	88	11	61830
那坡县	0.1	71	29	0.10	88	12	20299	0.87	88	11	54267
靖西县	0.04	79	21	0.09	91	9	56572	0.62	94	6	140848
龙州县	0.12	81	19	0.24	93	7	42956	1.07	94	5	65963
宁明县	0.06	78	22	0.16	91	9	58125	0.72	93	6	96213
大新县	0.07	83	17	0.13	90	10	53110	0.78	94	6	85432
凭祥市	0.14	81	19	0.50	93	6	18020	2.03	94	4	25243
防城区	0.17	81	19	0.36	93	7	46327	1.40	95	4	75847
东兴市				0.45	92	8	15854	1.46	95	4	13172

注：因为四舍五入，表中项目百分比之和有时不等于100%。1990年外出人口数不详，故缺省。

资料来源：《云南省1990年人口普查资料》《广西壮族自治区1990年人口普查资料》《云南省2000年人口普查资料》《广西壮族自治区2000年人口普查资料》《云南省2010年人口普查资料》和《广西壮族自治区2010年人口普查资料》。

从表6-6可以看出，西南边境地区文化层次高的人口数越多，外出人口也越多，文化程度对人口流动的作用明显。这里文化层次高的人口数主要指的是小学以上人口，文盲与半文盲人数下降很快，本科及以上高学历人数增长缓慢，说明西南边境地区教育发展滞后，对高学历人才的吸引力还不够。从西南边境地区流动人口总体格局看，2000—2010年实现了以流入人口为主向流出人口为主的转变，说明西南边境地区目前的推力仍然大于拉力。

（二）民族习俗

生育观念和生育行为是影响人口自然增长的重要因素之一，越是经济社会发展相对落后的边疆民族贫困区域，生育观念与生育行为对人口的自然增长的影响越大。生育观念和生育行为我们统称为生育文化，是指关于生育的社会意识形态以及与之相适应的制度，也就是有关生育的价值观念和观念指导下的人们的行为规范。无论是汉族还是少数民族，在悠久的历史长河中，不同的民族形成他们独特的生育文化，并代代相传，其中就包括各自不同的生育观念和生育行为。

从对西南边境地区17个跨境少数民族的人口空间格局演变情况看，1990—2010年，少数民族人口总体增长缓慢，各民族之间人口规模、人口性别比、人口在边境省份中的比重存在着较大的差异。人口数量增长较快的民族有傈僳族、佤族、景颇族、布朗族、拉祜族、布依族、哈尼族、阿昌族等，人口数量增长相对缓慢的有傣族、独龙族、壮族、苗族、瑶族等。而且在西南边境少数民族中还有一个独特的人口现象，也就是人口性别比较低，有的少数民族甚至出现男少女多的格局，如独龙族、傣族、景颇族、阿昌族等，三次人口普查人口性别比都在100以下。西南边境地区民族人口空间格局的变化除了自然环境、经济因素等因素外，还同时受到其民族生育文化的影响。研究表明，云南省25个特有少数民族中，相对生育率较高的有苗族、瑶族、布朗族、德昂族、拉祜族、怒族、独龙族、佤族、哈尼族、傈僳族、景颇族和壮族等，妇女生育率水平经历了从较高且差异明显到普遍偏低且差异不明显的转变，但是，由于各少数民族所处的环境存在着社会、经济、文化背景的差异，云南坝区少数民族的生育率普遍低于山区少数民族的生育率，社会发育程度较高的民族的生育率低于社会发育程度较低的民族的生育率。[①]

第一，生育观念的影响。生育观念影响生育行为，在广大少数民族地区，多子多福、传宗接代、养儿防老等观念同样盛行，越是经济社会发展落后的时期，这种生育观念越占主导地位，云南少数民族在20世纪八九十年代生育水平高，很大程度上受到上述生育观念的影响。随着民族地区经济社会不断发展，人们的生活水平得到

[①] 赵鸿娟、陈梅：《传统生育文化对生育率的影响——以云南少数民族为例》，《山西师大学报》（社会科学版）2006年第1期。

很大提高,教育文化程度也得到较快提升,生育观念也在发生改变,"优生优育"的观念在少数民族地区被逐渐接受,使少数民族生育率普遍下降。

第二,生育习俗。生育习俗是少数民族文化的重要组成部分,不同的民族有不同的生育习俗。首先,生育信仰。我国许多民族在怀孕临产、生产胎盘处置、出生礼仪、产后禁忌等方面都有着各自的信仰,也就是我们所说的迷信。如马关苗族妇女怀孕不能吃公羊肉,否则会得羊角风;傈僳族孕妇不能烧带杈的柴,否则孩子会变成兔唇;傣族将人生产胎盘用土进行掩埋;德昂族就曾信仰婴儿在出生一个月内(有的说一年内)还是一个"鬼娃娃",要过一个月(或一年)后才是一个人;阿昌族在新生儿出生的第三天,要杀鸡献祭,同时给婴儿洗澡"去浊气"等。[①] 少数民族的生育信仰在某种程度上弱化"重男轻女"的思想,认为生男生女都是神灵的意思,产生了少数民族人口性别比与汉族相比相对较低的现象。其次,早婚习俗。少数民族生育文化的一个普遍现象就是早婚,就目前来看,早婚、早生仍然是某些少数民族恪守的习惯,早婚习俗直接延长了生育期,为多生提供了时间保证,从而影响人口素质的提高。云南省民族研究所调查资料表明,在云南25个少数民族中,有13个少数民族有早婚习俗,初婚年龄都大大低于法定婚龄,如彝族妇女的平均初婚年龄为15岁,壮族结婚不拘年龄,傣族初婚年龄为15.5岁,哈尼族为15.6岁,傈僳族为17岁,佤族为16—17岁。在西南边境地区的少数民族中,苗、瑶、哈尼、拉祜、傈僳、佤族都有早恋、早婚、早育的习俗。笔者在中越边境的苗族、壮族村寨调研时发现,男女早婚现象十分普遍,一般在16—20岁,据村民说,特别是男性,如果超过20岁找不到老婆,很可能就会打光棍。由于少数民族早婚现象普遍,妇女生育周期长,生育率高,某些民

[①] 李锦发:《少数民族生育习俗的文化内涵探究》,《文山师范高等专科学校学报》2006年第2期。

族的人口也就增长较快,如苗族。最后,婚姻制度。新中国成立以前,我国少数民族地区存在各具特色,形式多样的少数民族多样化的婚姻制度,如一夫多妻、一妻多夫、走婚等,这些婚姻制度新中国成立后逐渐废除,目前我国的婚姻制度统一实行一夫一妻制。在少数民族一夫多妻的婚姻形式中,又可分为从夫居(即以父系为主)和从妻居(即以母系为主)两种,前者多有"不落夫家"的婚俗,即新娘在举行婚礼后要返回娘家居住,有壮族、布依族、苗族、瑶族、景颇族、彝族、哈尼族等;后者是结婚后男子要到女家居住,成为女方家庭的一个成员,有傣族、拉祜族、布朗族以及某些地区的哈尼族等。① 从少数民族的这两种婚姻制度看,无论是哪一种,无不凸显妇女较高的家庭地位,从而影响到人口的性别比例,如傣族,1990—2010年人口性别比均低于100。

五 人口空间格局演变的地缘引致因素

人口的迁移与流动是人口空间格局演变的重要的因素,而地缘因素则是影响人口迁移与流动的主要内容,本书所说的地缘因素指的是影响人口迁移与流动的地理区位因素和空间距离。国内外关于人口迁移与流动的理论普遍认为,人口的迁移与流动主要受到以下因素的影响:(1) 推力和拉力,也就是不利于人们的生产生活条件和改善人们的生产生活条件;(2) 中间障碍因素,即空间距离和文化差异。从我国改革开放以来人口流动的情况看,人口流动具有非常明显的向东部沿海地区聚集的空间地理特点,说明地理区位好的区域对人口的拉力作用明显。另外,空间距离也是影响人口流动的重要因素,研究结果表明,省份之间是否接壤与流动人口增量有显著性的关系,也就是说,社会环境同质性高的省份更利于人口迁移流动;而且迁移流动距离与迁移流动的目的地选择有一定的关联,距离越远,选择的可能性越小,当人们选择迁移流动目的地时,往

---

① 熊郁、杨杨:《我国少数民族的婚姻制度与生育行为》,《中国人口科学》1988年第5期。

往会对各目的地的距离进行比较，其中距离近的目的地对他们的迁移决策有明显的正向影响。但当选择的目的地都比较远时，距离对迁移决策就不敏感了，也就是说，人们不太可能因为离家 1500 千米的目的地比离家 2000 千米的目的地近了 500 千米，而作为选择离家 1500 千米目的地的理由，这时其他因素可能是决定性的①。随着现代交通工具的应用，距离对人口流动的影响在逐渐减弱，但是，假如人们面对的两个目的地的待遇都一样的话，一般都会选择距离较近且文化同质性较高的区域，如果两个区域经济待遇相差较大，扣除距离成本，人们将会选择待遇更高的区域。从西南边境地区人口空间格局变化的情况看，受地理区位和空间距离的影响较为明显。

（一）地理区位

西南边境地区虽然都与邻国接壤，但由于地理区位的差别，表现出不同人口分布格局。从外来人口看，主要集聚于主要口岸、港口、交通要道所在县（市、区），如腾冲县、瑞丽市、景洪市、靖西县、防城区、东兴市等；从外出人口看，广西边境地区是主要流出地，这跟广西靠近广东，以及临海是分不开的。

（二）空间距离

空间距离的远近直接影响人口在空间上的流动，也是流动人口作出流动目的地选择的重要参考。空间距离影响流动人口的决策主要通过两个方面：一是距离成本，即空间距离越近，距离成本越低，空间距离越远，距离成本越高；二是社会环境的同质性，相同的生活习惯、风土人情更能让人觉得有归属感，从而影响流动人口的决策。西南边境流动人口空间格局演变过程很好地反映了空间距离对流动人口的影响。2000 年、2010 年，西南边境地区外来人口中省内多于省外，县内多于县外，2000 年外出人口少于外来人口，这些都充分说明空间距离对人口流动的作用，即流动人口一般都会

---

① 雷光和、傅崇辉：《中国人口迁移流动的变化特点和影响因素——基于第六次人口普查》，《西北人口》2013 年第 5 期。

选择空间距离近且社会环境同质的区域作为流动的目的地。到2010年，从外来人口分析，仍然是省内多于省外，但却出现了另外一种情况，即外出人口明显高于外来人口，如果减去外来人口的省内部分，外出人口就是外来人口的几倍，流动人口的这种空间格局变化反映了另外一种规律，即当两个区域待遇相差较大时，流动人口会选择待遇更高的区域。从对西南边境地区腾冲县、麻栗坡县、马关县的问卷调查情况看：中缅边境的腾冲县流出人口以缅甸和省内为主，流向缅甸121人，省内148人，分别占35.8％、43.8％，而流向广东、上海等经济发达区域和国内其他省、市、区的只有19人，仅占5.6％；中越边境麻栗坡县、马关县流向广东、上海、福建、浙江等经济发达区域的156人，占54.4％。中国西南边境流出人口流向的差异与空间距离紧密相关。

六 人口空间格局演变的国际引致因素

从国内外学者对边境地区人口的研究现状看，大部分都是从民族学、人口学、社会学、国际关系、经济学等角度进行研究，如塞缪尔·亨廷顿从文化认同的角度分析了墨西哥大量移民美墨边境对美国文化安全带来的影响，国内学者则集中于跨境民族、跨国犯罪、边境安全等方面。人口空间格局影响因素方面，从目前的研究成果看，尚未发现把国际因素作为影响人口空间分布的因子来进行分析。事实上，对于边境地区这一特殊的区域来说，人口的空间分布通常会受到国际因素的影响，尤其是与多国接壤的边境地区，这种影响就十分明显。从我们对西南边境地区人口空间格局分析结果来看，边境地区流动人口中国外工作或学习人口、户口待定人口的空间格局演变受国际因素的影响较为明显。本部分分析的影响人口空间格局的国际因素指的是中国与接壤各国的地缘政治经济关系。

在本书第三章中，我们分别对中国西南中缅、中老、中越地缘政治经济环境的变迁进行了梳理，归纳了地缘政治经济变迁的特征及发展趋势，西南地缘政治经济环境在不同的历史时期会呈现出不同的特点，具有反复性。从西南边境地区人口的空间布局演变来看，人口空间格局与地缘政治经济联系紧密，其中地缘经济关系的影响占主要地位。第一，对国外工作或学习人口空间格局变化的影响。西南边境分别与缅甸、老挝、越南接壤，共有三段边境线，从国外工作或学习的人口分布的情况看，2000年中缅边境地区国外务工或学习的人口高达21.26万，占整个西南边境地区国外工作或学习人口的99.95%，中老、中越边境共16个县（市、区）总共不到150人；2010年中国西南边境地区国外工作或学习人口26671人，中缅边境地区24036人，中老边境地区567人，中越边境地区2068人，国外工作或学习人口基本上集中于中缅边境地区。通过问卷调查发现，中缅边境地区腾冲县338份调查问卷中，流向缅甸的人员121人，占35.8%，中越边境地区麻栗坡县、马关县267份调查问卷中，没有流向越南的人员。第二，对户口待定人口空间格局变化的影响。从西南边境地区1990—2010年户口待定人口格局变化的情况看，中缅、中老边境地区人口规模大于中越边境地区。

从中国西南地缘政治经济关系分析，中国与缅甸基本上长期以来保持着政治经济上的战略合作，再加上中缅两国边境跨境民族众多，血脉相连，地缘政治经济关系的良性发展，使两国边民在边境两侧无障碍探亲访友、务工经商，人口流动频繁。20世纪90年代末期，中国与缅甸合作大量建设项目，导致与缅甸接壤的中国边民大量流往缅甸务工。调研过程中发现，缅甸边民到中国边境务工的人员也很多，如瑞丽、景洪、陇川、腾冲等。与中缅边境相比，中越边境国外务工或学习的人口很少，这跟中越关系比较微妙有关，尽管自20世纪90年代两国恢复正常关系，但战争给两国人民，特别是边民造成的创伤不是短时期能够抹平的，因此，1990年、2000年中越边境国外工作或学习的人口十分稀少。但是，随着中国与东南亚各国区域经济合作的不断深入，地缘经济开始取代地缘政治成为影响国际关系的主要因素，在这个大背景下，中越边境两侧边贸互市点开始繁荣起来，边境往来的两国流动人口逐渐增多。

第三节　西南边境地区人口空间格局演变机理

一　人口空间格局演变的一般规律

根据上述对西南边境地区人口空间格局演变引致因素的分析，我们得到边境地区人口空间格局演变的一般性规律。

(一) 自然环境奠定了人口空间格局演变的基础

地形、气候、土地、水源等自然环境对人口的空间格局的形成起到了最基本的制约作用。从中国人口的空间格局看，人口密集区主要在中国的平原、盆地，而人口稀疏区则在高原、山地，形成"东密西疏"的基本格局。造成这种人口空间格局的根本原因在于平原与盆地集中分布在东部地区，地形、气候、土地、水源等人居自然条件较好，而西部地区多为高海拔山地及高原，地形崎岖，土地资源不足，气候变化多样，人居自然环境相对恶劣。西南边境地区的人口空间格局同样受自然环境的制约，自然环境恶劣的区域人口密度小，自然环境较好的区域人口密度相对较大。因此，自然环境决定了区域人口分布的基本格局，奠定了人口空间格局演变的基础。

(二) 经济要素空间分布的不均衡性是人口空间格局演变的根本动力

人口密度与经济发展显著相关，经济核心区与人口核心区完全一致，而极端落后地区以及待开发地区也全部都属于人口极端稀疏区与基本无人区。人口的迁移与流动是影响人口空间格局变化的最重要因素，而人口的迁移与流动是通过经济动力来推动的。由于经济要素的空间集聚而导致不断扩大的区域经济差距，促使越来越多的人口流向发达地区，而欠发达地区在这一过程中必然面临人口不断外流，最终出现人口密度下降、居民区收缩甚至废弃的局面，也就是我们常说的"空心村"。西南边境地区人口出现局部集聚,以及流动人口从以流入人口为主到以流出人口为主,正说明了经济因素的影响。因此,经济要素在空间上的不均衡是人口分布格局形成的根本动力。

(三)历史、社会、政治、文化、地缘、国际等因素是人口空间格局演变的助推力

从中国乃至世界人口空间格局的变化过程看,历史、社会、政治、文化、地缘、国际等影响因素只是在某一特殊时期对人口的空间格局变化起到作用,或者会加剧自然环境和经济要素引起的人口空间格局变化程度。以中国西南边境地区为例,当中国与西南接壤邻国地缘政治经济形势总体良好的情况下,往返于两国之间的跨境人口数量会增多,一旦国家之间的关系较为敏感或者对立,跨境人口会急剧减少;"三线"建设时期,为了国防需要,国家鼓励人口往西部地区迁移,导致西南地区人口空间格局的急剧变化,国家政策变动后,人口变化减弱。

二 西南边境地区人口空间格局演变引致机理

(一)人口空间格局变化机理研究

从目前的研究现状看,与人口空间格局演变机制有关的模型可以分为两类:一类主要针对城乡人口流动和农村劳动力转移的模型,如刘易斯模型、拉尼斯—费模型、乔根森模型、托达罗模型等。上述人口流动模型都是在刘易斯模型的基础上不断完善的,刘易斯认为传统农业部门和工业部门之间的收入差异导致人口由农村向城市流动,托达罗在刘易斯模型的基础上增加了城市就业率因素,而拉尼斯和费景汉,以及乔根森则在刘易斯模型的基础上从两部分生产率的角度分析城乡人口流动。另一类就是人口迁移的空间模型,主要有吉佛的引力模型、斯托弗的介入机会模型等。[1] 吉佛

---

[1] 吕晨:《人口的迁移与流动——人口空间集疏的机理研究》,中山大学出版社2014年版。

认为，人口在空间上的移动受两区域之间的人口数和距离的制约，模型的表达式为：

$$M_{ij} = K \frac{P_i P_j}{D^a} \tag{6.1}$$

式中，M_{ij}表示地区和地区之间的人口迁移量，P_i和P_j分别表示和地区的人口数，D表示i和j地区之间的距离，K和a为常数。按照吉佛模型，两个地区之间的人口迁移总量与两地区的人口数量的乘积成正比，与两地区距离的a次方成反比。1960年，斯托弗在吉佛引力模型的基础上提出了介入机会模型，该模型认为，两区域之间人口的迁移量不仅受两地区人口规模和距离的影响，而且与这两个地区的介入机会有关，介入机会指的是存在于两区域间的中间地区的就业、居住等机会。斯托弗认为，迁移需要花费成本，因此，两区域人口迁移会受到中间地带介入机会的吸引而停滞下来，从而减少迁移的人数。斯托弗介入机会模型可用以下公式表示：

$$M_{i \rightarrow j} = K \frac{M_i M_j}{(MI)^a} \tag{6.2}$$

式中，$M_{i \rightarrow j}$表示从i地区到j地区的人口迁移量，M_i表示从i迁移到其他地区的迁移人口总和，M_j表示从其他地区迁移到j地区的迁移人口总和，MI表示介于i和j地区的迁移人口总和，K和a为常数。

以上人口模型主要是针对人口迁移与流动变化及其引致机理的，却不能说明区域人口空间分布格局变化及其机理。人口的空间格局是一个不断变化的过程，只是变化有强有弱，张善余先生将人口空间格局变化的过程称为人口再分布，并用人口再分布指数来度量变化的程度。[①] 人口再分布指数的计算公式如下：

$$R = \frac{1}{2} \sum_{n=1}^{n} |y_{i,t+m} - y_{it}| \tag{6.3}$$

[①] 张善余：《人口地理学概论》，华东师范大学出版社2010年版，第187页。

式中，n 表示地域数目，y_{it} 表示各地域在 t 时占总人口的比重，$y_{i,t+m}$ 表示各地域在 $t+m$ 时即 m 年后占总人口的比重。人口分布指数越大，说明人口空间格局变化越大；分布指数越小，说明人口空间格局变化越小。但是，人口分布指数反映的只是不同地区人口数量的对比关系及其变动，却不能反映人口空间格局变化的机理效应，因此，用人口分布指数来度量人口空间格局的变化仍然是存在缺陷的。

（二）西南边境地区人口空间分布格局引致机理

区域人口空间格局的变化过程实际是人口数量的变化过程的空间表现形式，人口数量的变化主要通过人口的自然变动和机械变动两种方式进行调节，而人口的自然变动和机械变动又分别通过人口的自然增长和人口的机械增长两种方式来实现。我们假设西南边境地区人口空间格局的变化受两方面机理的作用，即自然变动引致机理和机械变动引致机理。根据上文对人口空间格局变化引致机理的分析，把所有引致因素分为人口自然变动引致因素和人口机械变动引致因素两大类：一是自然环境、文化、社会等为人口自然变动引致因素；二是经济、历史、政治、地缘、国际等为人口机械变动引致因素。也就是说，西南边境地区人口空间格局演变是由人口自然变动引致因素和人口机械变动引致因素共同作用的结果，自然变动引致因素为内部因素，机械变动引致因素为外部因素。

1. 人口自然变动

人口自然变动是某区域出生人口数与死亡人口数之间的差引起的变动。本书说的人口自然变动采用新增人口绝对数来表示，即：

$$P_{nt} = |P_{bt} - P_{dt}| \tag{6.4}$$

式中，P_{nt} 表示某区域在 t 时的新增人口绝对数，P_{bt} 表示 t 时的出生人口数，P_{dt} 表示 t 时的死亡人口数。新增人口绝对数如果出生人口大于死亡人口，该区域人口处于正增长，如果出生人口小于死亡人口，则该区域人口处于负增长。

2. 人口机械变动

人口机械变动是某区域在一定时期内（通常为一年）流入人口与流出人口之间的差引起的变动。本书的人口机械变动采用新增流动人口绝对数来表示，即：

$$F_{nt} = |F_{it} - F_{ot}| \tag{6.5}$$

式中，F_{nt} 表示某区域 t 时新增人口流动绝对数，F_{it} 表示某区域在 t 时的流入人口，F_{ot} 表示某区域 t 时的流出人口。新增流动人口绝对值用来度量某一区域在某一时点时人口机械变动对人口规模的影响。流入人口大于流出人口，该区域人口机械变动处于正增长状态，流入人口小于流出人口，该区域人口机械变动处于负增长状态。

3. 人口空间格局演变引致机理指数

结合式(6.3)、式(6.4)和式(6.5)，分别得到西南边境地区人口空间格局演变的自然变动引致指数和机械变动引致指数的计算公式，即：

$$M_n = \frac{1}{2}\sum_{n=1}^{n} \left| y_{im} - \frac{P_{nm}}{P_m} - y_{it} \right| \tag{6.6}$$

式中，M_n 表示人口空间格局变化的机械变动引致指数，n 表示地域数目，y_{it} 表示各地域在 t 时占总人口的比重，y_{im} 表示各地域在 m 时占总人口的比重，$\frac{P_{nm}}{P_m}$ 表示地域在 m 时自然变动绝对人口数占总人口的比重。M_n 值越大，表示该区域在 m 时人口空间格局受机械变动引致影响越大；反之则影响越小。

$$N_n = \frac{1}{2}\sum_{n=1}^{n} \left| y_{im} - \frac{F_{nm}}{P_m} - y_{it} \right| \tag{6.7}$$

式中，N_n 表示人口空间格局变化的自然变动引致指数，n 表示地域数目，y_{it} 表示各地域在 t 时占总人口的比重，y_{im} 表示各地域在 m 时占总人口的比重，$\frac{F_{nm}}{P_m}$ 表示地域在 m 时机械变动绝对人口数占总人口的比重。N_n 值越大，表示该区域在 m 时人口空间格局受自然变动引致影响越大；反之则影响越小。

4. 人口空间格局演变引致机理指数的诠释及政策意义

人口空间格局演变引致机理指数用于计算区域人口空间格局变化的自然变动引致指数和机械变动引致指数，以指数的变化来判断区域在某一时点人口空间格局变化的主要引致机理。其政策意义在于通过判断区域在某一时点人口空间格局变化的主导机理，适时作出对区域人口的宏观政策调整，如人口自然变动引致机理占主导地位时，无论是正向变动或负向变动，为了区域人口协调发展，都会作出相应的政策调整，人口自然增长过快，就要合理引导人口外流，以减轻区域人口对自然资源和经济发展的压力；反之则调整生育政策，采取积极的人口政策。

三 西南边境地区人口空间格局演变的机理分析

以1990年为参照年份，流入人口和流出人口采用外来人口和外出人口数，分别以计算2000年和2010年西南边境地区的人口再分布指数、人口空间格局演变引致机理指数，结果见表6-7。

表6-7 西南边境地区2000年和2010年人口空间格局变化情况

变化指数	2000年	2010年
人口再分布指数（R）	6.88	8.18
自然变动引致指数（N_n）	6.58	8.19
机械变动引致指数（M_n）	6.85	8.14

资料来源：《云南省1990年人口普查资料》《云南省2000年人口普查资料》《云南省2010年人口普查资料》《广西壮族自治区1990年人口普查资料》《广西壮族自治区2000年人口普查资料》和《广西壮族自治区2010年人口普查资料》。

分析结果：(1)1990—2010年，西南边境地区人口再分布指数是持续升高的，说明人口空间格局变化是较为活跃的；(2)2000年，西南边境地区人口空间格局变化机械变动引致机理作用略高于自然变动引致机理，说明人口空间格局变化受经济、地缘、政策等影响较大;(3)2010 年,自然变动引致机理作用略高于机械变动引致机理,说明人口空间格局变化受自然、文化、社会等影响较大;(4)自然变动引致指数和机械变动引致指数同时上升,且差距不大,说明西南边境地区人口空间格局变化的自然引致作用与机械引致作用比较均衡。按照目前人口空间格局变化的一般规律,机械引致作用往往是区域人口空间格局演变的主导机制,因此可以判断,西南边境地区人口空间格局演变的外力作用仍然不足。

第七章 中国西南边境地区人口空间格局演变的影响

第一节 人口空间格局与边境社会、经济、安全的关系

本书在第五章对西南边境地区人口空间格局演变的影响因素进行了分析，并根据演变规律构建了西南边境地区人口空间格局演变的机理模型。从目前对人口分布的研究看，大部分学者都是集中在对影响人口分布格局的机制与影响因素上，而对人口分布格局影响的成果却很少。人口空间格局往往是在社会、经济、自然环境等各种力量的共同作用下形成的，但是，并不能说明受各种因素影响下的人口空间格局就是合理的。因此，人口分布的空间格局不仅仅是受到各种因素的影响，而且也会对外产生影响。也就是说，人口的分布受到外界因素的影响，同时又反作用于这些因素。实现人口在地理空间上的合理分布，才是我们研究人口空间格局的最终目的。人口空间格局的合理性指的是人口在特定的区域范围内的分布与区域内其他因素共同构成人口—资源—环境—社会—经济—文化相互促进的格局，推动区域协调发展。那么，如何判断人口空间格局的合理性呢，有的学者认为判断人口空间格局是否合理应从三个方面进行评价：第一，是否有利于国民经济的发展，促进生产力的合理布局；第二，是否有利于提高全体人口的物质和文化生活水平；第

三,是否有利于合理开发、保护自然环境和资源,促进生态系统的良性循环。[①] 对于西南边境地区来说,人口空间格局的合理性与其他区域相比,除了环境、资源、经济、社会、文化等内容,而且关系到国家安全与民族团结,因此,判断西南边境地区人口合理性的评价尺度内容更加广泛。结合当前学者研究的成果,本书认为,评价人口分布格局是否合理应从以下几个方面进行分析:(1)人口空间格局与自然环境的协调程度,也就是说,人口的布局是否有利于人地关系向良性发展;(2)人口空间格局与经济发展的相互促进程度,也就是说,人口布局是否有利于生产力布局,推动区域经济发展,以经济发展提高人口的物质文化生活水平;(3)人口空间格局与社会发展的和谐程度,即人口空间布局是否有利于社会管理、民族团结;(4)人口空间格局与国家安全的契合程度,即人口空间布局是否有利于国家守土固边,维护边境安全。

一 人口空间格局与经济发展

历史经验表明,人口是经济发展的必要条件,人口分布与经济发展之间的关系问题,早在19世纪末就被经济学家们所重视,法国学者瓦列塞尔就发现了人口密度与经济发展方式之间的数量关系,但是没有揭示出人口分布与经济发展的实质关系。[②] 人口布局对经济发展主要通过两个方面影响区域经济的发展。

第一,通过与区域生产力布局的契合来影响区域经济的发展。如果人口布局状况能够满足区域经济生产力布局的需要,则这种人口布局就促进区域经济的发展;反之则阻碍区域经济发展。以第二产业为主的生产力布局需要大量的劳动力,如果没有足够的人力资源作保障,就会影响区域经济的整体发展;以第三产业为主的生产力布局需要大量文化层次较高、技术型、创新型人才,如果区域人口整体人力资本较低,则制约第三产业发展,影响区域整体经济。

---

① 李玉江、张果:《人口地理学》,科学出版社2011年版,第139页。
② 李仲生:《人口经济学》,清华大学出版社2006年版,第171页。

第二，通过人口的集疏来影响区域经济发展。一般来说，人口过于密集和过于稀疏都对经济发展不利。人口过于密集，则会出现人力资源过剩，产生大量的失业人口和待业人口，还会降低人均GDP，导致人均收入低，生产资料不足，给区域经济发展造成压力；人口过于稀疏，则会出现人力资源短缺，无法满足生产力对人力的需求，而且人口稀少引起市场消费需求不足，无法形成对生产的推动力。因此，促进人口在地域上的合理布局，使人口布局与生产力发展相契合，才能推动区域经济的发展。

二 人口空间格局与自然环境

自然环境是指提供人类基本生产生活的土地、水、大气、矿产等自然条件，是人口空间布局的基础，但是，人口的空间布局又反作用于自然环境。对人口与自然环境之间关系的研究是人文地理学的核心内容，也就是通常所说的人地关系。在人地关系系统中，人是主动的，地是被动的；人是不断更新的，地在某些方面是不可更新的；人的需求是无限的，地的供给是有限的。人口空间格局对自然环境的影响是通过人的生产生活来实现的。戴利等（G. C. Daily，1992）提出了人口对资源环境的影响关系模型[①]：

$$I = PAT \tag{7.1}$$

其中，I 表示自然环境状况，P 表示人口数量，A 表示生产技术，说明区域自然环境状况受人口数量、消费水平和生产技术三个方面的影响。当区域生产力水平，也就是生产技术水平一定的情况下，人口数量增加，人的消费水平增长，对自然资源环境的需求越大，对自然环境的影响也就越大；反之，则影响较小。自然环境对人口生产生活的需求是有一定限度的，也就是我们说的自然环境对人口的承载力，如果人口数量过多，就会超过自然环境的承载力，对自然环境系统造成破坏；反之，如果人口数量过少，自然环境就

---

① Daily, G. C., Ehrlich, P. R., Population, sustainability and earth carrying capacity. *Bioscience*, 1992(42).

得不到开发利用。因此，在分析人口空间布局对自然环境的影响时要注意把握人口、资源、环境协调发展的关系，也就是区域的PRED系统。

三 人口空间格局与社会和谐

人口具有自然属性和社会属性，其社会属性是其根本属性，社会随着人类的出现而出现，没有人类也就不存在社会，人与社会之间的关系其实就是人与人之间的关系、群体与群体之间的关系。李建民、原新等（2007）从性质和形式上分析了中国人口与社会的关系问题。从性质上说，人与社会之间的关系问题主要分为三个方面：一是人口变动和人口社会关系变化带来的问题；二是由于社会与经济发展之间的不协调导致的问题；三是其他社会政策与人口政策不协调导致的问题。从形式上说，中国的人口社会问题可以划分为四种类型：一是基于人口数量的问题；二是基于人口结构的问题；三是基于人口素质的问题；四是基于人口社会关系的问题[①]。可见，人口与社会的关系是一个十分复杂的系统，人口发展的每一个过程都会对社会产生影响。为了增强分析的针对性，本书主要从人口的性别结构、民族结构、特殊人群、流动人口等的人口空间布局对社会造成影响进行研究。主要有以下两个方面：第一，人口空间格局对民族团结的影响，主要是指跨境少数民族的空间分布问题。第二，人口空间格局对社会管理的影响，主要是指人口性别比，以及难民、回流人口、流动人口、"三非人员"等对社会产生的影响。

四 人口空间格局与国家安全

人口空间格局与国家安全之间的关系是边境地区有别于其他区域的一种特殊现象。国家安全是一个变化的概念，比如"冷战"时期国家安全主要指领土不被侵犯，即政治和军事上的安全，"冷战"结

[①] 李建民、原新、陈卫民：《中国人口与社会发展关系：现状、趋势与问题》，《人口研究》2007年第1期。

束以后，和平与发展成为世界的主题，国家安全的范畴又增添了如经济安全、粮食安全等诸多内容。因此，有学者在国家安全概念演变的基础上对国家安全进行了重新定义，即国家安全是维护主权国家存在和保障其根本利益的各种要素的总和，它是国家生存和发展的基本前提，这里国家根本利益不仅仅指国家政权的存在和领土完整，而且更多地指国家的经济利益、贸易条件保障、关键性资源的获取途径、主导意识形态的存在等。[1] 一般来说，国家安全可以分为传统安全和非传统安全，传统安全指的是国家主权、领土完整、军事、外交安全，非传统安全指的是除传统安全以外的其他安全问题，如经济安全、环境安全、人口安全、粮食安全、恐怖主义、跨国犯罪等。传统安全与非传统安全可以相互转化，在一定的条件下，非传统安全可能转化为传统安全，而传统安全也可能转化为非传统安全。边境地区人口空间分布对国家安全的影响主要有三个方面：第一，对守土固边的影响。生活在边界线两侧的边民是保卫祖国疆土的最坚强的力量，边境地区人口过于稀疏或分散，会威胁到国家主权和领土完整。第二，对国际关系的影响。边境地区跨境民族众多，跨境经商务工人口越来越频繁，在处理如难民、跨国婚姻、"三非人员"的问题上，在无国际依据的情况下，有时会影响两国之间的关系。第三，非传统安全的影响。非传统安全的一个重大特征就是跨国性，特别是在经济全球化、区域经济一体化的大背景下，经济安全、资源环境安全、人口安全、跨国犯罪、宗教安全、恐怖主义等非传统安全威胁在边境地区存在，这与人口的空间分布关系密切。

---

[1] 刘卫东、刘毅等：《论国家安全的概念及其特点》，《世界地理研究》2002年第11卷第2期。

第二节 人口空间格局演变对边境地区经济发展的影响

人口空间格局对区域经济发展的影响主要体现在对区域生产力布局和经济发展水平等方面。本书用人口经济密度和在业人口的产业结构两个指标来分析人口空间格局演变对区域经济发展的影响。

一 人口空间格局演变对经济发展水平的影响

人口经济密度是指一定时点上该地区的经济发展达到一定水平时所拥有的人口数，它反映了一个地区的人口和某种经济发展水平之间的关系，人口经济密度越小的区域，其经济发展水平越高，人口经济密度越大的区域，其经济发展水平越低，使用人口经济密度这一概念比人口密度更能反映出人口分布与经济发展相互关系的地区差异。[①] 本书分别计算 1990 年、2000 年、2010 年的西南边境地区各县（市、区）的人口经济密度，并进行对比，分析 1990—2010 年人口空间格局的演变对经济发展水平的影响。

（一）西南边境地区人口经济密度

人口经济密度计算公式为：

$$PED = \frac{P}{GDP} \quad (7.2)$$

式中：PED 表示人口经济密度；P 表示区域人口数；GDP 表示地区生产总值。人口经济密度越小，经济发展水平越高；人口经济密度越大，经济发展水平越低。

（二）西南边境地区

下面对各县（市、区）1990 年、2000 年、2010 年人口经济密度进行研究，具体计算结果如表 7-1 所示。

---

① 李仲生：《人口经济学》，清华大学出版社 2006 年版，第 172—173 页。

表7-1　　西南边境地区1999年、2000年、2010年
人口经济密度（每万元GDP人数）

县（市）	1990年	2000年	2010年	县（市）	1990年	2000年	2010年
贡山县	12.99	3.65	0.97	景洪市	4.07	1.79	0.59
福贡县	19.87	6.28	1.83	勐腊县	4.65	2.12	0.72
泸水县	12.84	4.45	0.99	绿春县	20.99	10.29	2
腾冲县	8.14	3.46	0.92	金平县	22.91	8.26	1.79
龙陵县	11.01	3.63	1.01	河口县	5.51	2.46	0.56
陇川县	5.34	3.31	1.05	马关县	16.59	5.25	1.02
盈江县	6.59	3.37	0.76	麻栗坡县	11.96	4.47	1.09
瑞丽市	3.24	1.94	0.64	富宁县	16.21	5.11	1.21
芒市	5.56	2.65	0.88	那坡县	17.16	5.91	1.37
镇康县	14.8	5.25	1.06	靖西县	15.71	3.96	0.70
耿马县	5.89	3.64	0.91	龙州县	6.14	2.51	0.48
沧源县	7.57	5.36	1.34	宁明县	7.73	2.38	0.61
西盟县	15.32	9.01	2	大新县	7.46	3.38	0.52
澜沧县	13.38	8.19	1.83	凭祥市	6.42	1.16	0.45
孟连县	6.79	9.41	1.28	防城区	7.37	1.25	0.52
江城县	10.19	4.02	0.96	东兴市		0.91	0.32
勐海县	6.26	3.56	0.85				

资料来源：《云南省1990年人口普查资料》《广西壮族自治区1990年人口普查资料》《云南省2000年人口普查资料》《广西壮族自治区2000年人口普查资料》《云南省2010年人口普查资料》《广西壮族自治区2010年人口普查资料》《云南统计年鉴》（1991）、《广西统计年鉴》（1991）、《云南统计年鉴》（2001）、《广西统计年鉴》（2001）、《云南统计年鉴》（2001）和《广西统计年鉴》（2011）。

根据西南边境地区各县（市、区）在各个时期计算的人口经济密度，我们可以把人口经济密度与经济发展水平分为五个层次：15以上为极度落后；10—14为较落后；5—9为落后；1—4为经济发展较好；0—1为经济发展好。当然，本书划定的层次只限于西南边境地区内部进行评价，不与其他区域比对。

从表 7-1 看，1990 年，在 32 个县（市、区）中，极度落后的有 8 个，其中绿春县、金平县人口经济密度最高，表示该区域经济发展水平是极度落后的；较为落后的有 6 个；落后的有 13 个；经济较好的有 1 个。2000 年，33 个县（市、区）中，极度落后的有 0 个，较为落后的有 1 个，落后的有 7 个，经济较好的有 18 个，经济好的有 1 个；2010 年，33 个县（市、区）中，极度落后的有 0 个，较为落后的有 0 个，落后的有 0 个，经济较好的有 11 个，经济好的有 19 个。从分析的结果看，西南边境地区人口经济密度从 1990—2010 年持续下降，说明人口空间格局的演变对区域经济水平有很强的推动作用。

二 人口空间格局演变对区域生产力布局的影响

人口空间格局演变对区域生产力布局的影响主要是通过人口产业结构的布局变化来实现的，人口产业结构人数的总和等于区域经济活动人口中在业人数，与区域生产力布局基本一致。人口产业结构是指在业人口按三次产业划分所构成的比例关系和结构状态，即在业人口的产业结构。随着时间的推移，区域的人口结构、人口规模在不断地发生变化，区域的生产力布局和人口产业结构也随之发生变化。一般认为，人口产业结构大致经历了以下四种模式：(1) Ⅰ＞Ⅱ＞Ⅲ，这种人口产业结构为前工业化时期，也称传统农业社会；(2) Ⅱ＞Ⅰ＞Ⅲ，这种人口产业结构为工业化初期；(3) Ⅱ＞Ⅲ＞Ⅰ，这种人口产业结构为工业化后期；(4) Ⅲ＞Ⅱ＞Ⅰ，这种人口产业结构为后工业化社会；由于区域发展的条件和特点不尽相同，人口的产业结构模式并不一定都按照上述几种模式发展，在某些特殊条件下，产业结构也会发生变形，出现特殊的人口产业结构模式。[①] 对生产力布局分类的观点有很多种，英国著名经济学家克拉克将产业分为三类：第一产业为种植业、畜牧业、林业和狩猎业，第二产业为制造业和建筑业，第三产业为商业、金融保

---

① 李玉江、张果：《人口地理学》，科学出版社 2010 年版，第 79 页。

险业、运输业、服务业、公务及其他事业等；库兹涅茨把产业分为农业部门、工业部门和服务业部门；联合国的标准分类法将产业划分为十个大类。根据数据统计需要，本书说的三次产业结构的划分按照我国对三次产业的划分方法，即第一产业，是指农业，包括种植业、林业、牧业、渔业；第二产业，是指工业，包括采掘业、制造业、水电气业、建筑业；第三产业，是指服务业，包括流通部门、服务部门等除第一、二产业以外的其他产业。

西南边境地区从 1990—2010 年，人口空间格局在不断地变化，那么，随着人口空间格局的变化，生产力布局的变化又是如何呢，我们对西南边境地区 1990 年、2010 年的人口产业结构进行对比，分析人口空间格局演变对生产力布局的影响（见表 7-2）。

表 7-2 西南边境地区 1990 年、2010 年人口产业结构

县（市、区）	1990 年	2010 年	县（市、区）	1990 年	2010 年
贡山县	84:4:12	78:6:16	景洪市	81:5:14	70:7:23
福贡县	91:1:8	82:7:11	勐腊县	83:5:12	79:5:16
泸水县	85:3:12	79:4:17	绿春县	93:1:6	80:7:13
腾冲县	91:3:6	74:10:16	金平县	94:1:5	89:4:7
龙陵县	92:2:6	81:7:12	河口县	82:4:14	67:7:26
陇川县	85:5:10	80:6:14	马关县	92:2:6	88:4:8
盈江县	89:3:8	73:9:18	麻栗坡县	93:2:5	84:7:9
瑞丽市	75:6:19	42:15:43	富宁县	94:1:5	78:10:12
芒市	81:6:13	69:8:23	那坡县	91:2:7	64:16:20
镇康县	92:2:6	84:5:11	靖西县	93:1:6	65:16:19
耿马县	88:5:7	81:6:13	龙州县	87:3:10	57:21:22
沧源县	88:5:7	73:13:14	宁明县	89:3:8	57:21:22
西盟县	86:4:10	70:15:15	大新县	90:4:6	57:21:22
澜沧县	92:3:5	81:6:13	凭祥市	80:3:17	58:20:22
孟连县	87:4:9	79:5:16	防城区	80:5:15	50:16:34
江城县	85:5:10	73:8:19	东兴市		49:16:35
勐海县	89:4:7	84:5:11			

资料来源：《云南省 1990 年人口普查资料》《广西壮族自治区 1990 年人口普查资料》《云南省 2010 年人口普查资料》《广西壮族自治区 2010 年人口普查资料》《云南统计年鉴》（1991）、《广西统计年鉴》（1991）、《云南统计年鉴》（2011）和《广西统计年鉴》（2001）。

从西南边境地区的人口产业结构看，1990—2010 年，经过 20 年的时间，人口产业结构保持 Ⅰ > Ⅲ > Ⅱ 的基本格局没有改变，从事农业的人口占主体地位，这种人口产业结构在前面列举的 4 种模式中并不存在，是传统农业社会人口产业结构在特殊条件下的变形。对于西南边境地区来说，这种人口产业结构是在区域工业尚未发展起来，但由于受沿边对外开放的影响，第三产业迅速发展这一特殊条件下形成的。西南边境地区人口空间格局演变对生产力布局的作用总体上是不明显的，但是，在经济发展较好，人口密集的区域，人口空间格局变化对生产力布局的影响还是十分突出的，如瑞丽市、芒市、景洪市、河口县，以及广西边境 8 个县（市、区），虽然总体结构没有改变，但人口在三次产业之间的比例变动很大，特别是第二、第三产业人口比例上升较快，说明人口的聚集使生产力布局逐渐开始得到优化。

第三节 人口空间格局演变对社会发展的影响

从西南边境地区人口空间格局演变看，17 个跨境少数民族散布在西南边境一线，户口待定人口结构复杂多样，流动人口逐年增长，人口的空间格局变化给边境地区社会发展带来一系列的影响。

一 对社会文化的影响

人口空间格局演变对社会文化的影响主要表现在两个方面，即跨境少数民族对社会文化的影响和流动人口对社会文化的影响。从西南边境地区跨境少数民族人口空间格局的演变过程看，1990—2010 年，人口空间格局比较稳定，没有出现大的变化，只讨论跨境少数民族格局本身对社会文化的影响。

（一）跨境少数民族人口空间格局对社会文化的影响

对跨境少数民族社会文化方面的研究成果较多。美国著名学者亨廷顿从社会文化的角度对大量墨西哥边民移居美国边境的现象进

第七章 中国西南边境地区人口空间格局演变的影响 ▍ 213

行了研究，认为大量的边境移民逐渐改变着美国的社会文化，对美国意识形态产生威胁；王希隆、汪金国等对中国北方哈萨克族这一跨境少数民族的文化现状进行了研究[①]；李国栋对同源跨境民族问题的文化因素进行了集中探讨，认为在跨境民族问题的研究中，文化因素是不可低估的。[②] 本书第二章对西南跨境少数民族的情况进行了详细的分析，中国西南边境地区的跨境少数民族是中国所有边境地区最多的地区，而且不同的民族表现出不同的文化特质。西南边境地区跨境少数民族的人口空间格局对社会文化的影响有积极的方面，也有消极的方面。

首先，积极的一面。西南跨境少数民族与接壤邻国的一些民族同宗同源，有共同的语言、文字、风俗习惯，在悠久的历史长河中，曾经是一国一家，只是随着时间的变迁，朝代的更迭，疆域的变动，形成了今天跨境而居的分布格局。但是，这些民族的文化渊源并没有国界之分，我们在调研过程中发现，在中缅、中老、中越边境两侧生活的跨境民族往来频繁，保持着走亲访友，每遇到民族节日，更是共同庆祝。跨境少数民族人口与接壤国家同源民族跨境而居的空间格局，使两国边民在社会文化上有更多的交流机会，容易促进民族团结。

其次，跨境少数民族人口格局的消极一面。一般来说，边境地区都是远离国家政治经济文化中心的边远地区，思想较为保守，固守本民族的文化模式，对外来文化的接受度较低。长期生活在边境的边民对自身地缘环境的认同和对民族传统的生存方式和生活方式的认同比较强烈，这种认同感使边民和跨境民族形成一种边民意识和民族意识，特别是在东南亚边缘地带，这两种认同感甚至超越了

---

① 王希隆、汪金国：《哈萨克跨国民族社会文化比较研究》，民族出版社2004年版，第12页。
② 李国栋：《论同源跨国民族问题中的文化因素》，《兰州大学学报》2003年第5期。

对其国家的认同。① 因此，西南跨境少数民族目前的人口分布格局虽然促进了文化交流，但是，又给边民主义和跨境民族主义的滋生创造了有利条件，影响民族团结。

(二) 流动人口对社会文化的影响

从西南边境地区人口空间格局的演变看，流动人口总量是持续增加的，流动人口对社会文化的影响分为外出人口和外来人口两个方面。

第一，外来人口空间格局变化对社会文化的影响。1990—2010年，西南边境地区的外来人口不断增多，呈现省内大于省外的总体格局。从1990年、2000年、2010年的人口普查数据来看，外来人口来自全国各个省份，以四川、重庆、贵州、湖南、江西等地居多，这些外来人口把他们的生活方式、行为习惯、思想观念等带进了边境地区，影响着当地居民。在调研的过程中，我们观察到西南边境地区人们除了一些民俗民风仍然保持外，服饰、行为、家居等大部分与国内其他区域没什么太大的差异。当然，一些不良文化也在边境地区开始出现，涉黄、涉赌、涉毒等现象屡禁不止，唯利是图的观念也开始挑战边境地区的道德观。

第二，外出人口空间格局对社会文化的影响。1990—2010年，西南边境地区外出人口快速增长，空间格局由以广西边境为主逐渐转向以云南边境为主，这说明人们的观念在发生变化。外出人口对社会文化的影响表现在以下两个方面。一方面外出人口带回来一些先进的观念和文明行为习惯影响当地居民，外出人口在经济发达地区受到先进文化的熏陶，回到家乡会表现出一种与本地居民不同的气质和修养，而这种文化修养却又是本地居民通过电视等媒体经常看到并且是想要追求的。特别是外出人口中的成功者，会带来较强的示范效益，通常会激起人们去追求幸福的强烈欲望，从而带动本

---

① 何跃：《边民主义与跨界民族主义——以中国西南边疆为研究对象》，《云南民族大学学报》2010年第1期。

地居民勇敢地走出去。

另一方面，外出人口中有一部分常常会迷失自我，变得自私，利益至上，挑战社会道德底线。如已婚妇女外出不回，导致婚姻破裂；外出务工一段时间后受人指使，为谋取非法利益回到家乡进行拐卖妇女等非法活动等。笔者在中越边境一个苗族村寨访谈时发现，该村寨外出务工人员中，有15位已婚妇女，其中有6位外出后再没有回来，为了防止女人外出不归，许多家庭现在只让男人外出，女人在家带孩子、管老人。

二 对社会管理的影响

西南边境地区人口空间格局演变对社会发展影响的另一个重要的方面就是对社会管理的影响。从国内学者对边境地区人口的研究现状看，绝大部分都集中于中国西南边境地区，包括"三非人员"问题、难民问题、跨境婚姻问题、回流人口问题等。由于数据收集受限且涉及国家安全，本书在分析西南边境地区人口空间格局演变的过程中并没有专门对上述特殊人群进行阐述，只放在边境地区户口待定人口中作分析，这部分群体在户口待定人口中是事实存在的。本书从西南边境地区特殊人口和流动人口两个方面来分析人口空间格局对边境地区社会的影响。特殊人口包括难民（此处难民包括因战争暂时停留中国的难民，以及历史原因长期居住在中国的难民）、跨境婚姻人口、回流人口等，流动人口包括外出人口、外来人口、国外工作或学习人口，以及"三非人员"。

（一）户口待定人口空间格局演变对社会管理的影响

本书第三、第四章对户口待定人口进行了描述，根据对难民、跨境婚姻、回流人口的研究来看，基本上都涉及身份难以确定的问题，因此，把这些人口纳入户口待定人口是合理的，我们称之为特殊人群。根据目前调研和学者研究的情况，西南边境地区特殊人口群体的分布大致如下：难民、跨境婚姻主要分布于中缅、中越边境，短期难民以中缅边境为主，长期难民以中越边境为主；回流人口基本分布于中缅边境，且以怒江、临沧最多。弗兰克·皮克（Frank N. Pieke）在研究中指出，中国西南边境的云南省，居住着一大批国外居民，这其中包括合法的移民、无国籍人员以及难民，他们大都来自缅甸、老挝和越南①；吴喜、梁晋云（2010）调研了云南省河口县的越南难民群体，对难民产生的原因及产生的社会问题进行了探讨②；佴澎、李剑峰（2015）通过大量调查数据的分析，认为难民会对社会造成不良的影响，难民问题的存在会对当地的社会带来威胁，难民这个群体已经不仅仅是理论上会造成我国地区的不稳定，事实上也给我国边境地区带来了麻烦。③曹维盟对怒江回流人口（又称"归侨侨眷"）进行了研究，指出从缅甸回流的无户籍人口仅怒江就有19605人，其中福贡县就有13695人，由于没有合法身份和国家给予的相关保护，导致生存艰难，成为当地基层社会不稳定因素之一。④罗文青（2006）对广西边境地区中越跨境婚姻的社会问题进行了分析，指出随着区域合作不断加深，跨境婚姻的数量逐年上升，给边境地区造成了一定的社会影响。⑤从对西南边境特殊人口的研究可以得出结论，上述人群在边境地区的分布已经对边境地区的社会管理带来了极大的影响，而且根本原因在于身份得不到确认。主要有以下几个方面：

第一，扰乱边境社会管理秩序。上述各特殊人口大部分在国籍、身份方面得不到确认，没有身份证，就业十分困难，无法到其他地区从事工作，只有在难民聚居区从事简单低廉的工作来谋生，还有一部分没有正当职业，往往会去从事贩毒、卖淫等违法犯罪活动，

---

① Frank N. Pieke, Immigrant China [J]. *Modern China*, 2012, 38 (1): 40.
② 吴喜、梁晋云：《难民问题是影响中国边境地区社会稳定的诱因——云南河口县难民问题调研报告》，《云南警官学院学报》2010年第1期。
③ 佴澎、李剑峰：《云南边境难民社会融入与社会治理问题研究》，《云南大学学报》2015年第1期。
④ 曹维盟：《中缅边界少数民族无国籍人口问题研究——以建国初期云南省福贡县外流边民群体为中心》，《八桂侨刊》2013年第3期。
⑤ 罗文青：《和平与交往：广西边境地区跨国婚姻问题初探》，《广西师范大学学报》2006年42卷第1期。

有的甚至形成了有组织的黑恶势力犯罪团伙，实施贩毒、抢劫、枪械类犯罪等活动。由于这类人身份地位比较特殊，除违反刑法以外，其他违反治安管理处罚条例的情形，却只能视为外国人处理，更是增加了社会管理的难度。

第二，给边境社会管理带来巨大的压力。由于身份得不到确认，这部分人口还面临着其他方面的问题，如教育、医疗卫生、社会保障等，如这些群体的孩子上学不能享受"两免一补"的优惠；不能参加养老、医疗保险等；生育不受管制，人口自然增长快等，给边境地区社会管理带来了巨大的压力。

第三，社会认同造成的安全隐患。社会是由不同的人群组成的，我们叫作社会阶层，不同的社会阶层意味着不同的社会地位。特殊人口群体由于身份得不到确认，在工作、生活、学习、文化等方面都被边缘化，更谈不上政治权力和社会地位，往往会受到社会其他群体的歧视，因此，他们往往会有很强的自卑感，有的怀有仇恨心理，这些因素就很容易诱发他们的不满情绪，给社会安全带来隐患。1990—2010年，在西南边境地区人口空间格局的演变过程中，户口待定人口不断增长，从1990年的2.07万人上升到2010年的17.15万人，在边境一线的分布进一步扩散，上述社会管理问题将会更加凸显。

（二）流动人口空间格局演变对社会管理的影响

流动人口分为流入人口和流出人口，按研究对西南边境地区流动人口的界定，流入人口包括外来人口、"三非人员"等，流出人口是指外出人口和国外工作或学习人口。国内对边境流动人口的研究成果十分丰富，崔伟杰等（2002）通过研究发现，中国的兴边富民政策改善了边境地区的基础设施建设，推动了边境贸易的发展，同时也提供了更多的就业机会，增加了边境地区对外来人口的吸引力[①]；

---

① 崔伟杰、马季红：《"兴边富民行动"有利于缩小地区间的发展差距》，《黑龙江民族论丛》2002年第3期。

贾玉梅（2012）探讨了黑龙江省边境地区人口外流的人口安全问题，认为自然资源匮乏和发展成本高是导致人口外流的主要因素[①]；李琦（2011）认为随着我国沿边对外开放力度加大，边境地区边民来往频繁，跨境犯罪现象日益严重[②]；王哲（2013）选取内蒙古、吉林、黑龙江、广西、云南、新疆作为陆地边境调查区域，深入研究了中国陆地边境地区人口外流对流出地的影响，认为边境地区大量人口外流对留守家庭的影响主要有以下几个方面：一是造成留守家族人力资本的流失；二是导致留守家庭的经济来源更为单一化；三是给留守儿童的教育、心理、情感带来影响；四是留守老人的赡养出现问题；五是留守妇女面临的劳动负担沉重。[③] 西南边境地区是中国人口现象最复杂的区域，给学者们提供了大量的研究空间。李光灿等（1998）以大量边境地区调查材料指出云南毒品犯罪与流动人口有直接的关系，并提出加强边境流动人口管理的对策[④]；谷家荣（2011）认为血缘关系使滇越边民来往频繁，影响着边疆民族地区社会的稳定[⑤]；王艳斌（2011）以广西崇左市为例，探讨了中越边境"三非人员"越南公民问题[⑥]；李玉洁（2012）以云南德宏州为例，认为"三非人员"扰乱社会秩序、影响城市形象[⑦]；谭春霞（2013）分析了云南文山州劳务输出对家庭生活的影响，包括劳

[①] 贾玉梅：《边境地区人口安全与经济社会发展研究——以黑龙江省边境地区为例》，《人口学刊》2012年第5期。
[②] 李琦：《边境地区境外边民跨境犯罪活动研究》，《犯罪研究》2011年第1期。
[③] 王哲：《我国陆地边境地区人口流出及对流出地的影响分析》，博士学位论文，吉林大学，2013年。
[④] 李光灿、马光中：《云南边境地区的人口流动与毒品犯罪》，《人口与经济》1998年第4期。
[⑤] 谷家荣：《滇越边民跨国流动与社会稳定研究——基于国家、地方与边民的视角》，《广西民族研究》2011年第2期。
[⑥] 王艳斌：《中国边境"三非"越南公民问题研究——以崇左市为例》，《广西警官高等专科学校学报》2011年第5期。
[⑦] 李玉洁：《德宏边境地区"三非"外国人现状的思考与对策》，《云南警官学院学报》2012年第5期。

第七章　中国西南边境地区人口空间格局演变的影响

动力缺失、家庭生活残缺、家庭育儿养老缺失等。① 从上述对边境地区流动人口的研究现状来看，可以得出三个结论：

第一，流动人口对边境地区社会管理的影响是不容忽视的，尤其是中国西南边境。由于地理区位特殊，靠近"金三角"，而且接壤的国家政治经济文化发展差异大，跨境流动人口结构复杂，给边境地区社会管理带来了巨大的挑战。

第二，流动人口对边境地区社会管理的影响主要包括两方面。一方面是跨境流动人口的跨国犯罪、贩毒、枪支弹药、人口拐卖、卖淫嫖娼等造成的影响；另一方面是西南边境外出人口增加出现的留守人口问题对社会管理造成的影响等。

第三，西南边境地区流动人口对社会管理造成影响的主要是两类人口，即跨境流动人口和外出人口。

1990—2010年，从西南边境地区流动人口空间格局的演变看，流动人口中，无论是外来人口还是外出人口，人口规模持续增加，实现了以流入人口为主向以流出人口为主的转变。由于边境地区的特殊性，西南边境地区还存在另一类人口流动现象，那就是跨境人口流动。跨境人口流动是指以经商、务工、探亲访友等为目的，作短暂停留，往返于国境线两侧的人口流动现象，这种人口我们称为跨境流动人口。由于流动性大，停留的时间长短不一，且往返国境线的形式不一，很大一部分为偷渡，因此没有具体的统计数据。结合边境地区野外调查情况，这部分跨境流动人口是事实存在的，而且随着地缘政治经济环境好转，跨境流动人口也不断增多。

为深入研究并证实西南边境地区流动人口演变对社会管理的影响程度，笔者分别选择中缅边境的腾冲县、沧源县、镇康县、耿马县，以及中越边境的麻栗坡县、马关县作为调研区域，采取访谈与

---

① 谭春霞：《边境农村地区劳务输出对家庭生活的影响探析》，《文山学院学报》2013年第6期。

调查问卷的形式分别对跨境流动人口和外出人口的社会影响进行调查。

第一,对跨境流动人口社会影响的访谈情况。访谈对象为政府基层公务员、边民、商人;访谈人数共21人,其中,中越边境10人,中缅边境11人;访谈的内容如下:①跨境人口数量;②跨境人口以何种方式进入中国;③跨境人口的违法犯罪情况;④对跨境人口持什么态度。对访谈记录经过整理后结果见表7-3。结果表明:中缅、中越边境跨境人口数量较多,入境方式以偷渡为主,中缅边境跨境流动人口对社会管理的影响大于中越边境,大部分对跨境人口持允许态度,而对跨境流动人口采取允许态度主要是因为跨境流动人口劳动力成本低。

表7-3　　　西南边境地区跨境流动人口社会影响访谈情况

访谈内容	边境	结果及人数
①跨境人口数量	中缅	(1)人数多,7人;(2)人数少,4人;
	中越	(2)人数多,8人;(2)人数少,2人;
②跨境人口以何种方式进入中国	中缅	偷渡为进入中国边境的主要方式,其次为使用边民证
	中越	
③跨境人口的违法犯罪情况	中缅	(1)违法犯罪多,3人;(2)违法犯罪少,8人;
	中越	(1)违法犯罪多,1人;(2)违法犯罪少,9人;
④对跨境人口持什么态度	中缅	(1)允许,7人;(2)禁止,4人;
	中越	(1)允许,8人;(2)禁止,2人;

资料来源:笔者根据访谈记录整理。

第二,对边境地区外出人口社会影响的调查问卷情况。外出人口调查问卷对象为腾冲县、麻栗坡县、马关县边境村寨边民,共发放调查问卷605份,有效问卷605分,其中,中缅边境338份,中越边境267份。统计结果见表7-4。结果表明,外出人口对边境地区社会是否造成影响的选项中,认为影响很大的只占16%,影响不大的占33%,多少有一些影响的占51%,说明外出人口对边境地区社会的影响不是很明显；在外出人口对流出地有何影响的 7 个选项中，造成老人、孩子没法照顾的比重最大，占 66%，其次是家庭不稳定和男女比例失调。

表 7-4　　　　　西南边境地区外出人口对社会的影响

问　题	选　　项	结果（人）	比重（%）
您觉得大量的外出人口对边境地区的社会有影响吗？	1. 有，大量的人口外流带来的问题需要引起重视	95	16
	2. 多少有一些	309	51
	3. 影响不大	200	33
您认为当前外出人口对本地有什么影响？	1. 劳动力流失，经济发展滞后	301	50
	2. 青壮年外出，使得社会治安问题层出不穷	141	23
	3. 边境地区的大量人口外流，造成边疆不稳定	75	12
	4. 年轻的女性纷纷离开本地，导致男女比例失调	181	30
	5. 造成家庭不稳定	200	33
	6. 造成老人、孩子没法照顾	402	66
	7. 政府的事情，无关紧要	42	7

资料来源：根据调查问卷结果整理。

第四节　人口空间格局演变对资源环境的影响

人口空间格局对自然环境的影响主要表现在对区域资源环境的承载力影响。根据资源环境承载能力、现有开发密度和发展潜力等指标，"十一五"规划将国土空间划分为优化开发、重点开发、限制开发和禁止开发四类主体功能区。按照主体功能区划情况，西南边境地区基本上属于限制开发和禁止开发区。国家人口计生委《生态屏障、功能区划与人口发展》课题组（2008）遵循自然规律和经济社会发展规律，统筹考虑国家战略意图，将全国划分为人口限制区、人口疏散（收缩）区、人口稳定区和人口集聚区四类人口发展功能区。① 西南边境地区大部分处于人口限制区范围，即云贵高原、横断山地区、滇黔桂喀斯特山地区。梁海艳、阳茂庆等（2013）从土地和经济承载力方面对云南省人口承载力进行了分析，其中云南边境地区25个县（市）中只有腾冲县、瑞丽市、景洪市、勐海县可以继续吸纳人口。② 西南边境地区自然环境条件区域差异大，人口空间格局对各区域的影响也不一样。因此，为了分析1990—2010年人口空间格局演变对自然环境的影响状况，本书以西南边境地区33个县（市、区）为研究区域，分别选择自然人口容量、人口承载状况、人口承载指数作为评价人口空间格局变化对自然环境的影响力指标，对西南边境地区1990年、2000年和2010年三个时点的人口自然承载力进行计算，分析人口空间格局变化对区域自然环境带来的影响。

一 研究方法

（一）自然人口容量

自然人口容量用土地资源承载力（这里的土地主要指广义的"土地"）来量化，是指一个区域自然资源与人口的关系，在这里用一定粮食消费水平，计算区域土地生产力所能供养的人口规模（万人）或承载密度（人/平方千米）。其计算公式如下：

$$LCC = \frac{G}{Gpc} \tag{7.3}$$

---

① 生态屏障、功能区划与人口发展课题组：《科学界定人口发展功能区促进区域人口与资源环境协调发展——生态屏障、功能区划与人口发展研究报告》，《人口研究》2008年第3期。

② 梁海艳等：《云南省人口承载力分析》，《西北人口》2013年第1期。

式中：LCC 表示土地资源的现实承载力或土地资源的潜在承载力；G 表示某限定区域土地的生产能力（即粮食总产量，千克），粮食总产量以 1990 年、2000 年、2010 年三个时点的粮食产量计；Gpc 为人均粮食消费，现实承载力以 400 千克/人计。

（二）人口承载状况

人口承载状况是指一个区域的人口规模与该地区的人口容量相比较，其计算公式为：

$$P_c = P_r - P_m \tag{7.4}$$

式中，P_c 表示人口承载状况，P_r 表示现实人口容量，P_m 表示现实人口数。若人口承载状况大于 0，表示该区域人口容量大于人口规模，还具有承载人口的潜力，还能继续吸纳人口，数值越大表示能吸纳的人口数量越多；若人口承载状况小于 0，则表示该地区不能继续容纳人口，人口处于超载状况，差值的绝对值越大，表明超载的人口数量越多，该区人口分布越不合理，对自然环境的压力也就越大。

（三）人口承载指数

人口承载指数是从另外一个角度来分析人口承载状况，仍然采用一个地区现实人口容量与现实人口数两个指标，把现实人口容量与现实人口数作商比较。指各地区能够继续容纳人口的潜力，主要利用此指标定性判别各地区人口分布的合理性，可进一步分析该地区内部人口分布合理性的程度和类型[①]。其计算公式为：

$$P_{in} = \frac{P_r}{P_m} \tag{7.5}$$

式中，P_{in} 表示人口承载指数，P_r 表示某地区的人口容量，P_m 表示某地区的现实人口数。人口承载指数越大，说明该地区可容纳的人口越多；人口承载指数越小，说明该地区容纳人口的能力越小。一般地，我们将人口承载指数划分为 5 个等级，如表 7-5 所示。

---

① 孟向京：《中国人口分布合理性评价》，《人口研究》2008 年第 3 期。

表7-5　人口承载指数等级划分标准及承载力判定[1]

等级	人口承载指数	人口承载情况
Ⅰ	<0.6	严重超载
Ⅱ	0.6—0.79	超载
Ⅲ	0.8—1	基本平衡
Ⅳ	1—1.5	承载有潜力
Ⅴ	>1.5	承载潜力很大

二　计算结果及评价

按照第六章第四节列举的对人口自然环境承载力的计算方法，根据各时点相应人口普查数据及统计年鉴相关数据，计算出西南边境地区各县（市、区）1990年、2000年和2010年三个时期的现实人口容量、人口承载状况、人口承载指数，以此判断随着人口格局的变化，各个县（市、区）自然承载力状况，见表7-6。

表7-6　西南边境地区自然承载力状况（1990年、2000年和2010年）

县（市）	1990年 人口承载状况	1990年 人口承载指数	2000年 人口承载状况	2000年 人口承载指数	2010年 人口承载状况	2010年 人口承载指数
贡山县	-1.5	0.55	-0.7	0.81	-1.3	0.66
福贡县	-4.0	0.52	-1.5	0.83	-2.0	0.80
泸水县	-4.3	0.70	-3.8	0.78	-4.0	0.79
腾冲县	-8.3	0.84	-4.5	0.92	16.8	1.26
龙陵县	-7.9	0.68	-0.5	0.98	-0.2	0.99
陇川县	2.1	1.14	-0.2	0.99	8.8	1.49
盈江县	4.9	1.21	-0.3	0.99	11.4	1.37

---

[1] 王丽红、骆华松等：《云南省县域人口合理布局研究》，《云南地理环境研究》2010年第6期。

续表

县（市）	1990年 人口承载状况	1990年 人口承载指数	2000年 人口承载状况	2000年 人口承载指数	2010年 人口承载状况	2010年 人口承载指数
瑞丽市	2.4	1.25	-2.9	0.81	1.2	1.07
芒市	6.7	1.23	-1.6	0.95	10.3	1.26
镇康县	-1.5	0.89	-4.3	0.76	-1.4	0.92
耿马县	-4.0	0.82	-10.0	0.68	-6.8	0.77
沧源县	-2.5	0.83	-6.0	0.71	-3.5	0.81
西盟县	-2.1	0.74	-1.0	0.90	-0.6	0.94
澜沧县	-16.8	0.63	-8.3	0.82	-2.6	0.95
孟连县	-1.0	0.90	-9.2	0.56	-1.4	0.90
江城县	-2.0	0.77	-1.8	0.82	-2.8	0.77
勐海县	2.3	1.08	2.6	1.08	8.1	1.24
景洪市	-4.4	0.87	-11.3	0.75	-20.3	0.61
勐腊县	-1.2	0.93	-3.8	0.84	-8.4	0.70
绿春县	-5.9	0.67	-3.7	0.82	-2.0	0.91
金平县	-9.9	0.67	-5.7	0.82	-5.6	0.84
河口县	-3.9	0.46	-5.4	0.43	-5.7	0.46
马关县	-13.9	0.59	-6.2	0.82	-1.3	0.96
麻栗坡县	-11.6	0.54	-7.1	0.74	-3.3	0.88
富宁县	-17.2	0.52	-10.8	0.72	-7.9	0.81
那坡县	-8.1	0.57	-4.5	0.74	-1.9	0.88
靖西县	-11.3	0.79	3.3	1.07	-1.7	0.97
龙州县	-10.0	0.61	-5.9	0.77	-11.7	0.47
宁明县	-4.9	0.87	-3.2	0.91	-17.1	0.49
大新县	-4.8	0.86	-0.01	1.00	-3.3	0.89
凭祥市	-3.9	0.56	-5.1	0.53	-7.3	0.35

续表

县（市）	1990年 人口承载状况	1990年 人口承载指数	2000年 人口承载状况	2000年 人口承载指数	2010年 人口承载状况	2010年 人口承载指数
防城区	-14.2	0.71	0.6	1.02	-11.3	0.69
东兴市			1.5	0.86	-8.1	0.44

资料来源：《云南省1990年人口普查资料》《广西壮族自治区1990年人口普查资料》《云南省2000年人口普查资料》《广西壮族自治区2000年人口普查资料》《云南省2010年人口普查资料》《广西壮族自治区2010年人口普查资料》《云南统计年鉴》（1991）、《广西统计年鉴》（1991）、《云南统计年鉴》（2001）、《广西统计年鉴》（2001）、《云南统计年鉴》（2011）和《广西统计年鉴》（2011）。

根据人口承载力指数等级划分标准，对西南边境地区每一时点的人口承载状况进行整理，见表7-7。从1990年、2000年和2010年的人口承载指数分析，总体上看，严重超载和超载县域数目减少，基本平衡和承载有潜力县域数目增加。说明西南边境地区人口空间格局变化对自然环境的影响总体上是积极的，也就是说，随着人口规模的增加，区域的人口承载力不仅没有减弱，反而不断增强。

表7-7 西南边境地区人口承载状况（1990年、2000年和2010年）

人口承载指数	人口承载状况	1990年	2000年	2010年
<0.6	严重超载	贡山县、福贡县、河口县、马关县、富宁县、麻栗坡县、那坡县、凭祥市（8个）	孟连县、河口县、凭祥市（3个）	河口县、龙州县、宁明县、凭祥市、东兴市（5个）

续表

人口承载指数	人口承载状况	1990 年	2000 年	2010 年
0.6—0.79	超载	泸水县、龙陵县、西盟县、澜沧县、江城县、绿春县、金平县、靖西县、龙州县、防城区（10个）	泸水县、镇康县、耿马县、沧源县、景洪市、麻栗坡县、富宁县、那坡县、龙州县（9个）	贡山县、泸水县、耿马县、江城县、景洪市、勐腊县、防城区（7个）
0.8—1	基本平衡	腾冲县、镇康县、耿马县、沧源县、孟连县、景洪市、勐腊县、宁明县、大新县（9个）	贡山县、福贡县、腾冲县、龙陵县、陇川县、盈江县、瑞丽市、芒市、西盟县、澜沧县、江城县、勐腊县、绿春县、金平县、马关县、宁明县、东兴市（17个）	福贡县、龙陵县、镇康县、沧源县、西盟县、澜沧县、孟连县、绿春县、金平县、马关县、麻栗坡县、富宁县、那坡县、靖西县、大新县（15个）
1—1.5	承载有潜力	陇川县、盈江县、瑞丽市、芒市、勐海县（5个）	勐海县、靖西县、大新县、防城区（4个）	腾冲县、陇川县、盈江县、瑞丽市、芒市、勐海县（6个）
>1.5	承载潜力很大	无	无	无

第五节 人口空间格局演变对国家安全的影响

边境地区是一个国家的屏障区域，本身就与国家安全关系密切，边境地区的国家安全就是边境安全。边境安全的内涵随着全球政治经济形势的变化而发生着变化，大致分为边境地区军事安全和边境地区居民安全两个阶段：在军事安全阶段，边境安全主要是指一国的边防武装力量维护该边境地区的领土主权免受另一国侵犯和损害的状态；在居民安全阶段，边境安全则指生活在一国边境地区的普通居民在不受外来干扰和侵犯的前提下，生活条件和经济发展水平等都能得以显著改善和提高的状态。[1] 张保平（2012）认为，边境安全是指国家边境不受威胁、没有危险的安全状态，以及获得安全状态的过程，并从空间范围和内容对边境安全的内涵进行划分。[2] 本书把边境安全分为传统安全和非传统安全，传统安全指军事、主权领土、外交安全，非传统安全是指除传统安全以外的其他安全，如人口安全、经济安全、环境安全等，传统安全与非传统安全在一定的条件下可以相互转化。西南边境地区地缘政治经济状况复杂，边境安全一直以来都存在，从人口空间格局看，影响西南边境安全的主要有领土安全、军事安全等传统安全，以及人口安全、宗教安全、社会安全等非传统安全，而影响西南边境安全的人口空间格局主要是跨境少数民族的空间格局、流动人口的空间布局。

一 对边境地区传统安全的影响

（一）跨境少数民族人口空间格局演变对传统安全的影响

1990—2000年，跨境少数民族人口空间格局变化不大，但是跨境少数民族这种稳定的人口空间格局反而会对边境安全产生潜在威胁。跨境少数民族对传统安全的影响主要体现在对国家认同导致的民族分裂主义方面。何跃（2008、2010）认为，地缘认同成为跨界民族在政治诉求，地缘主义成为跨界民族主义的思想来源，边缘地带的地缘政治经济构成了边缘地带的地缘主义思潮，跨界民族以地缘民族文化和地缘民族宗教为认同，形成以地缘政治经济为诉求的跨界民族主义；这种跨界民族主义在某种意义上超越对其国家的认

---

[1] 李敏伦：《全球化背景下边境安全的内涵演化研究——以"上海五国"为例》，《石家庄学院学报》2009年第2期。

[2] 张保平：《边境安全稳定的量度与优化》，《武警学院学报》2012年第1期。

同，在经济全球化的大背景下，不同国家边境地区的经济发展直接影响到该国跨界民族的向心力，他们日益以经济利益的获得程度来判断对国家的忠诚，如果周边国家的经济扶持政策优于本国，这些跨界民族将倾向对邻国的认同。[1][2] 20 世纪八九十年代，中国西南边境地区就出现过跨境民族被国外反华势力利用，企图分裂中国的活动，影响较大的有"王宝军事集团"和"文蚌同盟"。"王宝军事集团"是 20 世纪八九十年代，在美国的支持下建立的，又称"老挝民族联合阵线"，是一个以颠覆老挝和建立"苗族独立国"为宗旨的极端民族主义组织，图谋建立包括老挝北部和中国西南边境苗族聚居区在内的"寮蒙王国"，并对云南边境地区及国内其他苗族聚集地的苗族领导人进行渗透；"文蚌同盟"是泰国清迈基督教会在一些西方国家宗教组织的支持下于 1994 年成立的，全称为"全世界文蚌民族同盟会"，亦称"泛克钦组织"，企图利用基督教统一各民族的信仰，建立包括中国景颇族、傈僳族、怒族等在内的"克钦独立国"，"文蚌同盟"是所谓"文蚌民族"的极端民族主义组织。"文蚌民族"系指缅甸、印度和中国毗邻地区的克钦族、茶山族、浪族、弱旺族、景颇族、傈僳族、羌族和怒族等民族的联合体。"王宝军事集团"和"文蚌同盟"等极端民族主义组织在中国虽然被粉碎，但其残余依然存在，一些思想毒瘤并没有剔除干净，只要有合适的机会，就会死灰复燃，给中国国家安全带来极大的威胁，而我国西南跨境少数民族跨境而居的人口布局为这种极端民族主义的滋生和生长提供了合适的温床。

（二）流动人口空间格局演变对边境地区传统安全的影响

从西南边境地区人口空间格局的演变看，流出人口数量规模越来越大，2000 年外出人口为 46.3 万，到 2010 年已高达 123.2 万；

---

[1] 何跃：《地缘主义与跨界民族主义——以中国西南边疆为例》，《学术探索》2008 年第 6 期。

[2] 何跃：《边民主义与跨界民族主义——以中国西南边疆为研究对象》，《云南民族大学学报》2010 年第 1 期。

国外工作或学习的人口也呈上升趋势，特别是2000年，西南边境国外务工或工作的人口高达27.3万。随着新生代边民教育文化程度的不断提高和思想观念的转变，以及区域经济合作的深入，未来流出人口的数量只会增、不会减。持续上升的流出人口使我国西南边境地区漫长的国境线一侧人口的数量逐渐下降，人口密度变得稀疏，边境地区守土固边的能力必然减弱。边境地区的边民一直以来都是保卫边疆、巩固国防的有生力量，一户边民安居乐业，就等于多了一个边防岗哨，就守住了一片疆土，边境多一个边民，就等于多了一个士兵，就增加了一份保家卫国的力量。在对居住在中越边境线一侧的村寨边民访谈时发现，部分越南民众由于受20世纪七八十年代中越战争的影响，在其国内受极端错误言论的误导，认为是中国侵犯他们的家园，对中国一直都怀有仇恨之心。因此，他们经常在中越边境线上的土地、林地随意更改界线，使两国边民商议的界线往中方移动，以此取得对土地、林地的支配权。尽管这种行为不能改变两国之间的边界线，但是容易引起两国边民的争端，如果处理不当就会导致两国的军事行动，从而对国家安全造成威胁。

二　对边境地区非传统安全的影响

（一）跨境少数民族人口空间格局演变对非传统安全的影响

跨境少数民族稳定的人口空间格局对边境地区非传统安全的影响主要是宗教安全。西南边境地区民族众多，形成宗教信仰结构多元化的格局，佛教、基督教、伊斯兰教、天主教、道教，以及图腾崇拜、原始宗教在西南边境地区都存在，其中基督教和天主教受国外影响较大。宗教信仰的多元化给境外的敌对势力提供了广泛的活动空间，特别是在云南省尤为突出。据有关部门掌握的情况，涉嫌利用基督教对云南进行渗透的境外组织达80个之多，其中，境外敌对势力和分裂组织中的"扎谍老佛祖""全世界文蚌族同盟会""印缅'爱与行动'组织"等；境外宗教势力和教会组织中的缅甸基督教傈僳会、缅甸傈僳族神召会、仰光华人基督教会；早年云南外国传教士后人及其教团中的美国摩尔斯家族；非政府组织中的世界宣明会、乐施会、传爱医援会等，活动最为频繁，影响也较为恶劣。① 佛教方面，境外的诸如佛爷、信徒等经常在我国西南边境一线活动，为当地的寺庙赠送佛像、经书、佛教用品等，有的还进行大规模的赕佛活动，积聚大量钱财在当地修建佛寺、佛塔，以扩大影响；基督教和天主教方面，基督教和天主教一直以来都在西南边境地区活动，在基督教和天主教比较集中的地区出资修建教堂、学校招收各民族学生进行学习培训，妄图培植代理人。在境外开办各种神学院校，举行大型宗教活动，策动、拉拢我国边境教徒出境参加，以控制和操纵边境地区的教会。上述宗教和组织在境外敌对势力的支持操纵下，在西南边境地区频繁活动，宣扬西方民主，抨击中国社会主义制度，挑战马克思主义信仰，而西南边境地区跨境而居的民族人口分布格局和语言习惯的相通为境外进行宗教渗透创造了良好的条件。

（二）流动人口空间格局演变对边境非传统安全的影响

流动人口空间格局对边境地区非传统安全的影响主要是指人口安全、社会安全。难民、跨境婚姻、"三非人员"等散布在西南边境地区，1990—2010 年，上述人口规模呈持续增长态势，给边境地区的人口安全和社会安全带来了巨大的挑战。王介南（2004）指出，缅中边境人口越境问题突出，大量毒品流入中国，边境一线成为滋生犯罪的温床和庇护违法犯罪的场所，严重影响我国边境安全②；孟立君（2009）指出，影响我国边境非传统安全的因素有毒品问题、恐怖主义、非法移民、走私问题等③；陆云（2012）通过对中国西南边疆中缅边境地区毒品犯罪、社会公共卫生安全、暴力

---

① 张桥贵：《云南跨境民族地区宗教社会问题研究》，中国社会科学出版社 2008 年版，第 55—58 页。

② 王介南：《缅中关系与我国西南周边安全》，《世界经济与政治论坛》2004 年第 4 期。

③ 孟立君：《论影响我国边境安全的非传统因素》，《边疆经济与文化》2009 年第 2 期。

恐怖犯罪等非传统安全的分析，指出中缅边境多民族地区非传统安全威胁具有"内传"和"外溢"的发展特点[①]；罗刚（2012）指出，云南边境地区非法移民对人口安全的影响主要体现在人口无序增长和人口素质下降两个方面。[②] 结合本书前面章节西南边境地区流动人口的研究，对流动人口对人口安全和社会安全的影响进行梳理并进行阐述。

第一，流动人口空间格局演变对人口安全的影响。对人口安全的影响主要体现在以下两个方面：一方面是对人口数量的影响，难民、"三非人口"、回流人口、跨境婚姻等特殊流动人口群体由于在管理方面存在"真空"，生育方面不受控制，1990—2010年，人口无序增长，生存空间不断扩张，给边境人口安全带来影响；另一方面，由于边境地区特殊人口群体中无国籍人口众多，在教育、医疗、养老等方面不能享受中国公民应该享受的社会保障政策，受教育程度低、有病不治等情况普遍，人口素质普遍偏低，对人口发展带来影响。

第二，流动人口空间格局演变对社会安全的影响。有关流动人口对社会安全的影响，本书在分析流动人口对社会管理的影响部分中已经作了阐述，在此不再重复。在此只对流动人口空间格局对社会公共卫生安全的影响进行分析。西南边境地区紧邻毒品源地"金三角"，跨境流动人口贩毒吸毒、卖淫等现象在西南边境地区不同程度存在，特别是缅甸吸毒人口众多，艾滋病在边境地区不断蔓延。2010年，云南边境地区25个县（市）发现AIDS患者7437例，占全省同期累计发现居住云南省的HIV感染者的30%[③]，研究结果表明，跨境缅甸籍吸毒人员共用吸毒针具和高危性行为普遍，加速

[①] 陆云：《当前中缅边境地区非传统安全突出问题》，《学术探索》2012年第12期。
[②] 罗刚：《非法移民对人口安全、国家认同的影响——基于云南边境民族地区的调查》，《云南师范大学学报》2012年第4期。
[③] 劳云飞：《云南省定居边境地区外籍跨境婚姻人群AIDS抗病毒治疗现状及需求研究》，《传染病信息》2012年第6期。

了艾滋病的扩散。① 熊理然、骆华松等（2005）对云南艾滋病流行对人口安全的影响进行了研究，认为艾滋病主要通过改变人口数量、人口素质、人口结构、增加贫困人口等方面影响人口安全②；罗淳、沈凌等（2012）对云南边疆跨境流动人口的艾滋知识认知、所持态度及行为取向等进行实证分析结果表明，边疆跨境流动人口在艾滋病知识认知方面仍存在诸多不足，在预防艾滋病感染与传播方面仍然缺乏理性的态度和有效的行为，因而在跨境流动行为中面临着更大的艾滋风险③；庞海红（2012）通过大量数据的分析指出与云南接壤的越南、老挝和缅甸三国都是艾滋病疫情较为严重的国家，尤其以缅甸最为严重，跨境流动人口，如跨境婚姻群体、"三非人员"、经常往返于两国之间的边民等成为艾滋病的主要传播源。④ 大量研究表明，西南边境地区艾滋病对人口安全的影响是不可忽视的，主要以中缅边境为主。笔者在对中缅边境某乡某村寨进行调研时发现，该村寨由于男女比例严重失调，大量的适龄男性找不到配偶，跨境婚姻十分普遍，连跨境婚姻都没有的，只能打光棍。在该区域，缅甸女性成为适龄男性找伴侣的主要目标。

---

① 朵林、林赟：《云南边境缅甸籍吸毒人员 HIV 感染情况及其影响因素分析》，《中国国境卫生检疫杂志》2013 年第 4 期。

② 熊理然、骆华松等：《云南艾滋病流行对人口安全的影响》，《人口研究》2005 年第 2 期。

③ 罗淳、沈凌等：《跨境人口流动的艾滋传播风险及其防范——基于云南边境口岸调研问卷的实证分析》，《昆明理工大学学报》2012 年第 2 期。

④ 庞海红：《云南周边国家艾滋病流行现状及其对云南的影响》，《云南民族大学学报》2012 年第 6 期。

第八章 结论与建议

第一节 结论与展望

随着经济全球化和区域经济一体化进程加快,西南边境地区迎来了前所未有的发展机遇,各种人口现象开始出现,改变着区域人口空间格局,给区域经济、社会、自然环境、国家安全等方面带来影响。本书从地理学角度,以西南边境地区为研究范围,分析了西南边境地区的地缘政治经济环境,选择1990年、2000年和2010年三个时点,对人口空间格局演变进行了描述和对比,并分析了人口空间格局演变的机制及影响。主要结论如下:

(1)自然环境决定了人口空间格局演变的基本格局。地形、气候、土地、水源等自然环境决定了西南边境地区人口分布的基本格局,自然环境较好的区域人口相对稠密,自然环境恶劣的区域人口相对稀少,人口空间格局总体上由东向西逐渐递减,人口空间格局演变只是在原自然环境下形成的人口空间格局基础上进行的。

(2)经济发展是人口空间格局演变的根本动力。从西南边境地区人口空间格局的演变过程及演变机制看,经济发展是人口空间格局演变的根本动力。主要表现在以下两个方面:其一,经济发展水平较高的区域人口增长较快,如腾冲、瑞丽、芒市、景洪、凭祥、东兴、防城港等;其二,流出人口与流入人口的相互转换。1990—2010年,西南边境地区实现了由流入人口为主向流出人口为主的转变，流出人口主要流向为经济发达的东部沿海地区，说明经济发展的区域差异是人口空间格局演变的强大动力。

（3）西南边境地区人口空间格局演变与地缘政治经济环境关系密切。由于西南边境地区特殊的地理区位，地缘政治经济环境在人口空间格局的演变过程中起着十分重要的作用，人口的空间格局会随着地缘环境的变化而发生变化。以国外工作或学习人口为例，1990年人数少，人口分布空间格局均衡，2000年人口剧增，99.9%集中于中缅边境，到2010年90%以上仍分布在中缅边境，但中越边境人数逐渐增多。中缅一直保持稳定良好的地缘政治经济环境，中缅边境地区人口长期活跃；中越从1990—2000年属恢复关系阶段，人口较少。截至2010年，两国地缘政治经济关系发展良好，边境地区人口逐渐增多。

（4）跨境民族的人口空间格局将长期存在，民族大融合的趋势不可阻挡。从西南边境地区跨境民族的演变过程看，人口空间格局十分稳定，受文化的影响，跨境而居的人口空间格局将长期存在。跨境民族人口规模增长缓慢，人口比重在区域人口中的比重逐渐下降，说明迁移人口和其他民族人口逐渐增多，西南边境地区民族大融合趋势明显。

（5）西南边境地区人口空间格局演变较为活跃，但引致力均衡。通过计算西南边境地区人口再分布指数、自然变动引致指数和机械变动引致指数，表明1990—2010年，西南边境地区人口空间格局呈现持续活跃状态，但自然变动引致指数与机械变动引致指数相近，引致力比较均衡，说明引起西南边境地区人口空间格局变化的外力不足。

（6）从西南边境地区人口空间格局演变看，总体呈现以下特征：第一，人口总体增长缓慢，人口集聚现象逐渐显现。1990—2010年，年均人口增长率不到1%，33个县（市、区）在边境省、区的人口比重不到10%。人口密度总体变化不大，但人口向口岸城市和经济发达区域集中明显。第二，跨境民族人口空间格局稳定，人口性别比偏低。本书分析了云南省17个跨境少数民族人口空间格局变化，发现跨境少数民族人口分布格局较为稳定，人口性别比总体偏低，有的民族出现男少女多的现象。第三，流动人口增长迅速，空间格局变化较大。人口规模增长快，无论是流入人口还是流出人口，1990—2010年都呈现持续增长状态，实现了由外来人口为主向外出人口为主的转变。

（7）从对西南边境地区人口空间格局变化的影响的分析中得出如下结论：第一，人口增长对区域经济的发展起到了明显的推动作用；第二，部分地区人口增长并没有对自然环境带来压力，反而刺激了自然环境承载力的加大；第三，人口主要集中于第一产业，劳动力过剩导致外出人口快速增加；第四，外出人口和户口待定人口的持续增加给边境安全带来威胁。

在研究的过程中，由于受到多种因素的制约，以致研究还有许多不足之处。一是某些人口指标数据收集困难。表现在：三次人口普查数据有些统计口径不一；西南边境涉及云南、广西两省区，统计口径不一；难民、跨境婚姻、"三非人员"数据难以收集等。二是调查区域范围比较小。西南边境地区与越南、老挝、缅甸接壤，共33个县（市、区），本书选择中缅边境腾冲、镇康、沧源、耿马4县，以及中越边境麻栗坡、马关2县，共6个县作为调查区域，对于整个西南边境来说范围窄小，影响调查数据的代表性。三是西南边境地区跨境民族、特殊人口群体涉及国际关系，在表达个人观点时难免拘谨等。在本书的写作过程中，发现有一些问题值得深入探讨。比如西南边境地区人口增加，却反而刺激人口承载力增大的问题；西南边境地区人口大量外流与守土固边、边境社会管理创新的问题；西南边境跨境流动人口管理的国际合作机制研究等，为我们未来深入研究西南边境地区的人口问题提供了广阔的空间。

第二节 建议

西南边境地区毗邻三国,与东南亚、南亚各国相望,是我国经西南通往印度洋的门户,又是面向西南对外开放的前沿,同时还是中国参与东南亚、南亚经济合作的主要区域,地理区位优越。但是,西南边境地区不能逃脱边境地区各种矛盾交融的关键问题区的命运,从人口格局的角度来看,人口总量不足、人口稀疏、跨境民族多、特殊人口多元化等都影响着西南边境地区经济社会的发展。随着经济全球化和区域经济一体化进程的深入推进,以及国家对外开放力度的加大,西南边境地区将迎来巨大的发展机遇。因此,进一步优化西南边境地区的人口空间格局,为沿边开放和经济社会发展提供人口保障十分必要。

一 以国家发展战略为契机,科学规划西南边境地区国土开发空间

人口的集聚与国土空间开发关系密切,我国20世纪80年代提出国土空间开发"T"形战略,即以东部沿海地带和东西横贯的长江沿岸相结合的"T"形结构为主轴线,以联结重点资源开发区的主要铁路沿线为二级轴线,构成我国国土开发和建设布局的基本框架,并初步形成比较合理的交通运输、电力和城镇网络。经过几十年的发展,"T"形战略的设想基本形成,沿海一带和长江沿岸也成为我国人口最集中分布的区域。人口的空间集疏过程与经济发展格局是息息相关的,我国人口向东部沿海地带和内陆主要节点城市聚集是符合经济发展规律的,是市场机制和我国空间开发政策作用下的必然结果。[①] 西南边境地区应紧紧抓住国家发展战略,科学规划

---

① 蒋子龙、樊杰等:《2001—2010年中国人口与经济的空间集聚与均衡特征分析》,《经济地理》2014年第4期。

国土空间开发，吸引人口向边境一线集聚。

（一）国家重大发展战略为西南边境地区提供了巨大的发展机遇

为了统筹国内区域发展，缩小区域差距，扩大对外开放，加强区域合作，国家提出一系列的区域发展战略，其中许多就涉及西南边境地区。

第一，国内区域发展战略。西部大开发战略。20世纪90年代末提出的西部大开发战略涉及12个省份，其中云南、广西就在其中，经过十几年的建设，西部大开放战略取得了显著成效，云南、广西边境地区受西部大开发战略的影响，无论是基础设施建设，还是人民生活水平，都有了实质性的提高，目前，新一轮西部大开发正在进行；泛珠三角区域合作。泛珠三角区域合作2003年由张德江同志提出，区域包括广东、广西、海南、云南、贵州、四川、湖南、江西、福建9个省份和香港、澳门两个特别行政区，简称"9+2"；十八大、十八届三中全会均提出扩大内陆沿边开放，表明国家对沿边地区经济发展的高度重视；2014年提出发展长江经济带，其中云南省包含其中。

第二，国际区域合作。西南边境地区由于其独特的地理区位而参与到多个国际区域合作。中国—东盟自由贸易区（CAFTA）。2000年提出建设中国—东盟自由贸易区，2010年如期建成，东盟和中国的贸易占世界贸易的13%，成为一个涵盖11个国家、19亿人口、GDP达6万亿美元的巨大经济体，是目前世界人口最多的自贸区，也是发展中国家间最大的自贸区。而西南边境成为中国与东盟各国，特别是缅甸、老挝和越南三国进出口货物的主要通道区域。大湄公河次区域合作。1992年提出，涉及中国、缅甸、老挝、泰国、柬埔寨和越南，云南作为中国参与合作的主要区域。"一带一路"倡议。2013年，国家主席习近平提出"一带一路"倡议，2015年3月，《推动共建丝绸之路经济带和21世纪海上丝绸之路的愿景与行动》明确了区域功能定位。广西定位为面向东盟区域的国际通道，打造西南、中南地区开放发展新的战略支点，形成21世海上丝绸之路与丝绸之路经济带有机衔接的重要门户；云南定位为建设成为面向南亚、东南亚的辐射中心。

（二）西南边境地区国土空间开发构想

国家区域发展战略与国际区域经济合作对国土空间开发格局产生巨大影响，使西南边境地区成为我国对外开放的前沿。未来西南边境地区的国土空间开发思路应该是以边境重点口岸为节点，形成增长极，以连通国内外主要交通干线为纽带，构成辐射面，最终形成西南边境对外开放经济带。具体如下：

（1）从西向东以腾冲、瑞丽、芒市、耿马、孟连、景洪、勐腊、河口、靖西、凭祥、防城港（防城区、东兴市）为主要节点，打造西南边境地区增长极；

（2）以增长极为中心，以瑞丽、磨憨（勐腊）、凭祥、东兴四个国家级重点开发开放实验区为重点，建设一批边境经济合作区；

（3）以泛亚铁路东、中、西线，以及昆曼、昆河、昆仰等国际公路为纽带，连通国内腹地与东南亚诸国，形成发达的运输网络；

（4）横向连通西南边境各区域，形成西南沿边经济带。

二 结合区域实际合理调整生产力布局，实现人力资源与生产力的协调

本书对西南边境地区产业的产值结构和产业的人口结构进行了统计与分析，从产业产值结构看，西南边境地区以第一产业和第三产业为主，总体上看，呈现Ⅰ＞Ⅲ＞Ⅱ或Ⅲ＞Ⅰ＞Ⅱ两种类型；从产业人口结构看，呈现Ⅰ＞Ⅲ＞Ⅱ格局，而且从事第一产业的人口占的比重大部分都在60%以上。由此我们得出结论，西南边境地区生产力布局与人口的产业布局是矛盾的。从自然环境看，西南边境地区山多地少，人口的自然承载能力弱，第一产业发展受到自然条件的约束。大量的就业人口集中于第一产业，一方面，必然导致劳动力过剩，最终引起外出人口的持续增加；另一方面，人力资源的大量流失，又使第三产业的发展受到限制。因此，合理调整产业结构，引导就业人口在生产力之间的合理流动，实现人口与生产力之

间的优化配置是未来人口与经济协调发展的重要方向。根据西南边境地区的自然环境、经济发展状况，基于以下两点，未来应大力发展第三产业，以边境贸易、旅游、物流等产业为主。

第一，发展边境贸易大有可为。从西南边境地区边境贸易情况看，贸易额总体上是上升的，随着中国与东南亚、南亚等国家区域经济合作的不断深入，中国—东盟自由贸易区作用日益显现。据研究，缅甸、老挝、越南等中南半岛国家对中国来说市场潜力较大，特别是缅甸，贸易具有很大的空间。[①] 除边境进出口贸易外，大力推动边境边民互市点建设，从而吸引人口向边境一线集聚。

第二，发展第三产业可以提供更多的就业机会，减少外出人口数量。经济原因是外出人口持续增加的主要因素，发展第三产业可以提供较多的就业岗位，让当地边民获得更多的经济效益，假如当地居民在收入水平与外出工作相等或稍低的情况下，从家庭、社会等方面的机会成本分析，他们一般都会选择留在本地工作，因此，可以减少边境地区外出人口数量。

三　加大对边境地区的政策倾斜和财政支持力度，创造良好的软硬发展环境

西南边境地区大部分区域位于我国的第二级阶梯上，又是众多大江大河的发源地，是我国重要的生态屏障区域，某些区域经济发展十分落后，33个县（市、区）中，有17个国家级贫困县，如贡山、福贡、泸水、西盟、那坡等。应该加大对边境地区政策和财政的支持力度，创造良好的环境，减少边民外流，增强边民，特别是跨境民族的国家忠诚度，提高守土固边的能力。主要从以下几个方面着手：

第一，对生态屏障区域的边民实行生态补偿政策。对于位于生态屏障区的区域，国家限制开发，用当地人的话说，就是守着金山

---

① 阳茂庆、杨林、胡志丁：《"一带一路"背景下中国与中南半岛贸易格局演变及面临的挑战》，《热带地理》2015年第5期。

过穷日子。应对西南边境地区各区域进行科学划分，对划为生态屏障区域的边民，制定相应的生态补偿制度。

第二，适时提高边民生活补贴标准。笔者在边境地区调研时发现，目前国家给予边民的补贴标准为1000元每年每人，建议一方面按照经济发展速度和物价变化情况适时调整提高补贴标准，另一方面以1000元作为标准，在此基础上按照不同类型的劳动力有差别进行补贴，如老人、残疾人、未成年子女为1000元，18—64岁的正常劳动力可以适当增加等。通过有差别的补贴，吸引青壮年边民留在本地，防止人口外流。

第三，以扶贫攻坚为契机，加大社会、财政资金注入，提高居民生产、生活水平，以及社会保障能力。通过上述各方面的政策倾斜和财政支持，让边境地区的居民感受到政府的重视与关心，增强边民和跨境民族的国家认同感和忠诚度。

四　加强国际合作，引导跨境人口合理流动

西南边境地区在中国所有陆地边境地区里人口问题是最突出的，由于受地缘因素的影响，跨境婚姻、"三非人员"、难民、跨境经商务工流动人口（包括中国边境到邻国的人口）等跨境流动人口屡禁不止。枪支走私、拐卖妇女儿童、色情业泛滥、跨境赌博、贩卖毒品等犯罪现象频频出现，给我国西南边境社会安全带来极大的威胁。十八届三中全会提出，加快沿边开放步伐，允许沿边重点口岸、边境城市、经济合作区在人员往来、加工物流、旅游等方面实行特殊方式和政策。随着我国面向西南对外开放力度的加大，边境地区跨境流动人口的问题将更加突出。加强国际合作，共同致力跨境流动人口管理刻不容缓。

第一，建立国际人口问题协调机构，共同处理相关人口问题。就目前来说，中国西南边境地区与接壤国家之间由于社会制度不同、司法制度不同、工作的方式方法不同，对跨境流动人口的管理不统一。例如，在中缅边境，由于民地武装势力的存在，仅仅中缅边境地区就有好几种处理方式，给中方对跨境人口的管理带来了很

大的难度。根据不同边境段的实际情况，分边境段成立跨境流动人口协调管理机构，共同处理人口问题。这样可以消除中方在处理外国边民流入中国违法犯罪事件时因国别问题而造成的困难。

第二，推动边境线两侧社会治安综合体系建设，防止跨境人口非法流动。我国对边境地区社会治安管理一向十分重视，当地党委、政府都高度重视，投入了大量的人力、物力、财力，但由于地理因素的影响，仅靠中方一边是不够的，要双边共同合作才能起到最好的效果。加强边境两侧地方政府高层的沟通，争取支持；加强双边人防、物防、技防建设，完善治安防控网络；建立联防联治机制，密切与双方边防部队的配合。

第三，加强对两国边境地区边民的宣传教育，形成群众共同参与社会治安的氛围。长期以来，两国边民在生活中，对一些非法出入境的边民持"不报、不闻、不问"的态度，有一些人还为其非法居留和犯罪活动提供帮助、便利，这给非法入境的边民很大的生存空间。与邻国当地政府部门合作，加强对边民的宣传教育，让他们深知非法出入境的危害性，充分认识到打击边境地区跨境犯罪的重要性，大力宣传边民出入境管理方面的法律法规，使边境管理法规的内容家喻户晓、深入人心，教育广大人民群众遵法、守法，自觉按照边境管理法规行事。

五 加快研究制定专项人口管理法律法规，为人口管理提供法律依据

目前，我国西南边境地区还有一部分人口群体在持续增长，身份问题得不到解决，主要有难民问题、跨国婚姻问题、回流人口问题等。难民问题主要指的是越南难民，主要居留在西南边境地区的广西边境和云南边境，这部分群体长期居留我国，人口增长迅速，但身份问题一直得不到解决；跨国婚姻问题在整个边境地区广泛存在，主要指的是非法嫁入我国的外国妇女，跨国婚姻妇女所生子女都能获得中国国籍，但其本人因没有相关手续而无法落户，跨国婚姻所生子女因其母亲不能解决中国国籍而影响他的国家认同感；回流人口问题主要集中于中缅边境,这部分人口因离开中国多年,国内的户口已被注销,土地、房屋等生产生活资料已经分配给他人,回国后已找不到证明其身份的证据,靠租种土地、打短工或政府救济生活。这部分人口问题现在还没有相应的法律法规作为依据进行处理,在某些方面放松了管理,给当地社会管理、经济发展和人口安全带来影响。

第一,进一步完善或制定专门管理办法解决长期居留在我国边境的越南难民问题。长期居留在我国西南边境地区广西、云南段的越南难民由于身份被定为外国人,在人口生育方面不受控制,违法犯罪方面中国法律的处理又受到限制,因此造成人口无序增长、社会管理难度大的问题。我们建议,既然这部分难民滞留中国无法遣返,但又考虑到国际关系问题,可以采取特殊管理的办法予以解决。首先,制定相关管理规定,从人道主义角度出发,将越南难民作为特殊管理对象,纳入中国普通公民管理,虽然无国籍和身份,但可以与当地居民同等享受教育、养老、医疗等方面的待遇。其次,鼓励越南难民与中国公民通婚,通婚的男女视为国际婚姻,解决其国籍户口问题。最后,积极与越方协调,根据国际法关于难民遣返的相关规定,将符合条件的越南难民遣送回国。

第二,制定专门规定解决跨境婚姻中外国籍妇女身份问题。由于中国西南边境地区经济社会发展落后,实际人口性别比例严重失调,跨境婚姻普遍存在。目前我国边境地区县一级政府已经可以办理跨境婚姻登记,但真正履行手续的仍然很少。据调查,跨境婚姻国外一方由于政府管控,办理的相关证件不全,特别是在缅甸,如果女方跨境嫁入中国,想要获得相关证明,需要缴纳2万—3万元人民币,因此,大部分跨境婚姻仍然选择非法。针对这部分群体,制定相应的特殊政策,考虑国际关系,身份不予确认,仍按外国人对待,但可以与当地居民一样享受各种社会保障。

第三,制定相关规定尽快解决边境地区回流人口问题。回流人口主要集中在云南边境的怒江、临沧边境县,而且数量较多。对于回流人口问题，当地政府已经做了大量工作，对能找到可以证明其身份的人口，已经解决了国籍身份问题，但还有很大一部分因找不到任何证据证明其身份，只能暂时作为难民进行安置。应与缅方协调，根据缅甸提供的相关证明，如果在缅方也没有取得国籍的人口，中方应放宽条件，通过调查取证，尽快确认身份。制定回流人口过渡时期管理规定，逐步解决回流人口在生产资料分配、社会认同、政治待遇等方面存在的问题。

参考文献

中文文献及期刊

[1] 胡焕庸、张善余：《中国人口地理》，华东师范大学出版社1985年版。
[2] 张善余：《人口地理学概论》，华东师范大学出版社2013年版。
[3] 李玉江、张果：《人口地理学》，科学出版社2010年版。
[4] 李仲生：《人口经济学》，清华大学出版社2006年版。
[5] 邓宏兵、张毅：《人口、资源与环境经济学》，科学出版社2005年版。
[6] 杨云彦：《人口、资源与环境经济学》，中国经济出版社1999年版。
[7] 佟新：《人口社会学》，北京大学出版社2000年版。
[8] 田雪原：《中国人口政策60年》，社会科学文献出版社2009年版。
[9] 王桂新：《中国人口与区域经济发展》，华东师范大学出版社1997年版。
[10] 陈慧琳、郑冬子：《人文地理学》，科学出版社2013年版。
[11] 赵济、陈传康：《中国地理》，高等教育出版社2004年版。
[12] 张天路：《民族人口学》，中国人民大学出版社1998年版。
[13] 丁学洲：《国防人口学》，国防大学出版社2014年版。
[14] 温勇、尹勤：《人口统计学》，东南大学出版社2007年版。
[15] 吕晨：《人口的迁移与流动——人口空间集疏的机理研究》，中山大学出版社2014年版。

[16] 刘旦、陈翔：《流动中国——中国流动人口生存现状考察》，广东人民出版社2011年版。

[17] 葛剑雄：《我们的国家——疆域与人口》，复旦大学出版社2010年版。

[18] 李铁立：《边界效应与跨边界次区域经济合作研究》，中国金融出版社2005年版。

[19] 王恩涌：《政治地理学》，高等教育出版社1998年版。

[20] 顾朝林、于涛方等：《人文地理学流派》，高等教育出版社2008年版。

[21] 胡鞍钢等：《中国十三五大战略》，浙江人民出版社2015年版。

[22] 张敦富：《区域经济学原理》，中国轻工业出版社2005年版。

[23] 魏后凯：《中国区域协调发展研究》，中国社会科学出版社2012年版。

[24] 陈霖：《中国边疆治理研究》，云南人民出版社2010年版。

[25] 林文勋：《地缘政治视野下的西南周边安全与区域合作研究》，人民出版社2012年版。

[26] 林文勋、邢广程：《国际化视野下的中国西南边疆：历史与现状》，人民出版社2012年版。

[27] 张洁：《中国周边安全形势评估——"一带一路"与周边战略》（2015），社会科学文献出版社2015年版。

[28] 公安部治安管理局：《全国暂住人口统计资料汇编》，群众出版社2014年版。

[29] 孙久文、叶裕民：《区域经济学教程》，中国人民大学出版社2003年版。

[30] 范恒山、孙久文等：《中国区域协调发展研究》，商务印书馆2012年版。

[31] 申旭、刘稚：《中国西南与东南亚的跨境民族》，云南民族出版社1988年版。

[32] 杨文英、张吟梅：《中缅跨国婚姻与边疆社会稳定》，云南大学出版社 2013 年版。

[33] 张肖南：《中缅关系与我国西南方向国家安全》，军事科学出版社 2010 年版。

[34] 潘金娥：《越南政治经济与中越关系前沿》，社会科学文献出版社 2011 年版。

[35] 中华人民共和国外交部条约法律司：《中华人民共和国边界事务条约集》中缅卷，世界知识出版社 2004 年版。

[36] 中华人民共和国外交部条约法律司：《中华人民共和国边界事务条约集》中越卷，世界知识出版社 2004 年版。

[37] 中华人民共和国外交部条约法律司：《中华人民共和国边界事务条约集》中老卷，世界知识出版社 2004 年版。

[38] ［美］罗伯特·D. 卡普兰：《即将到来的地缘战争》，涵朴译，广东人民出版社 2013 年版。

[39] ［英］哈·麦金德：《历史的地理枢纽》，商务印书馆 2011 年版。

[40] ［英］哈·麦金德：《民主的理想与现实》，商务印书馆 1965 年版。

[41] ［美］塞缪尔·亨廷顿：《文明的冲突与世界秩序的重建》，新华出版社 2010 年版。

[42] ［美］塞缪尔·亨廷顿、劳伦斯·哈里斯：《文化的重要作用》，新华出版社 2010 年版。

[43] ［美］斯皮克曼：《和平地理学》，商务印书馆 1965 年版。

[44] 大前研一：《无国界的世界》，中信出版社 2007 年版。

[45] P. Dicken：《全球性转变》，刘卫东译，商务印书馆 2007 年版。

[46] 塞缪尔·亨廷顿：《我们是谁？——美国国家特性面临的挑战》，程克雄译，新华出版社 2005 年版。

[47] ［缅］威基耶基纽：《四个时期的中缅关系》，李秉年、南珍

译，德宏民族出版社1995年版。

[48] 魏后凯：《中国国家区域政策的调整与展望》，《西南民族大学学报》2008年第10期。

[49] 李宁、樊杰：《周边地区地缘政治经济发展态势对我国区域格局的影响》，《世界地理研究》2007年第2期。

[50] 梁晋云等：《缅甸政局波动对中国地缘战略安全的影响》，《云南警官学院学报》2012年第4期。

[51] 贾若祥：《优化我国次区域空间格局研究》，《中国经贸导刊》2013年第6期。

[52] 王哲：《我国陆地边境地区人口流出及对流出地的影响分析》，博士学位论文，吉林大学，2013年。

[53] 昊宇：《聚焦中国边境安全》，《国家安全通讯》2003年第11期。

[54] 封志明、李鹏：《20世纪人口地理学研究进展》，《地理科学进展》2011年第2期。

[55] 张文新：《美国人口地理学的近期进展》，《人文地理》2001年第1期。

[56] 汤建中等：《边界效应与跨国界经济合作的地域模式——以东亚地区为例》，《人文地理》2002年第17卷第1期。

[57] 朱海霞、顾海英：《国外关于边境效应引力模型研究现状》，《财贸研究》2007年第6期。

[58] 王亮、刘卫东：《西方经济地理学对国家边界及其效应的研究进展》，《地理科学进展》2010年第5期。

[59] 李铁立：《边界效应与跨边界次区域经济合作研究》，博士学位论文，东北师范大学，2004年。

[60] 胡超：《突破边界效应：城市化与边境民族地区外向型经济发展》，《国际经贸探索》2009年第8期。

[61] 王亚宁：《论我国边境安全战略应遵循的原则》，《社会科学论坛》2010年第2期。

［62］李敏伦：《全球化背景下边境安全的内涵演化研究——以"上海五国"为例》，《石家庄学院学报》2009年第2期。

［63］陆云：《当前中缅边境地区非传统安全突出问题与应对策略》，《学术探索》2012年第12期。

［64］昊宇：《聚焦中国边境安全》，《国家安全通讯》2003年第11期。

［65］王介南：《缅中关系与我国西南周边安全》，《世界经济与政治论坛》2004年第4期。

［66］孟立君：《论影响我国边境安全的非传统因素》，《边疆经济与文化》2009年第2期。

［67］贾果春：《影响新疆边境地区安全稳定的主要涉外因素分析》，《管理学家》2013年第4期。

［68］胡兆量：《边境优势论与边境口岸建设》，《城市问题》1993年第3期。

［69］曹虹、霍庆先：《关于加快边境地区经济发展问题的研究》，《东北亚论坛》1996年第3期。

［70］梁双陆：《中国边境地区的一体化效应与边缘经济增长中心的形成》，《经济问题探索》2008年第1期。

［71］李昌明：《西南边境地区经济发展的途径》，《东南亚纵横》2009年第8期。

［72］毕世鸿：《中越边境政策比较研究》，《红河学院学报》2010年第1期。

［73］雷小华：《中国沿海沿边内陆地区构建对东盟开放型经济分析——以广东、广西、云南、四川为例》，《东南亚纵横》2013年第3期。

［74］胡志丁、骆华松：《次区域合作研究方向的变迁及其重新审视》，《人文地理》2011年第1期。

［75］吴世韶：《从"次区域经济合作"到"次区域合作"：概念辨析》，《社会主义研究》2011年第1期。

[76] 万新鲲：《次区域经济合作：生产要素的跨边界流动》，《经济与管理》2008 年第 2 期。

[77] 李汝凤、梁双陆：《大湄公河次区域产业结构对西南边疆生产要素聚集的影响分析》，《经济问题探索》2011 年第 11 期。

[78] 董藩、郭波：《沿边次区域合作与中国对外经济规划的调整》，《财贸研究》2004 年第 4 期。

[79] 贺圣达：《大湄公河次区域合作：复杂的合作机制和中国的参与》，《南洋问题研究》2005 年第 1 期。

[80] 罗圣荣：《非传统安全视角下的大湄公河次区域合作评析》，《亚非纵横》2011 年第 3 期。

[81] 贾若祥：《优化我国次区域空间格局研究》，《中国经贸导刊》2013 年第 6 期。

[82] 赫英丽：《新经济地理学视角中的中俄边境贸易研究》，《黑龙江社会科学》2009 年第 3 期。

[83] 鲁刚：《中越边界云南段沿线地区的边境贸易与经济合作》，《云南师范大学学报》2009 年第 1 期。

[84] 战成秀：《以边境经济合作区发展推动"兴边富民"进程》，《东北师大学报》2013 年第 3 期。

[85] 于国政：《论中国与邻国边境地区的经济一体化》，《人文地理》1997 年第 6 期。

[86] 丁延松：《跨界民族概念辨析》，《西北第二民族学院学报》2005 年第 4 期。

[87] 方铁：《本世纪以来我国研究西南跨境民族综述》，《中国边疆史地研究导刊》1989 年第 2 期。

[88] 谷家荣：《滇边跨境民族研究六十年的回顾与前瞻》，《学术探索》2010 年第 4 期。

[89] 安俭：《跨国民族问题与边疆稳定战略研究》，《广西民族学院学报》2004 年第 1 期。

[90] 方铁：《云南跨境民族的分布、来源及其特点》，《广西民族

大学学报》2007 年第 5 期。

[91] 何跃:《地缘主义与跨界民族主义——以中国西南边疆为例》,《学术探索》2008 年第 6 期。

[92] 何跃:《边民主义与跨界民族主义——以中国西南边疆为研究对象》,《云南民族大学学报》2010 年第 1 期。

[93] 毛汉英:《中国周边地缘政治与地缘经济格局和对策》,《地理科学进展》2014 年第 3 期。

[94] 王志民:《中国地缘经济政治走势与大国战略》,《中国青年政治学院学报》2012 年第 4 期。

[95] 方铁:《历代治边与云南的地缘政治关系》,《西南民族大学学报》2011 年第 9 期。

[96] 张江河:《对亚太地缘政治走势的新探析》,《吉林大学社会科学学报》2012 年第 3 期。

[97] 陈少华:《国家间博弈中的地缘政治与地缘经济》,《武汉理工大学学报》2009 年第 3 期。

[98] 蔡鹏鸿:《中国地缘政治环境变化及其影响》,《国际观察》2011 年第 1 期。

[99] 张丽君:《地缘政治让位于地缘经济》,《经济地理》2001 年第 21 期（增刊）。

[100] 田阡、杨红巧:《跨境少数民族的生存空间与生存策略——基于云南省中越边境地区的田野考察》,《广西民族研究》2009 年第 4 期。

[101] 课题组:《云南跨境民族问题与国家安全研究》,《云南公安高等专科学校学报》2002 年第 4 期。

[102] 栗献忠:《跨境民族问题与边疆安全刍议》,《学术论坛》2009 年第 3 期。

[103] 张金平:《云南跨界民族的宗教安全问题探析》,《云南民族大学学报》2010 年第 4 期。

[104] 罗刚:《非法移民对人口安全、国家认同的影响——基于云

南边境民族地区的调查》，《云南师范大学学报》2012 年第 4 期。

[105] 吴喜、梁晋云：《难民问题是影响中国边境地区社会稳定的诱因——云南河口县难民问题调研报告》，《云南警官学院学报》2010 年第 1 期。

[106] 罗文青：《和平与交往：广西边境地区跨国婚姻问题初探》，《广西师范大学学报》2006 年第 1 期。

[107] 罗柳宁、吴俊杰：《中越边境跨国婚姻研究现状及研究设想》，《东南亚纵横》2009 年第 1 期。

[108] 梁茂春、陈文：《中越跨界通婚的类型与促成途径》，《南方人口》2011 年第 4 期。

[109] 孙春日：《中朝边境地区人口流失及对策——以延边朝鲜族自治州为例》，《北方民族大学学报》2010 年第 3 期。

[110] 赵卫华、金东黎：《当代云南边民外流问题探析》，《重庆与世界》2010 年第 12 期。

[111] 贾玉梅：《边境地区人口安全与经济社会发展研究——以黑龙江省边境地区为例》，《人口学刊》2012 年第 5 期。

[112] 杨雪、王化波等：《吉林省边境地区人口跨境流出及影响因素分析》，《人口学刊》2013 年第 5 期。

[113] 林盛中：《试论中国（黑河）与俄罗斯（阿穆尔州）跨国人口流动现状及发展趋向》，《黑河学刊》1994 年第 3、4 期。

[114] 李光灿、沈淑珍：《论边境开放口岸流动人口的作用及其管理》，《人口与经济》1995 年第 4 期。

[115] 李光灿、马光中：《云南边境地区的人口流动与毒品犯罪》，《人口与经济》1998 年第 4 期。

[116] 鲁刚：《中缅边境沿线地区的跨国人口流动》，《云南民族大学学报》2006 年第 6 期。

[117] 何跃：《云南边境地区主要贸易口岸的境外流动人口与边疆安全》，《云南师范大学学报》2008 年第 2 期。

[118] 何跃:《中国西南边疆境外流动人口的区域管理研究——以云南为例》,《贵州社会科学》2008 年第 12 期。

[119] 何跃:《云南境内的外国流动人口态势与边疆社会问题探析》,《云南师范大学学报》2009 年第 1 期。

[120] 陈真波:《西南边境地区跨国流动人口的现状与问题》,《贵阳学院学报》2010 年第 1 期。

[121] 谷家荣:《滇越边民跨国流动与社会稳定研究——基于国家、地方与边民的视角》,《广西民族研究》2011 年第 2 期。

[122] 杜德斌、段德忠等:《1990 年以来中国地理学之地缘政治学研究进展》,《地理研究》2015 年第 2 期。

[123] 江东、杨小唤、王乃斌、刘红辉:《基于 RS、GIS 的人口空间分布研究》,《地理科学进展》2002 年第 5 期。

[124] 郭永昌、丁金宏、孟庆艳:《大城市流动人口居住形态与居住空间变动机理——以上海闵行区为例》,《南方人口》2006 年第 3 期。

[125] 姚华松、许学强、薛德升:《广州流动人口空间分布变化特征及原因分析》,《经济地理》2010 年第 1 期。

[126] 刘望保、闫小培、陈忠暖:《基于 EDSA - GIS 的广州市人口空间分布演化研究》,《经济地理》2010 年第 1 期。

[127] 彭际作:《大都市圈人口空间格局与区域经济发展——以长江三角洲大都市圈为例》,博士毕业论文,华东师范大学,2006 年。

[128] 王春兰:《大城市人口空间演变的政治社会学分析——以上海市为例》,博士学位论文,华东师范大学,2008 年。

[129] 牟宇峰、孙伟等:《南京近 30 年人口空间格局演变与机制研究》,《长江流域资源与环境》2013 年第 8 期。

[130] 马颖忆:《1990 年以来江苏省人口空间格局与演化机理研究》,硕士学位论文,南京师范大学,2012 年。

[131] 李雨停、丁四保等:《地理成本与人口空间分布格局研究》,

《中国人口·资源与环境》2009 年第 5 期。

[132] 蔡建明、王国霞:《我国人口迁移趋势及空间格局演变》,《人口研究》2007 年第 5 期。

[133] 韩惠、刘勇:《中国人口分布的空间格局及其成因探讨》,《兰州大学学报》2000 年第 4 期。

[134] 马颖忆、陆玉麒等:《泛亚高铁建设对中国西南边疆地区与中南半岛空间联系的影响》,《地理研究》2015 年第 5 期。

[135] 张军:《我国西南地区在"一带一路"开放战略中的优势及定位》,《经济纵横》2014 年第 11 期。

[136] 任佳、王清华等:《构建新南方丝绸之路,参与"一带一路"建设》,《云南社会科学》2014 年第 3 期。

[137] 刘慧、叶尔肯·吾扎提等:《"一带一路"战略对中国国土开发空间格局的影响》,《地理科学进展》2015 年第 5 期。

[138] 宋周莺、车姝韵等:《中国沿边口岸的时空格局及功能模式》,《地理科学进展》2015 年第 5 期。

[139] 方天建、何跃:《冷战后东南亚地缘政治变化中的大国战略调整述评》,《世界地理研究》2013 年第 3 期。

[140] 刘睿文、封志明等:《中国人口集疏格局与形成机制研究》,《中国人口·资源与环境》2010 年第 3 期。

[141] 郭熙保:《发展中国家人口流动理论比较分析》,《世界经济》1989 年第 12 期。

[142] 李仲生:《中国的经济开放与经济型人口流动》,《人口与经济》2001 年第 6 期。

[143] 李世杰、王成林:《21 世纪"海上丝绸之路"建设:经贸纽带与战略支撑》,《海南大学学报》2015 年第 2 期。

[144] 吕余生:《深化中国—东盟合作,共同建设 21 世纪海上丝绸之路》,《学术论坛》2013 年第 12 期。

[145] 曹天枢:《印度海洋战略对我国"海上丝绸之路"的影响》,《山西财经大学学报》2015 年第 1 期。

［146］盛毅等：《关于"一带一路"战略内涵、特性及战略重点综述》，《经济体制改革》2015年第1期。

［147］张军：《我国西南地区在"一带一路"开放战略中的优势及定位》，《经济纵横》2014年第11期。

［148］陆大道：《建设经济带是经济发展布局的最佳选择——长江经济带经济发展的巨大潜力》，《地理科学》2014年第7期。

［149］穆光宗：《国家人口发展功能区规划之评价》，《人口与发展》2008年第5期。

［150］娄峰、侯慧丽：《基于国家主体功能区规划的人口空间分布预测和建议》，《中国人口·资源与环境》2012年第11期。

［151］罗淳、沈凌等：《跨境人口流动的艾滋传播风险及其防范——基于云南边境口岸调研问卷的实证分析》，《昆明理工大学学报》2012年第2期。

［152］熊理然、成卓等：《主体功能区格局下中国人口再布局实现机理及其政策取向》，《城市》2009年第2期。

［153］柴剑峰、邓玲：《主体功能区建设的人口再分布研究》，《经济体制改革》2008年第5期。

外文文献及期刊

［1］James Clad and Sean M. McDonald and Bruce Vaughn, *The borderlands of Southeast Asia: Geopolitics, Terrorism, and Globalization*, Washington D. C.: Institute for National Strategic Studies National Defense University, 2011.

［2］John McCallum, "National borders matter: Canada – U. S. regional trade patterns", *American Economic Review*, Vol. 85, No. 3, 1995.

［3］Helliwel, J. F., "Do national borders matter for Quebec's trade", *Canadian Journal of Economics*, Vol. 29, No. 3, 1996, pp. 507 – 522.

［4］Hillberry, R., "Regional trade and the national border effect in U. S. commodity flow data", *Journal of Borderlands Studies*, Vol. 8,

No. 2, 1998.

[5] Anderson and Smith, "Do national borders really matter? A reconsideration of Canada – U. S. regional trade", *Review of International Economics*, Vol. 7, No. 2, 1999, pp. 219 – 227.

[6] Wolf, H. C., *Do borders matter for trade, international macroeconomics*, Cambridge: Cambridge University Press, 2000.

[7] Keith and Ries, "Increasing returns versus national product differentiation as an explanation for the pattern of U. S. – Canada trade", *American Economic Review*, Vol. 91, No. 4, 2001, pp. 858 – 876.

[8] James E. Anderson and Van Wincoop Eric, "Gravity with gravitas: A solution to the border puzzle", *The American Economic Review*, Vol. 93, No. 1, 2003.

[9] Nitsch, V., "National borders and international trade: Evidence from the European Union", *Canadian Journal of Economics*, Vol. 22, No. 4, 2000, pp. 1091 – 1105.

[10] Head, K., Mayer, T., "Non – Europe: The magnitude and causes of market fragmentation in the EU", *Review of World Economics*, Vol. 136, No. 2, 2000, pp. 284 – 314.

[11] Henk Van Houtum, "Border, distances, and spaces", *Presented at the congress of the European Regional Science Association*, 1999.

[12] Anderson, "Borders, border regions and territorility: Contradictory meanings, changing significance", *Regional Studies*, No. 33, 1999, pp. 593 – 604.

[13] Blatter, "Beyond Hierarchies and Networks: Institutional Logics and Change in Trans – boundary Political Spaces during the 20th century", http://www.uni – konstanz.de/fuf/verwiss/seibel/blatter.

[14] Hanson, "Integration and the location of activities – economic intergration, intraindustry trade, and frontier regions", *European E-*

conomic Review, No. 40, 1996, pp. 941 – 949.

[15] Venables, "Equilibrum Location of Vertically Linked Industries", *International Economic Review*, No. 37, 1996, pp. 341 – 359.

[16] Fujita, Krugman, *The spatial Economy: Cities, Regions, and International Trade*, Cambridge, Massachusetts, The MIT Press, 1999.

[17] Stephen Castles and Mark J. Miller, *The age of Migration: International Population Movements in the Modern World*, 2nd edition, The Guilford Press, 1998.

[18] Katja Mirwaldt, "Contact, conflict and geography: What factors shape cross – border citizen relations?", *Political Geography*, No. 29, 2010, pp. 434 – 443.

[19] Lewis, W. A., "Economic development with unlimited supplies of labour", *The Manchester School of Economic and Social Studies*, No. 22, 1954, pp. 139 – 191.

[20] M. P. Todaro, "Model of Labor Migration and Urban Unemployment in Less Developed Countries", *The American Economic Review*, No. 1, 1969, pp. 138 – 148.

[21] Henk Van Houtnm, Where is the border? *Journal of Creative Geography*, Vol. 4, No. 1, 2002, pp. 20 – 23.

[22] Holdar, Boudary Studies in Political Geography, *Annals of the Association of American Geograpers*, Vol, 53, 1963, pp. 407 – 428.

后　记

　　本书是在我的博士学位论义基础上修改而成的。从攻读硕士研究生开始，我就对区域人口发展的研究产生兴趣，并积极参与老师关于人口发展的研究课题，撰写学术论文，2009 年撰写的《建国以来云南省人口结构变迁及发展趋势分析》获得国家计生委和中国人口学会组织的中国人口 60 年理论文章征集评选活动三等奖。2015 年博士研究生毕业论文面临选题时，在"一带一路"战略、中国—东盟自由贸易区、澜沧江—湄公河次区域合作等背景下，针对西南边境地区跨境民族众多、流动人口复杂多样存在的问题，结合自己的研究基础，将论文题目定为《中国西南边境地区人口空间格局演变研究》。博士毕业论文的写作历经两年，前后修改十余稿，2016 年 6 月定稿。2017 年 5 月获云南省哲学社会科学学术著作出版资助，经过一个月的时间，在毕业论文的基础上进一步修改完善，完成《中国西南边境地区人口空间格局演变研究》一书的修订。

　　本书得到云南省哲学社会科学学术著作出版资助，不胜荣幸，在此对本书倾注关爱的所有领导、专家、朋友致以最真挚的谢意！

　　时光易逝，回首自己的学术之路，天生愚钝，常心怀愧意，不知所从，感慨万千！然幸有恩师谆谆教诲、朋友同学友爱相助，方能将此书完成，每想到此，心中满是感激。

　　感谢我敬爱的博士生导师杨林教授，他不仅治学严谨、学术精湛，而且待人宽和、平易近人。四年里他不但教会我做人、做事的道理，也同时把我带入了学术的殿堂。虽然他工作繁忙，但都会百忙之中找机会与我交流，了解我的学习生活情况，以及心里真实的想法，帮我答疑解惑。杨老师主要从事边疆地理学和人力资源管理方面的研究，在学术上他循循善诱，鼓励大胆创新，勇于表明自己的观点，并引导我拓展研究视野。经过导师的精心指导，我的学术水平有了较大提高，学术能力和学术修养得到进一步提升。

感谢云南师范大学旅游与地理科学学院骆华松教授，他学识渊博，做人做学问都是我学习的楷模。从入学的第一天起，我就经常向他请教学术问题，无论我问的问题如何，他都耐心给我解答，帮助我一步步成长。骆老师为我提供了许多学习和锻炼的机会，让我参与一些课题的研究与探讨，使我的学术能力得到很大的提升。在我的博士学位论文写作过程中，骆老师提出了许多宝贵的指导意见，如果没有这些指导意见，论文写作难以顺利完成，在此表示衷心的感谢！

感谢尤石和研究员，尤老师是我的硕士生导师，在我攻读博士期间，他仍然一直关心我的学习，继续指导我的学习，督促我完成毕业论文，给我锻炼的机会。感谢武友德教授、李伟教授、潘玉君教授、吴映梅教授等老师对我的指导！

感谢亦师亦友的熊理然教授、李灿松副教授、胡志丁副教授、牛乐德副教授、洪亮副教授、蒋梅英老师、高大帅老师等，无论在我的学习和生活中，我们接触的机会和时间都比较多，他们既是老师，也是我生活中的朋友。在我的学习过程中，他们给予了我太多的帮助。李灿松副教授为我的论文写作提供相关资料和数据；胡志丁副教授为我的论文写作思路提出了许多宝贵意见。尤其是熊理然教授，十分关注论文写作进度，对本书出现的问题主动找我探讨。除了尽心尽力指导论文写作全过程，他带着我一起赴沧源、耿马、镇康、麻栗坡、马关等边境县进行野外调研，收集数据，了解真实的情况。

感谢支持、鼓励、帮助陪伴我度过四年美好的博士研究生求学生涯的师兄弟们、同学们，感谢我的家人，对已近不惑之年的我努力求学一如既往的支持，家人的关怀和理解是我强大的精神支柱，让我有勇气面对一切困难。

最后，本书在写作过程中，大量参阅了学者专家的研究成果，对引用的观点和原文都在书中作了标注，如果有所遗漏，在此致以深深的歉意。

阳茂庆
2017 年 6 月于云南民族大学